U0579045

青少年蓝皮书

BLUE BOOK OF
TEENAGERS

中国未成年人互联网运用和阅读实践报告（2017~2018）

ANNUAL REPORT ON THE INTERNET USE AND READING
PRACTICE OF CHINESE MINORS (2017-2018)

主　编／季为民　沈　杰
副主编／杨斌艳　季　琳

社会科学文献出版社
SOCIAL SCIENCES ACADEMIC PRESS（CHINA）

图书在版编目（CIP）数据

中国未成年人互联网运用和阅读实践报告. 2017 -
2018 / 季为民，沈杰主编. -- 北京：社会科学文献出
版社，2018. 9
　　（青少年蓝皮书）
　　ISBN 978 - 7 - 5201 - 3207 - 7

　　Ⅰ. ①中… 　Ⅱ. ①季… ②沈… 　Ⅲ. ①互联网络 - 影
响 - 青少年 - 研究报告 - 中国 - 2017 - 2018 　Ⅳ.
①D669. 5 ②TP393. 4

　　中国版本图书馆 CIP 数据核字（2018）第 174914 号

青少年蓝皮书
中国未成年人互联网运用和阅读实践报告（2017~2018）

主　　编 / 季为民　沈　杰
副 主 编 / 杨斌艳　季　琳

出 版 人 / 谢寿光
项目统筹 / 邓泳红
责任编辑 / 桂　芳　伍勤灿

出　　版 / 社会科学文献出版社·皮书出版分社 （010）59367127
　　　　　　地址：北京市北三环中路甲 29 号院华龙大厦　邮编：100029
　　　　　　网址：www. ssap. com. cn
发　　行 / 市场营销中心 （010）59367081　59367018
印　　装 / 三河市龙林印务有限公司

规　　格 / 开本：787mm × 1092mm　1/16
　　　　　　印 张：25　字 数：378 千字
版　　次 / 2018 年 9 月第 1 版　2018 年 9 月第 1 次印刷
书　　号 / ISBN 978 - 7 - 5201 - 3207 - 7
定　　价 / 128. 00 元

皮书序列号 / PSN B - 2010 - 156 - 1/1

编　委　会

主要编撰者简介

季为民 中国社会科学院新闻与传播研究所副所长，研究员，所学术委员会委员。兼任中国社会科学院大学教授、博士生导师，共青团十七届中央委员会委员，北京青年研究会常务理事，中国社会学会青年社会学专委会理事，中国青年志愿者协会理事等。主要研究领域和方向：马克思主义新闻学、传播伦理、青少年研究。编著出版论文集、研究报告集、访谈文集、专著（合著）20多部，1000多万字。如《艰难的新闻自律》（合著）、《学问有道——学部委员访谈录》、《共筑基层教育中国梦》、青少年蓝皮书：《中国未成年人互联网运用报告》、《青年学者看中国》、《国情调研》系列丛书等。获第二届政府出版奖提名奖、中宣部好信息奖、中国社会科学院优秀科研成果奖、中国社会科学院优秀对策信息特等奖、全国党建研究会科研院所专委会调研课题优秀成果奖等。

沈 杰 中国社会科学院大学研究员、教授。发表独著论文69篇，独立和合作著译12部，主编和合作研究报告23部。发表的著述成果中，13项获国家级学会或省部级奖，被《新华文摘》、《中国社会科学文摘》、《高等学校文科学报文摘》、《中国人民大学复印报刊资料》转载的文章58篇。近年主要著述有：《青年对社会变迁的反应：中国现代化进程中青年社会心理的变迁》（独著），天津社会科学院出版社，2012年；《中国改革开放以来青年发展状况研究》（主编），人民出版社，2015年；《青年世界的社会学洞见》（独著），人民出版社，2018年。

杨斌艳 中国社会科学院新闻与传播研究所副研究员、中国社会科学院舆情调查实验室秘书长。兼任中国社会科学院大学副教授、硕士生导师，中国社会科学院"国家治理研究智库"副秘书长、中国社会科学院青年人文社会科学研究中心副秘书长、中国社会科学院团委委员。主要研究领域：网络传播、舆情与社会治理、青少年的网络行为。2010 年起参与"中国未成年人互联网运用状况调查"项目，参与出版青少年蓝皮书：《中国未成年人互联网运用报告》三部，完成多项对策研究。本人于 2016 年获评《全民科学素质行动计划纲要》"十二五"实施工作先进个人，多次获中国社会科学院优秀决策信息奖。

季　琳 中国少年儿童发展服务中心社会事业中心副主任、中国青少年宫协会阅读推广部部长。长期致力于青少年成长实践与互联网相关问题研究和工作。1999～2005 年，在团中央所属国家重点网站中青网担任技术负责人期间，参与中国共青团网和中青网建设；2005～2010 年，担任中国青少年社会服务中心网络部部长；2010～2014 年担任中国少先队事业发展中心新媒体中心副主任；2014 年 6 月至 2016 年 12 月，担任少先队小干部杂志社、辅导员杂志社常务副社长。2017 年至今，担任中国少年儿童发展服务中心社会事业中心副主任、中国青少年宫协会阅读推广部部长。

摘　要

今天的未成年人都出生于 21 世纪，被称为"00 后"。他们成长于中国互联网高速发展的时代，是互联网世界的"原住民"。他们伴随着互联网的发展而成长，互联网已经高度嵌入他们的日常学习和生活当中。了解未成年人互联网运用的状况，以及为他们的互联网运用创造更优良的环境和条件，不仅是全社会的一种关切和责任，更是一项关系网络强国和未成年人成长的国家战略。

本书是中国社会科学院新闻与传播研究所、中国少年儿童发展服务中心、中国青少年宫协会"中国未成年人互联网运用状况调查"项目的最新成果。该调查项目自 2006 年启动，截至 2017 年底已经完成九次全国调查。课题组在全国范围内聘请了一批专家结合调查数据就中国未成年人互联网运用状况开展了深入研究，2010 年第一部青少年蓝皮书面世，受到社会广泛关注。本书是第四部青少年蓝皮书，主要基于 2017 年度的全国调查数据，对中国未成年人互联网运用的最新状况进行深度研究分析。

本次调查增加了未成年人阅读实践的专题研究，首次对未成年人阅读实践情况做出研判。阅读实践作为未成年人群体的重要学习活动，与互联网运用深度结合，多媒体阅读、数字阅读成为当前未成年人学习阅读的重要方式和载体，具有重要的研究价值。

本蓝皮书以当前中国未成年人网络行为、网络意识、网络交往、网络空间自我表达、网络学习、网络热点应用等热点现象作为分析重点，结合近十年来的调查数据进行了相关领域变化趋势的比较，并针对未成年人互联网运用中所存在的主要问题，提出了有针对性的政策建议。

本书的主要发现包括：未成年人上网普及率持续提高，城乡之间的差距

不断缩小；未成年人的上网频率提高，手机上网成为最主要的上网方式，超过1/3的人每天都上网；未成年人运用互联网的主要目的是娱乐放松，但在线学习正逐渐成为又一主要目的，在线自主学习、互动学习逐渐成为未成年人学习的重要方式，但也出现了"过度上网""自律学习不足"等新的网络依赖问题；未成年人获取新闻信息的途径正在全面更新，数字阅读已成为未成年人的重要学习方式，然而，碎片化、娱乐化的特征制约了其作用和效果的充分体现；未成年人容易受到网络产品、网络行为和网络语言等的影响；网络模仿学习成为未成年人自我表达的重要方式；未成年人网络消费呈现逐年增加之势，但同时也有一定风险。

就此，本书提出了若干政策建议：

——应该围绕未成年人保护建立起集指导、宣传、监管、服务、奖惩于一体的未成年人互联网运用的综合治理体系，落实相关主体责任，建立专业监管平台，加强控制不良信息的生产和传播，对未成年人上网内容进行有效的指导和监管。

——发挥共青团、少先队等青少年组织，学校，社会教育机构和网络平台的引导作用，帮助未成年人树立向上向好的价值观和网络文化观念。

——协调教育、宣传、研究等相关机构和组织，推进新时代网络素养的培育与践行，提升未成年人的网络素养。

关键词： 未成年人　网络行为　网络意识　网络交往　网络学习　阅读实践

目 录

Ⅲ 趋势分析篇

Ⅳ 前沿热点篇

Ⅴ 附录

皮书数据库阅读**使用指南**

总 报 告

General Report

B.1

我国未成年人互联网运用和
阅读实践现状、问题及其对策

季为民 沈 杰 杨斌艳*

摘 要： 互联网和现代人的生活越来越密切，在我国，与互联网同时出现的"互联网原住民"一代已经长大并进入社会，而新一代青少年（大部分是未成年人）越来越多地与互联网世界融为一体，他们在生活、学习、交往、娱乐以及与成年人的交流等方面都呈现一系列新形式、新内容、新选择、新体验、新理念、新问题，产生了连锁多重效应。作为全书的总报告，对未成年人的互联网生活形态进行了全景式的描述，对互联网在未成年人成长过程中的积极作用和负面效应做出了辩证

* 季为民，中国社会科学院新闻与传播研究所副所长、研究员；沈杰，中国社会科学院大学研究员、教授；杨斌艳，中国社会科学院新闻与传播研究所副研究员。

分析，特别是提出了要客观地分析一味出自成人视角的认知结论可能隐含的片面与盲点，在未成年人互联网运用问题上，既要反对无所作为的放任态度，也不能采取过度干预的全面管制，而应该因势利导，帮助未成年人学会在多元多样的互联网世界里建立正确认知，培养鉴别能力，形成健康习惯。与此同时，在党政部门的积极指导下，家庭、学校、互联网运营机构等社会各界共同协作，形成高效互动有力的系统，对于未成年人有效运用互联网和健康阅读、积极学习给予引导、帮助和支持。

关键词： 未成年人　互联网运用　阅读实践　2017 调查

在我国，与互联网同时出现的"互联网原住民"一代已经长大并进入社会，而新一代青少年（大部分是未成年人）作为互联网运用的重要人群，越来越多地与互联网世界融为一体。互联网已经成为每一个人日常生活的一个基本组成部分。因此，未成年人在生活、学习、交往、娱乐以及与成年人的交流方面等呈现了一系列新形式、新内容、新选择、新体验、新理念、新问题，产生了连锁多重效应，尤其是移动互联网和新媒体的发展让"无网络不生活"成为现实。2018 年 8 月 20 日，中国互联网络信息中心（CNNIC）发布的第 42 次《中国互联网络发展状况统计报告》显示，截至2018 年 6 月，我国网民规模达 8.02 亿，普及率达到 57.7%，我国网民中 10岁以下者占 3.6%，10～19 岁者占 18.2%。手机网民规模达 7.88 亿，网民中使用手机上网人群的占比由 2017 年的 97.5% 提升至 98.3%。也就是说，互联网运用渗透到了人们生活的全时空。互联网的加速发展，对青少年（其中大部分是未成年人）这一互联网运用的主要人群产生了越来越明显的复合效应。

目前来看，互联网（尤其是移动互联网）的运用对于未成年人的成长产生了深刻影响。主要表现在：第一，互联网成为未成年人深度参与、体验和介入社会的平台、渠道和载体，使他们得以直观地全面观察、理解、把握这个急遽发展变化着的世界；第二，互联网成为未成年人沟通交流和获取信息的重要手段，可以更加快捷地学习知识、掌握信息和交流情感；第三，互联网已成为未成年人社会交往和生活娱乐的重要平台。社会交往和生活娱乐是未成年人成长过程中的重要需求，互联网提供了数字化的交往和娱乐方式，满足并主导了青少年的交往娱乐。同时，未成年人在运用互联网的过程中也面临诸多方面的问题，其中，有的问题客观存在，需要加以重视解决；有的"问题"则起因于互联网平台的特点与以往交往平台的特点不同，将随着互联网的发展普及而成为常态；还有一部分问题是出于成人社会视角的某种判断，这种问题未必是互联网一代的真问题。

自 2006 年开始，"中国未成年人互联网运用状况调查"课题组，以 18 岁以下的未成年人为调查对象，对他们使用互联网的态度、行为及其父母对于孩子使用互联网的态度和行为开展了一系列的调查，所获得的大量数据，成为了解和认识中国未成年人互联网运用状况的宝贵资料。对比分析十年来积累的相关数据，我们可以更全面深入地把握未成年人互联网运用的状态、趋势和规律。

未成年人处在身心发展的关键时期，他们所特有的需求与动力与其他年龄群体有很大的不同，正是这些需求和动力激发了他们去探寻丰富多彩的互联网世界，对其中丰富多彩的内容、触手可及的资讯、形象逼真的游戏充满了旺盛的好奇心和求知欲。但是，未成年人在这一时期还不能完全理性、客观、全面地判断理解观察这个社会，尤其是鉴别认识纷繁复杂的网络社会现象。因此，如何在信息技术日趋发达、内容更加多元的网络社会中因势利导，帮助未成年人形成正确的互联网运用和阅读意识，开展积极的互联网运用和阅读实践，从而，最大限度地发挥互联网的正面效用，让未成年人在互联网时代健康成长，便成为国家、社会和全世界应该高度重视的一项课题。

一 未成年人互联网运用的基本现状

（一）未成年人互联网运用的总体特征

1. 未成年人上网普及率继续提高，城乡地区之间的差异变小，首次触网更趋低龄化

调查显示，被调查未成年人互联网运用的总体普及率为 98.1%，大大高于我国网民总体互联网普及率 57.7%[1]。对比 2013 年底的调查结果，到 2017 年底，被调查地区之间、城乡之间未成年人互联网普及率的差距正在缩小，在县城及以上行政级别地区（本研究定义其为"城市"）的未成年人互联网普及率达 99%，而在农村地区（乡镇和村）的未成年人互联网普及率虽略低，但也达 95.8%。未成年人首次触网年龄继续提前，10 岁之前自己开始有意识上网的比例达到 68.6%，7 岁（通常的入学年龄）开始有意识上网的比例达到 27.9%。而且，10 岁以后自己才有意识上网的比例由 2013 年的 31.9% 下降至 2017 年的 24.6%。可见，未成年人首次触网呈现越来越低龄化的态势。调查还显示，首次触网年龄与未成年人的家庭所在地、学习成绩、单亲家庭和父母学历等因素之间具有一定的相关性：城市首次触网低龄比例高于农村，优等生首次触网年龄更早，单亲家庭孩子首次触网时间早于非单亲家庭孩子，父母"无学历"的孩子首次触网年龄最早。

2. 未成年人上网频率增加，超过1/3的人每天上网，他们的上网频率与父母的感情状况、父母平时使用电脑频率有一定关系

调查显示，相比 2013 年，2017 年被调查未成年人上网频率增加，每次上网时长减少。超过 1/3（34.8%）的人每天上网，近八成人（79.3%）每周上网。每天上网以及一天多次上网的比例增加。城市和乡村未成年人的上

---

[1] 中国互联网络信息中心（CNNIC）：第 42 次《中国互联网络发展状况统计报告》，2018 年 8 月，第 20 页。

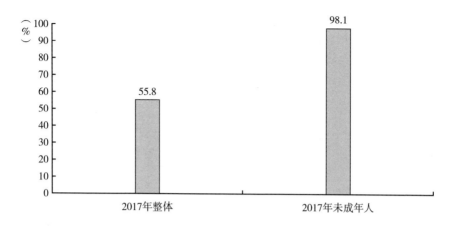

图1　未成年人与总体网民的互联网普及率对比（2017）

网频率差异在减小。而且，上网频率和未成年人年龄成正比，高中生上网频率高于初中生，初中生上网频率则高于小学生。寄宿生上网频率低于走读生，走读生每天都上网的频率为37.9%，而寄宿生每天都上网的频率为24.4%。四成（41.7%）寄宿生一周上一次网。未成年人的上网频率还与父母的感情状况、父母平时使用电脑频率有一定关系。与父母感情不好的孩子往往上网频率更高，而父母每天上班需要随时使用电脑或上网的，孩子上网的频率也较高。

　　3. 上网设备多样化，上网方式的城乡差异减少，手机上网成为最主要上网方式使上网地点从家庭为主变为随时随地，且与父母的感情影响着上网方式

　　调查显示，未成年人接入互联网的设备日益多元，包括：台式电脑、笔记本电脑、平板电脑、手机等。最常用的上网设备是手机，比例达62.4%，而且"用自己的手机上网"的比例达到43.2%，73.1%的未成年人拥有自己的手机；台式电脑上网比例仅为16.3%。同时，95.1%的未成年人使用过手机上网，接近总体网民水平。手机、笔记本电脑和平板电脑的便携性也使得随时随地上网成为现实，超过80%的未成年人上网突破了家里、学校等固定地点的限制。而智能手机的普及也使城乡之间网络接入设备或方式的差距不断缩小。

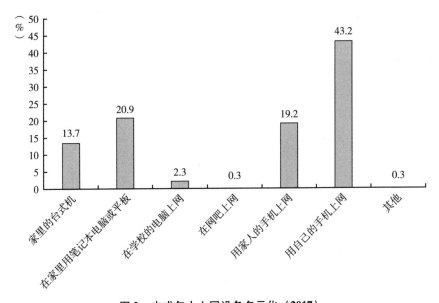

图2　未成年人上网设备多元化（2017）

调查还显示，与父母的感情是影响未成年人上网方式的重要因素。与父母感情不好的孩子用自己手机上网的占48.1%，比与父母感情好的孩子高出近10个百分点（39.0%）；与父母感情好的孩子用家人手机上网的比例则明显高于与父母感情不好的孩子。此外，与父母感情好的孩子选择在家里上网的更多，而与父母感情不好的孩子选择在学校上网的更多。

4. 未成年人运用互联网的主要目的仍是娱乐放松，网络应用更加多样，学习用途占比有所增加

调查显示，未成年人上网的三大目的是娱乐、学习、交友。放松休息（57.1%），完成作业、查资料（50.1%）是未成年人上网的前两位目的，紧随其后的是娱乐游戏、交友交流、扩大知识量、了解时事、网上课堂/网上上课等目的。而从实际应用来看，2017年调查显示，听音乐（49.1%）和QQ聊天（43.6%）仍是排在前两位的应用，在线学习（41.8%）上升为第三位应用，超过了网络游戏（29.9%），其他应用，如网络新闻（17.8%）、网络文学（12.9%）等的占比和排序也有明显提升。而未成年人自己认为的最重要网络功能选项中，前两位都是与学习相关的

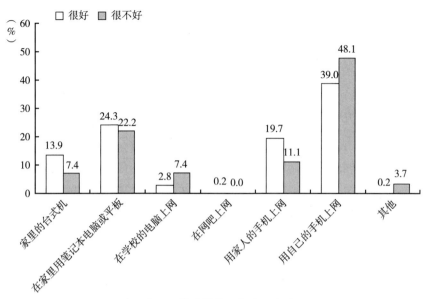

图3 孩子和父母的感情状况与上网方式（2017）

功能：在线学习（59.2%）、在线答疑/辅导（38.7%）、网络阅读（44.9%），超越了音乐、交友、游戏等选项的占比。互联网的学习助手功能开始凸显。

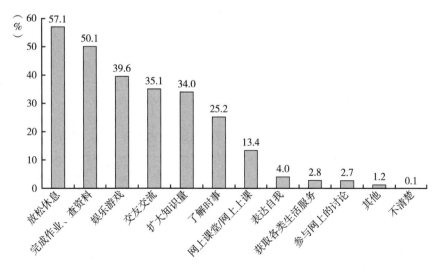

图4 未成年人上网的目的（2017）

调查显示，在不同年级未成年人之间网络应用存在一定的差异。如在线学习的使用比例为小学生（55.7%）、初中生（37.7%）、高中生（27.0%），年龄小的群体更多地使用互联网学习。对QQ聊天来说，年龄较大一点的学生（12岁以上）使用得更多，小学生（29.4%）比中学生（初中57.5%、高中49.3%）使用的比例低很多，小学生选择使用微信的比例（51.70%）明显高于中学生（初中17.70%，高中22.40%）。而在网络音视频、网络新闻、网络购物、论坛/贴吧的使用上，年级越高用得越多。这种使用选择和习惯反映了网络应用和网络平台产品的更新迭代，同时，也对网络服务提供者和互联网空间治理的社会责任提出了更高的要求。

5. 未成年人获取新闻信息的途径和方式正在全面更新，报纸、广播等传统媒体的使用率较低

调查显示，被调查未成年人总体的微信使用率达84.6%，他们获取新闻信息的途径以互联网平台为主，其他渠道除了电视被使用较少外，新闻网站、搜索、微博等都是未成年人获取新闻的较重要手段。"两微一端"成为未成年人群体获取新闻的重要渠道，新闻客户端（App）和软件自动推送也

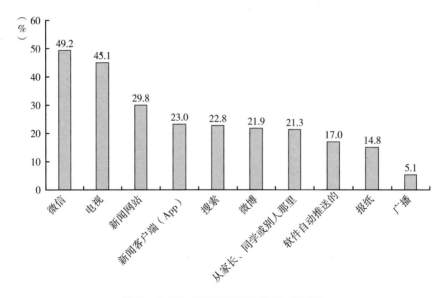

图5　未成年人获取新闻的途径（2017）

成为未成年人获取新闻的常用渠道。相形之下，报纸、广播的使用频率则较低。根据中国社会科学院舆情调查实验室关于我国城市居民新闻获取习惯的持续调查，电视仍然是我国城市居民（18 岁以上成人）获取新闻的第一位渠道，而对未成年人而言，微信已经超越电视，成为新闻获取的第一位渠道。

（二）未成年人对互联网运用的认知与态度

1. 生活、学习正在逐渐成为娱乐休闲之后未成年人使用互联网的主要目的

随着互联网的不断普及与深入发展，在互联网应用日益日常化、多元化的影响下，互联网使用方式的城乡差异逐渐变小。未成年人上网的需要层次也呈现逐渐上升的趋势。2017 年的调查表明，在上网目的方面，未成年人选择在线学习的比例明显增加，并且显示了逐年增长的趋势。这一现象表明，未成年人对互联网运用的认识逐渐突破了之前以休闲娱乐为主要目的的状态，而对于互联网作为学习助手功能的认识正在不断增强。其中，把扩大知识量作为上网目的的比例由 2013 年的 7.8% 上升至 2017 年的 34%。可以说，未成年人互联网运用的成长性目的已经逐年得到了强化。

2. 未成年人对于互联网的利弊评价从保守转向宽容，从负面转向正面

调查显示，未成年人对于互联网带来的负面作用的认知，变成了影响视力、运动减少，而不再是耽误学习了。但父母对于孩子上网担心最多的仍然是耽误学习。未成年人对网上信息源以及网络信息的辨识能力不断提高。有 2/3 的未成年人给自己辨别网上信息真假的能力打 8 分以上（10 分制），而总体自我平均打分为 73.6 分（百分制）。同时，有关部门净化网络空间、打造清朗上网环境行动的整体效果凸显，未成年人上网时遇到不好事情、不良信息的情况减少。当前未成年人遭遇的不良信息的最主要来源是网络广告，主要问题是网络盗号、网络假新闻等。要求网络提供学习和知识辅导的诉求明显增加。自己主动学习以及和同龄人交流学习，成为未成年人获取上网技能和知识最为主要的途径。这说明，未成年人上网的自主学习意识和能力在增强，未成年人在互联网运用过程中的自律性在逐渐提高，面对互联网

这一新鲜事物，他们正经历着从最初仅是盲目好奇到渐增理性认知，从被动地沉溺到主动地掌握这样一种过程。

3. 未成年人及其父母在互联网运用方面的良性互动和认同大大增加，对互联网的认识和态度变得更加客观理性

调查显示，以 10 分制来做评价，有 53% 的未成年人对于"父母对我上网的帮助"打了 8 分及以上，其中，打满分（10 分）的人占 24.2%。父母对未成年人上网的担心内容也存在着阶段性，观念也从之前的担心上网会影响学习、玩游戏聊天会成瘾等片面看法转向了更加客观的认知。如，虽然父母"担心上网会耽误学习"的比例一直高居榜首，但从 2006年的 48.47% 上升到 2009 年的 78.1% 后就基本在回落，2010 年为 61.6%，2011 年为 67.3%，到 2017 年为 62.70%（城市）、59.50%（农村），父母对孩子上网的态度有了一定程度的变化。父母和孩子在上网方面形成了较好的互动和交流。2017 年约八成家长对孩子上网有规定，有一半家长对孩子上网既规定时间也规定内容。约七成父母教过孩子上网知识和技能。约 13.9% 的父母经常教孩子上网。不会上网的父母仅是极少数，比 2013年的比例大幅下降。在上网方面父母也经常向孩子请教，24.1% 的家长经常求教于孩子。

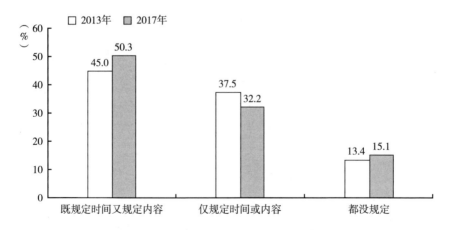

图 6　父母对未成年人上网的规定（2017）

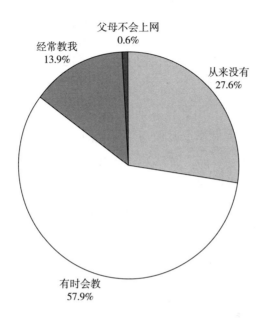

图 7　父母与未成年人在上网方面的互动情况（2017）

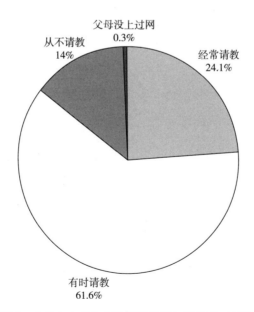

图 8　父母向未成年人请教互联网知识情况（2107）

（三）未成年人在互联网上进行学习和交往的状况

1. 未成年人在互联网上的交往以网络聊天为最主要的形式

2017年被调查的未成年人中，73.1%的人有自己的手机，这比2013年有大幅提升；95.1%的人用手机上过网，近六成（58.7%）人经常或主要用手机上网，部分人有做作业时使用手机上网的情况。QQ、音乐、微信是未成年人最常用的手机App，而QQ、微信在未成年人中的渗透率很高，成为他们使用的主要社交平台，QQ（59.7%）排在第一位，微信（30.4%）位列第二，其他平台使用比例较低。整体来看，被调查未成年人使用微信的明显增加，2017年调查显示，未成年人微信的使用率达到84.6%，而其中有85.6%的人拥有自己的独立微信号。然而，使用微信的未成年人中约六成不发朋友圈，但是超过八成的人关注微信公众号，关注10个以内公众号的最多，占68.5%。被调查的未成年人中有30.3%的人每天至少使用一次微信，他们主要使用语音、朋友圈和群聊三项功能，82.7%的人有10个以内微信群。微信支付在未成年人群体中悄然兴起，成为高中生使用微信的首选功能。

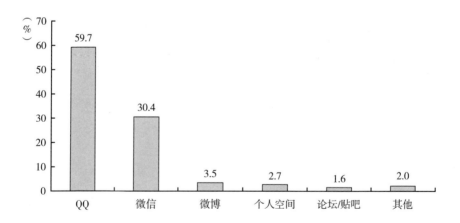

图9　未成年人社交软件/平台使用状况（2017）

2. 多数未成年人能够以理性的态度进行以熟人为主要对象的网络社会交往

未成年人在网上交往的圈子主要是熟人，并且这个交往圈子进一步得到

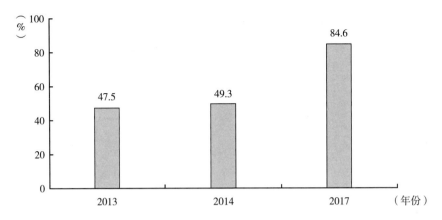

图 10 未成年人微信运用的比例变化（2013～2017 年）

了巩固。调查显示，接近九成（88.7%）的被调查未成年人在网上交往的对象都是现实生活中认识的人，这一比例在 2013 年为 80.6%，2012 年为 71.6%。只有 3.5% 的未成年人经常和网络上认识的人交往，这一比例在 2013 年为 4.6%。接近一半（48.9%）的未成年人在网上结交过不认识的朋友。结识新朋友的方式，45.1% 的人是通过"朋友的朋友"介绍的，而 38.3% 的人是通过"一起聊天"，30.7% 的人则通过"一起玩游戏"等。54% 的未成年人选择只是在网络上与网友交往，只有 33.2% 的未成年人在现实中与网友见过面。

虽然多数未成年人具有自我保护的安全意识，但是，未成年人仍需要提高网络信息安全防范意识和用网素养，学会用网络维护社会关系。调查显示，未成年人所公布的真实信息排名前三的分别是：性别、年龄及 QQ 号，比例分别为 65.80%、41.5% 和 40.1%。未成年人在这方面还需要增强自我保护意识。

此外，未成年人对互联网及网络交往的利弊有一定的理性认知，并且形成了相应的共识。调查显示，在未成年人对网络社交的正负面影响评价方面，正面评价中居前的是："能与好友保持联系"（35.7%）、"方便发表自己的观点"（15.4%）、"及时了解好友动态"（12%）；负面评价中居前的是："太耗时间，耽误学习"（28.9%）、"不良信息的侵袭"（20.8%）、"个人信息的泄露"（20.7%）。

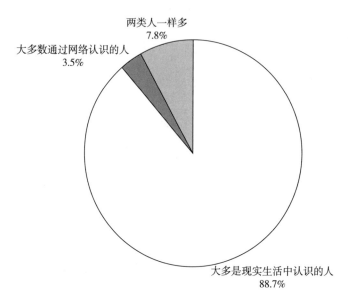

图11　未成年人在网上交流的好友（2017）

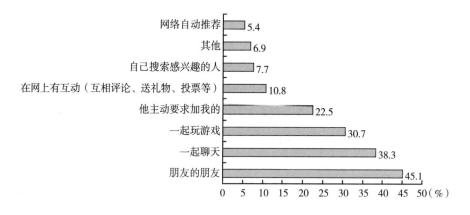

图12　未成年人结交新朋友的方式（2017）

3.数字阅读已成为未成年人的重要学习方式，但碎片化、娱乐化的特征制约了其作用和效果提升

基于手机、平板电脑等移动终端的数字阅读在未成年人的学习和生活中已十分普遍，成为信息获取和知识学习的重要方式。调查显示，通过手机等进行数字阅读的比例高达61.1%。而互联网环境下的屏幕阅读更多是一种

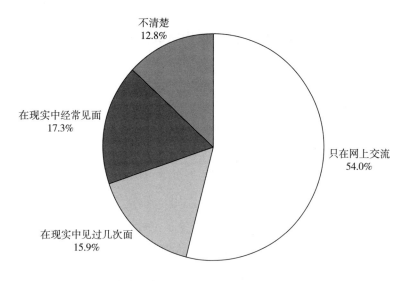

图 13　未成年人是否与网友在现实中交往（2017）

"浅阅读"①，对未成年人的阅读方式、学习习惯和阅读效果带来重要影响。"浅阅读"追求的是快速、兴趣和信息量，难以深入思考、系统学习，易导致获取信息知识浅尝辄止、不求甚解，阅读更多呈现碎片化、娱乐化的特征。"浅阅读"的主要问题表现为：弱化了未成年人聚精会神学习的专注力；降低了未成年人深入阅读理解的能力；降低了未成年人明确学习方向的目标性；限制了未成年人的丰富想象力。这一切都不利于未成年人想象力的培育和创造力的开发。

　　在阅读类别上，处于青春期的中学生在互联网使用上与小学生有着明显的差异。小学生比中学生更爱阅读学习、科普、历史、童话寓言、手工制作等类型的课外读物；而中学生比小学生更爱阅读心理/励志、玄幻/穿越、言情、生活/娱乐/时尚等类型的课外读物。而且，功课太多、作业太多，对学生课外阅读的影响较大。

―――――――――――――

　　① "浅阅读"，是指浏览式的、泛泛而读，不用对所阅读的内容做深入思考；"深度阅读"，是指融入内容情境中，加入个人深刻思考的阅读，比如阅读纸质经典书即一种深度阅读的体现。

（四）未成年人近十年互联网运用状况比较

综合分析本调查项目从 2006 年至 2017 年的数据资料可以看到，互联网对未成年人的主要活动（学习和生活）的影响是显著的。当然，这种影响既有积极的，也有消极的，主要体现在七个方面。

1. 在线的自主学习、互动学习逐渐成为未成年人学习的重要方式

互联网在内容、时间和空间上都延展了学习的维度。被调查未成年人普遍认为互联网对自己的学习起到了积极作用，在线学习成为未成年人使用互联网的主要功能。调查显示，"在线学习"（41.8%）与"网络音乐"和"QQ 聊天"一起成为 2017 年未成年人网络应用的三大功能。而未成年人认定的上网的三项重要功能：在线学习、在线知识答疑/辅导、网络阅读，实际上都与学习有关。同时，59.2% 的人认为"在线学习"是上网的最重要功能；53.6% 的人承认互联网"使他们获取知识变得更容易"；34.3% 的人表示"通过互联网自己学习更方便了，很多课程、作业可以在网上进行"；此外，30.5% 的人感到"通过互联网可以使自己随时知道社会上正在发生的事情"，而 27.5% 的人觉得"通过网络学习了很多新的技能"，25.8% 的人坦承"通过互联网，很多问题能自己解决，更少依赖大人"。值得注意的是，未成年人的学习成绩与他们的网络学习行为呈明显的正相关，两方面相互促进。互联网作为学习的辅助工具，在搜集知识、吸收知识、应用知识等方面提升学习效果，为未成年人提供了高效的学习平台。未成年人在线教育用户规模逐年扩大。在线学习、知识分享等新型学习方式逐渐成为未成年人学习的重要方式，未成年人学习方式多元化成为趋势。

2. 未成年人在上网对于生活学习的利弊分辨认识上更加理性，对其重要性的认知更加明确和成熟

随着在线教育和在线学习的稳步发展，未成年人在上网对于学习的利弊分辨认识上更加理性，对其重要性的认知更加明确和成熟。比较未成年人看待"上网利弊"的态度数据，整体上，未成年人认为利大于弊的比例较高。但他们对上网的弊端的认知也逐步提升。2006 年、2007 年、2009 年和 2010

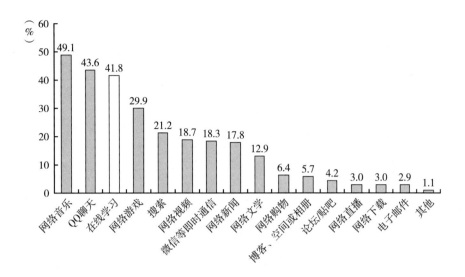

图 14　未成年人主要使用的网络功能（2017）

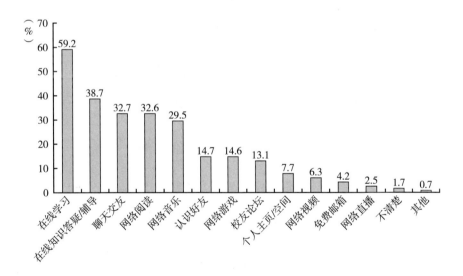

图 15　未成年人认为最重要的网络功能（2017）

年，分别有 34.1%、44.1%、36.8% 和 32.4% 的人认为上网"利大于弊"；而分别有 11.1%、10.9%、13.5% 和 15.4% 的人认为上网"弊大于利"。分析上网给未成年人带来的变化，比较 2011 年、2012 年、2013 年和 2017 年

的数据可以看到，他们认同"获得知识变得容易了"的比例和认同"分走了不少学习时间"的比例均呈现显著增长趋势。在对上网导致最严重问题的评价中，"耽误学习"一直保持着最高比例。2011 年，26.8%的人选"上网耽误学习"，其次选"玩游戏/聊天上瘾"（24.3%）；2013 年，选"耽误学习"的比例增加至 30.0%，其次选"眼睛近视，健康受影响"（22.9%）；2017 年，28.9%的人选"太耗时间，耽误学习"，其次选"不良信息太多"（20.8%）。总体而言，未成年人对互联网的认识渐趋理性，既认同互联网给生活和学习带来的便利，也对上网的弊端有一定的认识。

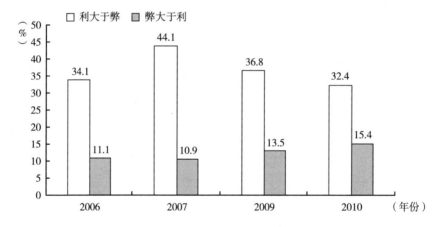

图16　未成年人对上网利弊认知的变化（2006～2010）

3. 未成年人网络学习的即时性需求呈现增长趋势

根据对本调查历年数据的分析，学习、求知在未成年人的网络应用中占有重要位置。2017 年应用互联网进行学习的比例大幅提升。在网络学习需求中，即时性需求呈现增长趋势，而非即时性需求则呈现多种情形。最明显的有：认为上网的主要目的是"完成作业、查资料"（即时性需求）的比例呈现显著增长；认为上网的主要目的是"扩大知识量"（非即时性需求）的比例有所降低。此外，未成年人对"能帮助学习"的功能的需求增长较快，已形成在微信群、QQ 群里讨论功课，在学校网站上查询成绩以及上网查找资料等学习习惯。网络学习即时性需求的不断增长，一方面反映了网络学习重要性的提高，另一方面也反映了未成年人使用网络这一学习工具时具有便利性和实用性目的。

2017年，用微信"沟通学校/学习事宜"的占比为37.4%，排名第二，仅次于语音聊天（38.6%）；在"经常浏览和交流的微信群"中，同班同学群占比最高，达67.7%，其次是家人亲戚群，占61.5%。而非即时性需求占比不高，最常使用的App主要是"学习类"的占比29.1%，远低于QQ（58.2%）、音乐（43.2%）、微信（40.2%）。

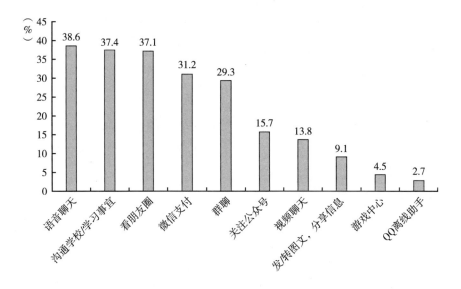

图17　未成年人使用微信的主要用途（2017）

4. 互联网对于未成年人的负面影响，以及不良信息长期存在

互联网在对未成年人的学习产生积极影响的同时，也带来了一些无可避免的负面效应，包括耽误时间、不良信息等。历年调查数据表明，在对上网所导致的问题的评价中，"耽误学习"一直占比最高。2010年至2014年间，未成年人认为"上网耽误学习"的比例分别是26.8%、26.8%、27.3%、30.0%和23.6%；2017年，28.9%的未成年人认为网络交往"太耗时间，耽误学习"，其次分别是"玩游戏/聊天上瘾"、"眼睛近视，健康受影响"、"不良信息太多"、"个人信息泄露"等。比较2007年、2009年和2010年，

认同"上网接触到不良信息，产生不健康思想"的比例从75.5%增至76.9%、87.3%。不良信息的主要来源包括"广告"、"视频"和"游戏"三类，以"不雅图片"、"自拍暴露视频"、"虚假广告"、"暴力游戏"和"虚假新闻"等形式传播。而且，社交媒体（如"QQ"、"微博"、"微信"）逐渐成为不良信息传播的主要途径，传播数量呈现逐渐增多的趋势。

5. 未成年人社交媒体多元，网络熟人社交成为未成年人网络交往的主要方式

网络社交是未成年人使用互联网的一个重要用途，而多元化的社交媒体是未成年人进行社交的重要场域。根据过去十年的调查，未成年人上网的主要目的中，"交友"占比呈现逐年递增之势，从2010年的2.6%上升到2017年的15.9%。

未成年人的社交媒体工具随着流行应用软件的变化而变化，呈现多样化态势。调查显示，2006年至2009年，未成年人主要通过QQ软件进行社交，历年使用QQ的未成年人数占比不断上升，从76.03%升至97.5%，此外，还有聊天室、E-mail、MSN等聊天软件。从2010年开始，社区类网站迅速发展。2010年，使用QQ空间的未成年人占59.7%，其次是"摩尔庄园"（35.2%）、"开心网"（26.5%）、淘宝社区（16.3%）、新浪博客（14.8%）。2011年，微博社交受到推崇，使用腾讯微博和新浪微博的未成年人分别占18.8%和11.4%。从2012年开始，部分未成年人开始使用微信，2012年至2014年，使用微信的人的历年比例分别为11.8%、21.67%和25.7%；2017年，这一比例增加到30.4%，而使用QQ的人数占比则减至59.7%（仍占据主导地位）。近几年，社交媒体开始与游戏、直播、短视频等业务结合，呈现娱乐化倾向，受到未成年人的追捧。

调查还显示，未成年人网络交往更倾向于熟人社交，网络交流选择现实中的熟人为对象的比例不断增长，从2011年的70.3%到2013年的80.6%，再到2017年的88.7%。同时，陌生人社交的比例则呈现逐年减少的趋势，一定程度上反映出未成年人网络安全意识的提升。

6. 游戏、音乐和视频一直是未成年人网络娱乐的主要方式

在过去的十年里，网络的娱乐功能一直是未成年人互联网运用的主要选择。网络游戏、视频音乐、网络直播等娱乐方式丰富了未成年人的课外生活。调查显示，在过去的十年里，多元化的"娱乐"在未成年人"上网的主要应用"中占比一直居前三位，如2010年，"偷菜"游戏让"开心网"等网络游戏、社交网站受到热捧，成为当年未成年人的最热门应用。2017年，未成年人"使用的主要网络功能"中，"网络音乐"占49.1%，"网络游戏"占29.9%，"网络视频"为18.7%。也就是说，网络音乐、游戏和视频一直是未成年人的主要网络娱乐方式。

7. 未成年人网络消费呈现逐年上升之势，同时伴随一些风险的出现

未成年人使用手机进行网络购物和网上支付的人数逐年增加，购物在未成年人上网目的中的占比呈逐年上升之势。调查显示，在2007年、2010年、2011年、2012年、2013年、2014年、2017年，选择网上购物的比例分别为1.12%、1.2%、2.4%、3.9%、4.71%、7.1%、6.4%。在未成年人网络消费增加的同时，一些风险也随之出现，2017年，9.4%的未成年人在网购中遇到骗子，7.9%被网友骗钱，10.6%遭遇网友假承诺。

二 未成年人互联网运用存在的主要问题

（一）未成年人首次触网更趋低龄化，遭遇不良信息的程度不断加大，并呈常态化

随着互联网的普及，尤其是移动互联网的普及，网络化成为现代社会生活水平的一个重要标志。未成年人接触互联网呈现低龄化趋势。调查显示，2017年，10岁之前开始有意识上网的比例达68.6%，其中，7岁及之前有意识上网的累计比例达28%。总体上看，10岁以后有意识上网的比例虽然仍是最高，但和四年前（2013年底）相比，已由31.9%下降至24.6%。未成年人首次触网的年龄明显提前。同时，从未遇到过不良信息的未成年人由

2010年21%下降到2014年6.6%，意味着遇到网络不良信息的未成年人逐年增加。尽管经过网络治理，2017年，从未遇到过网络不良信息的未成年人占比大大提升（在城市和乡村分别为37.7%和31.5%），但仍有近七成未成年人在网络上遇到不良信息。不良信息的主要来源是广告、视频和游戏。面对不良信息，感觉"极不舒服"的未成年人由2010年的28.4%增长到2012年的38.8%，感觉"没有不舒服"的占比由2010年的11.3%下降到2012年的7.0%。网上的不良信息对于处于成长期，心智发育尚未成熟，鉴别力、自制力还需要提高的未成年人来说，无疑潜藏着极大的风险。如果不能有效地应对，那么，对未成年人而言可能导致严重的后果。

（二）未成年人在线学习成为新亮点，但对移动互联网的运用还缺乏有效的监管引导，出现了"过度上网""自律学习不足"等新的网络依赖问题

在线学习的推广运用已成为未成年人互联网运用的一个重要领域。在线学习突破了以音乐、聊天、游戏为主的互联网运用的娱乐倾向，改变了家长以及全社会对于未成年人上网消极方面的看法。但随着移动互联网的发展和手机等移动终端的普及，手机上网越来越普遍，对未成年人移动上网的监管和引导变得更加困难，而且出现了"过度上网"等问题。"过度上网"是指超过正常时间限度，并影响健康作息、产生明显行为依赖的上网现象。调查显示，上网时间占据了未成年人不少课余时间，尤其是挤占了他们的学习时间。超过95.5%的未成年人用手机上网，超过73.1%的未成年人拥有自己的手机，约40%的未成年人每天使用手机上网。此外，约有26.5%的学生会在学习过程中用手机上网，如在课堂、课间及做作业时使用手机上网；不少学生的手机在课堂上处于待机状态，一定程度上使学生上课分神，降低了其课堂参与的积极性，影响了其课堂学习的效果。过度上网还挤占了未成年人本应有的户外运动时间，使他们更爱宅在家里，运动的减少影响了身体发育，导致体质下降和视力下降。此外，互联网的过度使用会使未成年人产生网络依赖，不利于培育系统思考的能力。便捷的网络检索工具和海量信息，

在方便未成年人快速查找学习资料的同时，也使他们懒于动脑，遇到问题时不是自己思考解决方案，而是习惯于上网搜索答案。这会降低未成年人独立学习、创造、创新的积极性，影响独立思考能力、分析问题与解决问题能力的培养。

（三）未成年人容易接受网络产品、网络行为和网络语言等网络文化元素的影响，网络模仿学习成为未成年人自我表达的重要方式

未成年人作为网络原住民，对于互联网新潮流产品和应用的敏感度非常高，他们更容易接受新的事物，对于新应用的学习、模仿和使用能力很强，同学同伴之间的相互交流频繁，因此新的网络产品和应用特别容易在未成年人群体中流行和推广。调查和研究显示，未成年人在互联网运用上喜欢"追逐新潮、喜欢尝试新东西"。[①] 微信、微博、网络直播等网络工具被未成年人广泛使用，而且近两年微信成为他们（尤其小学生群体）使用的主流平台。

模仿是未成年人学习和成长的重要方式和渠道。未成年人中的网络模仿现象有逐渐增加的趋势，并且以网络娱乐和网络语言等为模仿的主要内容。调查显示，2010年，选择"从不模仿网上的行为或语言"的未成年人占40%，2012年减至30.3%，2017年再减至26.2%。在具体的模仿行为中，未成年人的选择差异变化不大，但总体呈上升趋势，2012年"学唱网上的流行歌曲"占51.2%，2017年增加至57.2%；2012年"模仿网络说话的方式"占20.6%，2017年增至23.1%。网络语言对未成年人的行为和语言的影响日益增大，其影响已经渗入日常学习和生活，并给未成年人带来了一定的负面影响。由于监管缺失或者利益追逐，网络新产品和平台屡次推出对未成年人极不适合的网络游戏和内容，比如儿童邪典动画、未成年人不良内容直播、不良网络游戏和手机游戏、软色情和暴力内容和画面等，均涉嫌违反

---

① 杨斌艳：《未成年人微信运用状况》，李文革等主编《中国未成年人互联网运用报告（2013～2104）》，社会科学文献出版社，2014，第143页。

未成年人保护法规，对未成年人的价值观念和身心健康均造成较大负面影响。

从传播的角度来看，模仿也是个体寻求身份认同的一种方式。在模仿的过程中，主体可以通过一些娱乐化、个性化的表达方式来传播自己的想法和感受，有助于产生共鸣，从而找到一种归属感。未成年人的自我表达既是未成年人自我认知的体现，也反映了互联网为未成年人的生活提供了更多的表达机会。然而，互联网的匿名性和无组织性，容易导致未成年人在互联网上社会责任感和自我控制能力的弱化，产生从众模仿行为，甚至模仿一些暴力、侮辱等不健康内容。这需要全社会强化保护未成年人的互联网自律意识，尤其是需要互联网管理者、建设者、产品供应商、学校和父母等强化共识，共同构建健康的网络生态，同时也需要帮助未成年人培养理性运用互联网的意识，让未成年人远离不良信息。

（四）父母需要自觉提高自身的网络知识和技能，积极参与未成年人互联网运用的监管和辅导

尽管互联网在当今社会的推广普及程度已经相当高，但相对于未成年人的网络运用需求，父母一代关于互联网的知识和技能还要提升。调查显示，多数未成年人认为父母的上网技术不如自己。2010年有24.4%和25.4%的未成年人认为父母的上网技术"比我差一些"和"绝对比我差"。2011年和2012年有五成多的未成年人认为父母上网技术比自己差。2013年，城市21.1%、农村21.3%和城市25.6%、农村33.5%的未成年人认为父母的上网技术"比我差一些"和"绝对比我差"，城乡差异明显。2017年，83.5%的学校开设了互联网或上网知识课程，然而，就自身的网络知识和上网技术而言，55.0%的城市和64.7%的农村未成年人是向朋友学到的，59.9%的城市和60.1%的农村未成年人是自学得到的。因此，父母和学校对未成年人上网知识的传授和上网行为的引导远远少于未成年人的同辈影响和自主学习，从而导致父母和学校对未成年人的网络行为几乎无影响和监管力不足的局面，无形中为未成年人在互联网上浏览不良信息和模仿不良行为留下了空间。调查显

示,父母和孩子在网络运用方面逐渐建立了和谐友好的关系,互相交流和互相指导的情形不断增加,父母接受并承认孩子在网络运用上接受能力强、掌握速度快,向孩子请教属于很正常的事;孩子也愿意接受父母关于上网内容、上网时间等的规定,而且能更多体会到父母对自己在网络运用方面的指导意义。而且父母的使用电脑和上网频率、父母对孩子上网的指导水平、父母的学历等因素,对于未成年人互联网运用的实际状况都会产生具体的影响。

三 改善未成年人互联网运用的政策建议

从个体成长规律上看,未成年人正处于生理心理发展重要时期,互联网的运用会极大地影响他们的成长。从时代和社会的角度上看,今天的未成年人都出生于21世纪,被称为"00后"。他们成长于中国互联网高速发展的时代,是互联网世界的"原住民"。他们伴随着互联网的发展而成长,互联网已经高度融入他们的学习和生活当中。

对于未成年人互联网运用状况的关注以及为他们的互联网运用创造更优良的环境和条件,一直是国家和社会互联网工作的重要内容,一直是共青团、少先队组织工作的重要方面,一直是专家学者的重要研究领域。今后,更需要各方面进一步加强协作、共同努力,特别是在以下领域重点开展工作。

(一)应该围绕未成年人保护,建设集指导、宣传、监管、服务、奖惩于一体的未成年人互联网运用的治理体系

1. 全社会共同建设完善未成年人互联网运用的安全、健康、法治、文明的环境

建立健全与未成年人互联网运用相关的法律法规,是未成年人安全正确地使用互联网的制度性保障。除了《中华人民共和国未成年人保护法》外,我国保护未成年人网络运用的法律法规大多散见在许多法律条款和规范性法律文件中。一方面,应该从实际情况出发,出台符合社会发展需求、符合我国未成年人发展需求的普适性的法律条文;另一方面,需要充分听取相关专

家、法律部门、未成年人及其父母的意见，使法律条文具有可操作性。这些相关的法律法规应是一套权责明确、监督有效、奖惩有力的制度体系。首先，权责需要明确到个人、单位、社会组织，由点到面，由责任人到责任相关团体（平台、公司、学校、行业协会、监管部门）再到社会各攸关方，逐渐扩散，形成全方位、多层次、零遗漏的全覆盖式规范监管。其次，形成全面有效的监督机制。对为未成年人提供服务的互联网运营平台实施实时可控的监督。在互联网内容建设方面制定严格规范，严查互联网图片、视频、音频、文字等方面的不良信息。严格审查未成年人网络服务场所的运营许可，强化运营环境的合规性、安全性，着力建设未成年人安全健康使用互联网的全时空环境。通过完善法律法规、健全治理机制和加大惩处力度，对侵害和破坏未成年人互联网运用秩序的网站、平台、公司、机构等，依法严格取缔并追究其责任。加强未成年人互联网保护的社会宣传，提高全社会依法保护未成年人互联网运用的意识。

2. 适应未成年人的身心特点和独特需要，保障在线知识学习的准确性与权威性，完善互联网的内容建设、平台建设和认证机制，提供更多的优质免费在线课堂、在线辅导等教育资源

学习是未成年人生活和成长中最重要的事情之一，互联网在线学习已经成为他们进行课业学习和课外学习的重要途径。针对未成年人和父母的学习、教育和娱乐需要，应指导网络供应商根据市场规范为未成年人提供适合的娱乐节目、益智游戏、学习生活、社会交往内容。当前网络上娱乐和游戏资源非常丰富，而优质免费的学习资源非常有限，或者不被未成年人群体广泛知晓和认可。很多优质的在线课堂和在线辅导也常常是商业教育机构投资的，需要付费而且费用很高。免费优质的在线课堂和在线辅导对于教育资源的均衡、对于网络教育优势的发挥都非常重要。不论是教育信息化，还是"互联网＋"教育，如果只顾及市场和资本的利益，那么，互联网将带来更大的教育不公平。

首先，应考虑到不同年龄段未成年人的需求，分阶段、分层次地给未成年人提供其喜闻乐见的互联网内容，以保障他们在成长过程中每一阶段的身

心健康。

其次，应提供适合未成年人成长特点的游戏产品、搜索引擎、社交工具，提供更多的优质免费在线课堂、在线辅导等教育资源，以满足他们学习、生活的真实恰当需要。

最后，应建立相应的认证机制，强化内容生产者的责任和标准意识，为未成年人营造健康安全的网络环境。对网上知识内容进行严格的分类和权威的审核。对公开免费的基础核心知识搜索进行专业、严格的审查，实行标签认证制度，保证未成年人以及广大公众从网上获得科学、权威的知识。

3. 落实相关主体责任，建立专业监管平台，严格控制不良信息的生产和传播，进行有效的指导和监管，以确保未成年人健康地运用互联网

要明确监管未成年人运用互联网的主体和机构，建立相应的监管平台，形成长效机制，定期提供数据和报告，加强对未成年人互联网运用的有效指导、服务和监管。应成立相应机构作为责任部门，并整合社会资源，将学校、家庭、网络产品供应商等多个社会主体纳入监管服务体系，明确各自的责任和义务，形成有效监管服务机制。特别是要严格控制不良信息的生产和传播。通过立法、执法等手段控制、惩治不良信息的生产，紧盯不良信息的发布源头，通过经济制裁对传播不良信息的行为进行处罚。建立严格的内容审核制度，设置举报制度，发动网民力量进行监督和举报，有效制止对不良信息的访问和传播。

（二）学校及相关教育、宣传、研究部门应着力推进全社会的公共网络素养教育和研究，以此作为提高未成年人网络素养的基础工作，不断地提升未成年人的网络素养

网络素养教育是涉及全民的系统工程，以往的研究和实践对于青少年的关注较多，但对于其他群体尤其是全社会的网络素养则关注较少。网络空间的高度交互渗透，使父母、学校以及全社会的网络素养对未成年人的影响非常之大，却易被忽视。网络素养培养的不平衡不仅体现在不同人群间，而且存在于不同地区之间。此外，网络素养教育更重视知识和技能培训，文化和

价值观层面的规范培育较为缺乏，忽视了互联网作为社会基础生产力在文化和价值观层面所产生的影响。因此，我们急需更具有创新性、更切合中国国情的网络素养教育，不限于青少年群体，而是全民的网络素养教育。应协调教育、宣传、研究等相关组织、机构、部门加强合作，形成关注、重视网络素养教育的广泛共同体，推进新时代中国青少年网络素养的探索、创新、培育与践行。

（三）重点纠正父母、学校和社会对于未成年人互联网运用的认知偏差，发挥家庭、学校、共青团和少先队组织、社会教育机构和网络平台的引导作用，塑造未成年人向上向善的价值观和网络文化观念

未成年人互联网运用的一个主要方面是娱乐休闲，父母和教师的担忧主要集中于耽误学习、认识不良朋友、损害未成年人视力等方面。基于此，首先，学校应增加未成年人的线下交流和现实活动，使他们更多地感受丰富的社会互动并形成自我意识；其次，学校和有关网络平台应加强协作，合理划分线上线下的学习内容比例，尤其针对低龄未成年人应科学地适量规划课业任务，重点培养其形成良好的学习习惯；再次，定期开展未成年人网络运用与网络学习调查，探索指导未成年人互联网运用的科学规律，进行有效的监管与干预。而作为父母，应重点发挥身教和言传的作用，在家庭中培养未成年人互联网运用的良好习惯。父母应在家庭中减少手机使用时间和频率，增加与未成年人的相处、沟通与互动，掌握未成年人网络使用的行为偏好和认知偏差。父母还应不断提升互联网知识和技术水平，以有效指导未成年人的网络运用。

阅读是未成年人学习知识的重要方式和途径。调查显示，随着网络小说、电子书与电子阅读媒介的兴起，网络阅读逐渐受到未成年人的青睐。然而，网络读物的质量参差不齐，不良信息难以监控，对未成年人的身心健康发展带来了挑战。加强共青团少年儿童组织的引领作用，加强学校和公共图书馆的互动，通过著名作家报告会、畅销读物读书会、现场阅读报告会等线上线下多种形式的活动，增加未成年人的参与、分享、交流，培养未成年人

多读书、读好书的阅读习惯。

网络流行文化（网络亚文化）对未成年人价值观的影响显著。调查显示，网络流行文化是未成年人模仿和追逐的热点，传播和感染能力极强，易在未成年人中形成流行趋势。比如 Cosplay、"二次元"、"粉丝文化"、"投票/拉票文化"等等。网络流行文化符合未成年人的青春活力展现和个性发展需求，是未成年人释放好奇心、想象力和创造力的一种独特方式。网络流行文化具有的时尚性、流行性、边缘性、奇异性等特征，形成了不同兴趣爱好取向的小众、多元的网络"新部落"，经由互联网将未成年人跨性别、跨年龄、跨时空地联系在一起，从而不同程度地影响他们的社会化和成长。这要求父母、学校和社会各方，以更开放的心态来加以理解和包容，因势利导地引导未成年人正确地认识和对待网络流行文化的利弊，发挥其积极效应，消除其消极影响，充分吸收其有益的因素来促进未成年人健康成长，而不是简单地进行"禁"和"堵"。

参考文献

李文革、沈杰主编《中国未成年人互联网运用报告（2009~2010)》，社会科学文献出版社，2010。

李文革、沈杰、季为民主编《中国未成年人新媒体运用报告（2011~2012)》，社会科学文献出版社，2012。

李文革、沈杰、季为民主编《中国未成年人互联网运用报告（2013~2014)》，社会科学文献出版社，2014。

分 报 告

Subreports

B.2
未成年人互联网运用状况

杨斌艳　吕　静*

摘　要： 本文在分析我国未成年人（8~18岁）互联网运用的现实状况、行为特征和存在问题的过程中发现：互联网应用已经在（包括农村地区在内的）未成年人群体中全面普及；手机成为最重要的上网终端；首次触网年龄有提前的趋势；互联网辅助学习的功能被重视并被积极运用。为促进未成年人更好地利用互联网，建议在健康科学使用互联网以及利用互联网更好地学习方面给予未成年人更多的有针对性的帮助和指导。

关键词： 未成年人　互联网运用　网络社交

---

* 杨斌艳，中国社会科学院新闻与传播研究所副研究员；吕静，中国社会科学院大学新闻系硕士研究生。

一　前言

"Z 世代"① 的概念近几年在全球的消费者研究和市场研究中比较流行。美国和欧洲用"Z 世代（Generation Z）"来指称 1995～2010 年出生的生长在互联网时代的人。正如众多的研究者所指出的，"世代"的划分不仅是一种特定年龄段的标记，更是一种趋势和潮流的变更，这种变化在人口特征、社会特征、生活模式方面都是一种显著的变化，与以前的"每个世代"有明显的区别。② 在中国，近两年在商业和市场研究领域也兴起了关于"Z 世代"的分析，有不少关于中国"Z 世代"性格特征和消费行为的分析。数字原住民、网络社交、移动端上网这三个特点是全球比较公认的关于"Z 世代"的特征。

而本文所指的"未成年人"（18 岁以下）都出生在 2000 年以后，本次调查的绝大多数人（8～18 岁）出生在 2000～2010 年，正是"Z 世代"的主流。"未成年人"是一个按照年龄进行定义的概念，这一群体随着时间不断发生着变化。参考《中国统计年鉴 2017》的数据，截至 2016 年底，中国 8～18 岁的人口约 1.55 亿，占总人口数量的 11.2%。③ 1994 年 4 月 20 日中国首次接入国际互联网，1996 年互联网在中国的商业化应用开始。2000～2010 年出生的这一代，不仅是网络时代的原住民，更是伴随着中国互联网飞速发展而成长的一代。

本文根据 2017 年"中国未成年人互联网运用状况调查"的数据，总结中国"Z 世代"互联网运用的基本情况，分析未成年人在网络空间的行为特征和存在的主要问题，并提出相应的对策建议。

---

① "Z 世代"的称谓流行于美国和欧洲，在中国的另一种比较常见的提法为"95 后"，即 1995 年到 2010 年间出生的一代人，又称网络世代或互联网世代。

② Swiss Education Group, Generation Z: Meet the Next Generation. From: https://www. thegeneration - z. com.

③ 按照国家统计局《中国统计年鉴 2017》的在校学生总数（2016 年）计算，包括普通小学、初中、中等职业学校，普通高中，总计入学学生数超过 1.55 亿。数据来源：中华人民共和国国家统计局官方网站：http://www.stats.gov.cn/tjsj/ndsj/2017/indexch.htm。

二　互联网运用现状

（一）"Z世代"几乎人人使用互联网，普及率接近100%

调查显示，未成年人互联网整体普及率为98.1%。显著高于我国网民整体互联网普及率（57.7%）。[1] 参考CNNIC对于未成年人网民规模的估算（19岁以下网民总人数超过1.75亿人）[2]，基本可以认为：中国的Z世代几乎人人都会使用互联网。

未成年人互联网普及率在城乡之间的差距越来越小。在县城及以上行政级别的地区（本研究将其定义为"城市"）内部，基本上没有差异，而农村地区（乡镇）的未成年人互联网普及率略低于城市地区，为95.8%（见图1）所示。

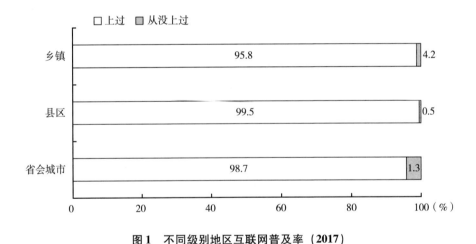

图1　不同级别地区互联网普及率（2017）

---

① CNNIC调查显示，截至2018年6月，我国网民规模达8.02亿，互联网总体普及率为57.7%。中国互联网络信息中心（CNNIC）：《中国互联网络发展状况统计报告》，2018年8月，第20页。

② CNNIC调查的对象起始年龄为6岁，因此，"19岁以下"的准确年龄段应为6～19岁。中国互联网络信息中心（CNNIC）：《中国互联网络发展状况统计报告》，2018年8月，第24页。

同样，这种互联网普及率的差异在不同年级的学生之间也几乎看不出来。按年级划分，调查对象主要是小学 4～5 年级、初中二年级、高中二年级的学生。按照小学、初中、高中三个群体来进行分类对比，发现小学组稍微低一点，但是整体而言，三个组的互联网普及率的差异不明显（见图 2）。

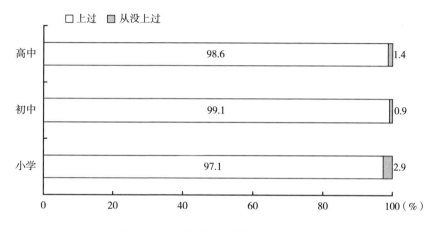

图 2　不同年级学生互联网普及率（2017）

（二）上网设备多样化，以手机接入为主

调查显示，未成年人接入互联网的设备趋于多元化。当前流行的终端设备（包括台式电脑、笔记本电脑、iPad、手机）未成年人群体都有接触。而在这些常见的设备中，未成年人最经常使用的上网设备是手机，而且是"自己的手机"。累计用自己的手机和用家长的手机接入互联网的比例，高达 62.4%，远远高于其他接入方式，而台式电脑上网的比例则累计仅有16.3%（家里＋学校＋网吧）（见图 3）。

（三）上网地点从家庭扩展到随地

手机、笔记本电脑和 iPad 的便携性以及手机上网的流行突破了上网地点的限制，使得移动上网成为现实和主流。目前，除台式电脑必须在固定地

点上网外，其他网络接入终端的移动性得到强化，超过80%的上网可以突破家里、学校等固定地点的限制。

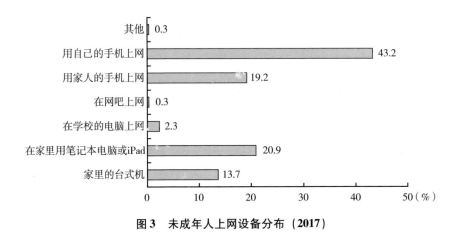

图3　未成年人上网设备分布（2017）

（四）网络接入方式的城乡差距缩小

随着台式电脑、移动终端价格的下降，以及智能手机市场产品的丰富多元，城乡在拥有网络接入设备方面的差异有所缩小。尤其在家用台式机方面，城乡差异已经很小。而在笔记本电脑和 iPad 的拥有率方面，城市则明显高于农村。而就手机而言，千元以下智能手机品种的丰富，为手机上网提供了大大的便利，使得城乡在手机上网接入方面的差距也不断缩小。此次调查显示，73.1% 的未成年人拥有自己的手机。

（五）孩子网络接入方式与孩子跟父母的感情相关

调查显示，与父母感情不好的孩子使用自己手机上网的比例明显上升。如图5所示，与父母感情不好的孩子用自己手机上网的占48.1%，比与父母感情好的孩子高出近10个百分点（39.0%）；而与父母感情好的孩子用家人手机上网的比例则明显高于与父母感情不好的。在台式机上网方面，也能看出与父母感情带来的上网地点差异，与父母感情好的孩子选择在家里上网更多，而与父母感情不好的孩子选择在学校上网更多。可

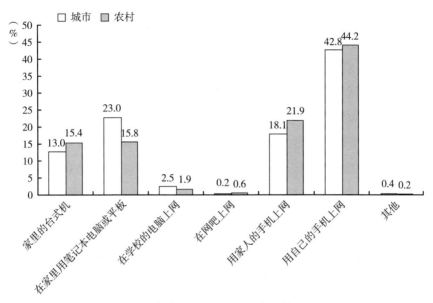

图4　城乡未成年人拥有网络设备比较（2017）

以初步推论，孩子与父母的感情状况影响孩子网络接入方式和上网地点的选择（见图5）。

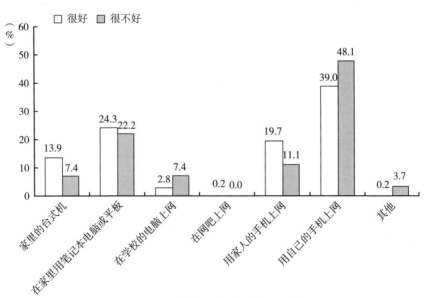

图5　孩子与父母感情状况与孩子的上网选择（2017）

（六）手机成为主要上网方式，接近总体网民水平

调查显示，95.1%的未成年人使用手机上网，其中，58.7%的人主要或经常用手机上网（见图7）。其中，超过1/3的人"经常用"手机上网，超过1/3的人"很少用"，23.6%的主要用手机上网。未成年人手机上网比例接近总体网民水平，参考CNNIC统计数据：截至2018年6月，全国手机上网比例98.3%；截至2017年12月，为97.5%。[①]

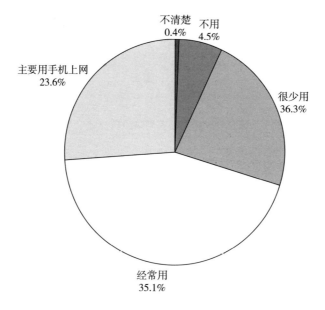

图6　未成年人使用手机上网频率（2017）

（七）近七成人首次触网年龄在10岁前

调查显示，10岁及之前开始自己有意识上网的比例达到68.5%，其中，7岁前（含7岁，通常的入学年龄）开始自己有意识上网的累计比例达到

---

① 中国互联网络信息中心（CNNIC）：《中国互联网络发展状况统计报告》，2018年8月，第20页。

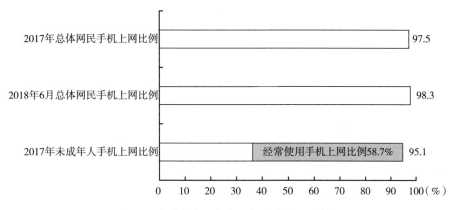

图 7　未成年人手机上网与总体网民比较

27.9%。但是，整体而言，10 岁以后自己有意识上网的比例仍是最高的，对比 2014 年未成年人互联网使用状况，这一比例已经由四年前（2013 年底）的 31.9% 下降至 24.6%，未成年人的首次触网年龄明显提前（见图 8）。

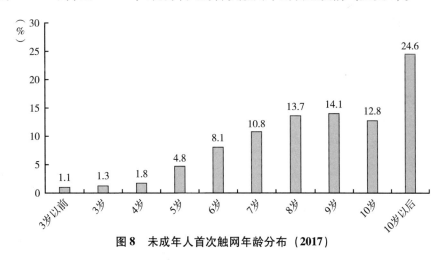

图 8　未成年人首次触网年龄分布（2017）

（八）首次触网年龄与多项属性显示出相关性

首次触网年龄与未成年人家庭所在地、学习成绩、是否单亲家庭和父母的学历显示出一定的相关性。

对比城市未成年人和农村未成年人的首次触网年龄，可以发现城市未成

年人首次触网年龄大多在 10 岁之前，占比为 72.3%，而乡村未成年人主要集中在 10 岁以后，10 岁之前的占比为 59.6%（见图 9）。

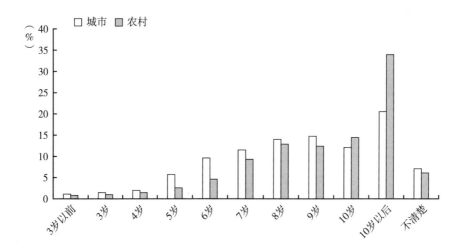

图 9　未成年人首次触网年龄与家庭所在地相关（2017）

　　在学习成绩方面，优等生的首次触网时间最早。调查显示，优等生的首次触网时间集中在八九岁左右，而中等和较差学习成绩的学生主要集中在 10 岁以后。

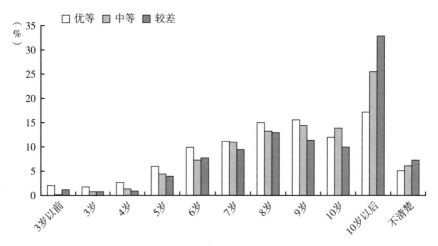

图 10　未成年人首次触网年龄与学习成绩相关（2017）

单亲家庭孩子首次触网时间早于非单亲家庭。调查显示，单亲家庭的孩子在 7 岁（通常的入学年龄）之前开始自己有意识上网的比例达到 36.3%，非单亲家庭的比例为 28.4%，单亲家庭孩子首次触网时间早于非单亲家庭。

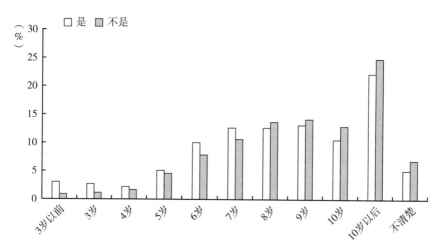

图 11 单亲与否对触网年龄的影响（2017）

父母的学历与未成年人的首次触网年龄有很大关系。调查显示，父母"无学历"的孩子首次触网年龄最早，7 岁（通常的入学年龄）之前开始自

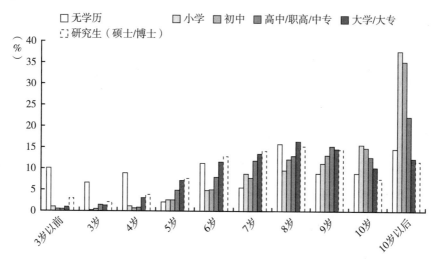

图 12 父母学历对触网年龄的影响（2017）

己有意识上网的比例高达45.5%；父母是"研究生"学历的位列第二，孩子首次触网年龄主要集中在八九岁左右。

（九）未成年人上网频率增加，1/3的人每天上网

调查显示，超过1/3的人（34.8%）每天上网，近八成人（79.3%）每周上网。上网频率增加，每天上网以及一天多次上网的比例增加。

（十）父母对于未成年人上网频率产生较大影响

城市未成年人和乡村未成年人的上网频率没有太多的差异。而随着孩子年龄增加，上网频率有增加趋势，高中生上网频率高于其他年级；而住校生的上网频率低于走读生，这可能与学校的严格管理和同伴陪伴有关。

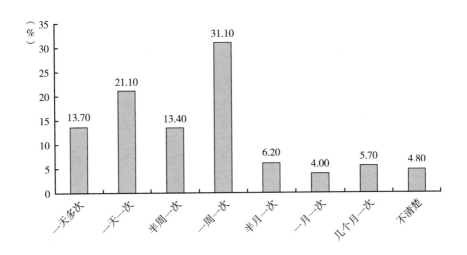

图13　未成年人上网频率（2017）

调查显示，走读生每天都上网的频率为37.9%，而寄宿生为24.4%。而四成（41.7%）寄宿生一周上一次网。

孩子与父母的感情状况对于未成年人的上网频率有一定影响，孩子与父母感情不好的往往上网频率更高，孩子与父母的感情很不好的上网频率是最高的，他们一天多次上网的频率高达（35.7%），明显高于与父母关系很好

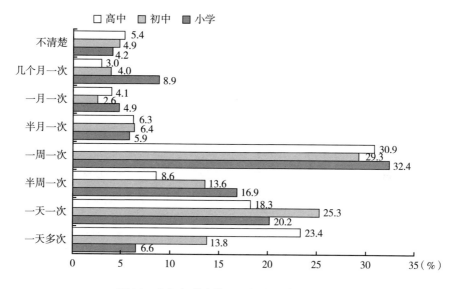

图 14　高年级学生的上网频率更高（2017）

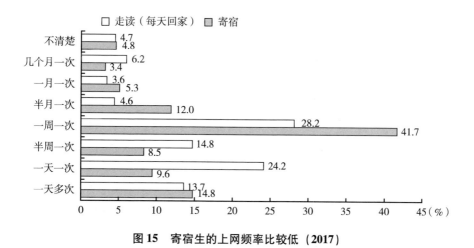

图 15　寄宿生的上网频率比较低（2017）

的孩子（11.3%）。

　　孩子上网的频率与父母平时使用电脑频率呈正相关。调查发现，父母每天上班需要随时使用电脑或上网的，孩子上网的频率也较高。在未成年人"一天多次"（26.3%：8.6%）、"一天一次"（24.5%：15.1%）的频次上父母使用电脑的频率对孩子上网频率影响比较明显。比如：父母"每天上

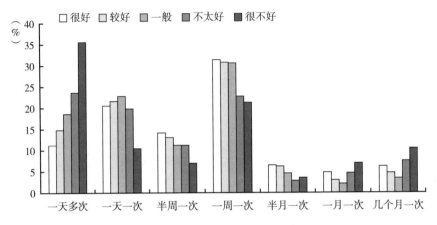

图16　与父母的感情状况显著影响未成年人上网频率（2017）

班需要随时使用电脑或上网"的孩子"一天多次"使用互联网的比例为
26.3%，而父母"每天上班极少需要使用电脑或上网"的孩子"一天多次"
使用互联网的比例为 8.6%。

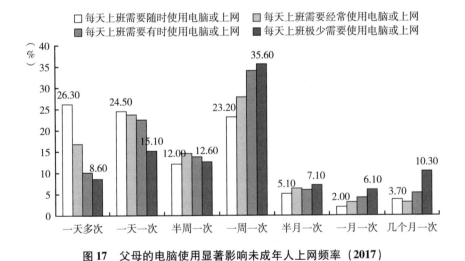

图17　父母的电脑使用显著影响未成年人上网频率（2017）

（十一）上网时长得到控制，七成人控制在一小时以内

每次上网时长控制在"半小时及以下"首次占最高比例，达到

44.6%。而近七成人（69.6%）控制在一个小时之内，超过八成人（81.3%）控制在两个小时以内。频率高、持续时间短成为未成年人上网的主要特征。而且，这种更为合适的未成年人上网时长在城市和农村都体现出一致性。

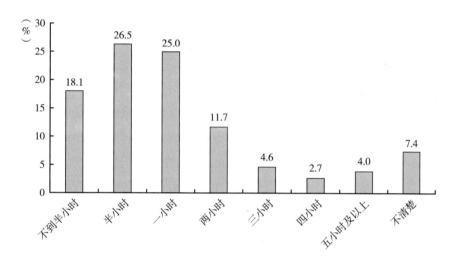

图18 未成年人每次上网持续时长（2017）

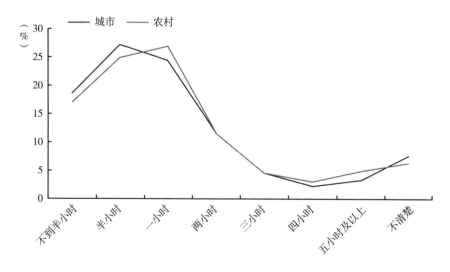

图19 城乡未成年人每次上网时长分布接近（2017）

（十二）上网时长在年级、是否寄宿和与父母感情状况方面呈现一定的差异

从小学、初中、高中三个年级的上网时长来看，年级越高，单次上网时间越长，高中生单次上网时长在三个年级中最长，每次上网三个小时左右及三个小时以上的占总数的22.2%，而小学生仅占4.2%。

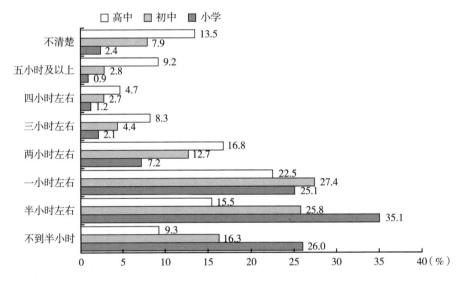

图20　未成年人单次上网时长随年级增长（2017）

寄宿学生单次上网时间长于非寄宿学生。调查显示，寄宿学生单次上网时长主要集中在一两个小时左右，走读学生单次上网时长集中在半个小时左右。寄宿学生单次上网时长三个小时左右及以上的占比为23.7%，走读学生单次上网时长三个小时左右及以上的占比为7.8%，寄宿学生单次上网时间明显长于走读学生。

与父母感情不好的孩子单次上网时间更长。从图22的对比可以看出，与父母关系很不好的孩子单次上网时间会更长，尤其是上网持续五个小时以上的比例，高达25%，明显高于其他孩子。

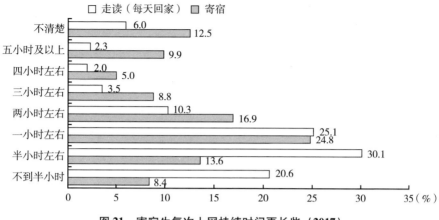

图 21　寄宿生每次上网持续时间更长些（2017）

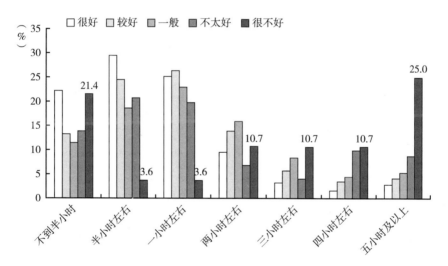

图 22　与父母感情不好的孩子倾向于长时间上网（2017）

（十三）娱乐放松仍是主要目的，学习用途增加

调查显示，放松休息、娱乐游戏仍然是未成年人上网的主要目的，其中放松休息以 57.1% 的比例成为未成年人上网的第一大目的。而紧随其后的是完成作业、查资料，再次是娱乐游戏。可见，未成年人的互联网使用以娱乐放松为主。然而，扩大知识量，完成作业、查资料，网上课堂，了解时事

等的学习类应用的比例也显著增加。未成年人上网三大目的：娱乐、学习、交友，其他方面的目的和应用较少。

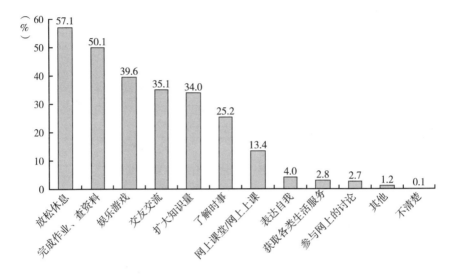

图23 未成年人上网目的（2017）

（十四）"在线学习"的应用明显增加，通过互联网学习的诉求增加

从未成年人上网的实际应用来看，听音乐和QQ聊天仍然是排在最前面的应用，"在线学习"以41.8%的比例——与音乐和QQ聊天差距不大的比例成为未成年人网络应用的第三大功能，甚至高于网络游戏（29.9%）。互联网作为学习助手的功能开始凸显。同时，"网络新闻"（17.8%）、"网络文学"（12.9%）的比例和排序也大大提高。近两年比较流行的"网络直播"在未成年人中也有一定的使用比例。

而当问及未成年人"你觉得最重要的网络功能"时，前两位都是学习相关功能，而且"在线学习"的功能以59.2%的比例遥遥领先，位于第一。相比较而言，游戏、交友、音乐等的诉求则排序比较靠后。可以从几个方面来进行解读：一是，网络上的娱乐、交友、游戏等产品、平台和功能比较充

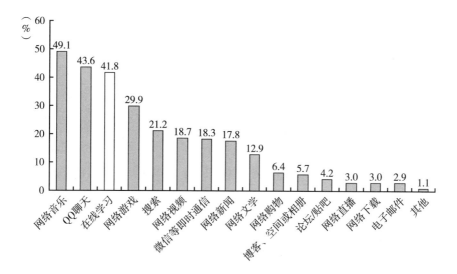

图24 未成年人主要使用的网络功能（2017）

足和容易获得；二是，未成年人确实认识到互联网在促进学习方面的作用，而此方面的产品和功能可能还需要进一步丰富，尤其是免费的、优质资源；三是，多少会存在"期许回答"的可能。

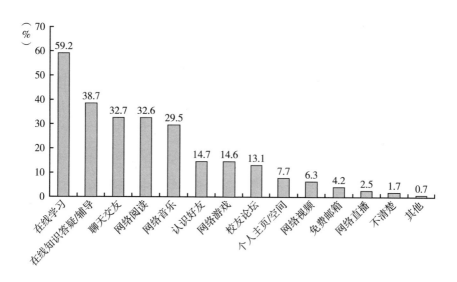

图25 学习类功能是未成年人认为最重要的网络功能（2017）

（十五）网络运用在不同年级之间存在一定的差异

城乡未成年人在网络运用上没有多少差异。而在不同的年级之间，网络应用存在一定的差异。"在线学习"的运用上差异比较大，小学生、初中生、高中生选择"在线学习"的比例依次为55.7%、37.7%、27.0%。看来更小年龄群体在通过互联网学习方面的习惯更好。而在网络音乐、网络新闻、网络购物、论坛/贴吧的使用方面则是，年级越高用得越多，体现出"Z世代"之间的差异。而未成年人忠实和喜爱的"QQ聊天"，也体现出一定的年级差异，年龄更大一点的学生（12岁以上）对于QQ聊天的依赖性更强、使用更多，而小学阶段的孩子比中学生的使用比例则低很多，而小学生的微信使用率则明显高于中学生。网络应用和网络平台产品的不断推陈出新和快速更替，也直接影响了未成年人网络使用行为和习惯的养成。

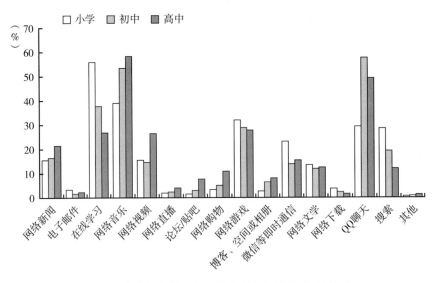

图26　未成年人的网络运用体现出年级差异（2017）

（十六）未成年人新闻获取方式全面更新

未成年人新闻获取途径以微信排在第一位，领先于传统的电视渠道。而众多互联网平台、终端等等，在未成年人新闻获取方面发挥着重要作用，依次为：新闻网站、新闻客户端（App）、搜索。通过熟人面对面社交途径获取新闻相对于其他途径，已经居于较为次要的位置。而报纸、广播的使用频率则更低。微博和软件自动推送成为未成年人容易识别的渠道，也成为他们被迫获取新闻的最重要渠道。

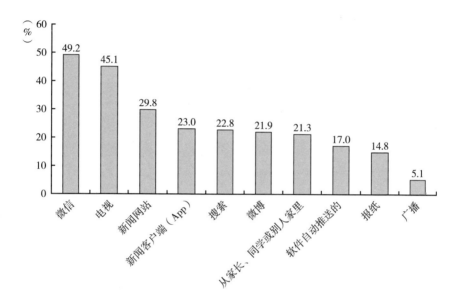

图27 未成年人获取新闻的途径（2017）

三 互联网行为特征及存在的问题

（一）互联网成为未成年人生活必备，学习助手功能开始凸显

社会观念和社会倡导对于未成年人互联网使用的影响很大。近些年，党和国家特别重视信息化和互联网的建设和应用，在"互联网＋"的推动下，教育信息化迅速推进和发展，不仅保障未成年人上网成为一种国家战略和规划，而且在线课堂、在线辅导、在线作业等已经成为较为普遍和流行的互联

网应用。未成年人群体成为直接受益对象，这不仅丰富了他们的网络应用，而且推动了未成年人群体在网上的创新、共享和协作。因此，在此次调查中我们发现，通过互联网学习以及对于在线学习类功能和产品的期待，成为未成年人互联网应用的一大特色。彻底打破了原来以音乐、聊天、游戏类应用为主的局面。互联网在帮助孩子学习方面是大有可为、大有益处的，这样的观念和现实，也促进了家长以及全社会改变对于未成年人上网的看法。

用好互联网，让互联网成为学习的好帮手，已经成为未成年人、家长和老师的共同实践遵循。这是未成年人互联网应用的一大改变和突破。而这种理念和观点，更能够促进教育的变革以及未成年人使用互联网的变革。2018年的十九大报告中，直接强调要"办好网络教育"，2018年4月13日教育部印发《教育信息化2.0行动计划》，以积极推进"互联网＋教育"发展。教育界已经开始"教育信息化2.0"的各种研讨和探索，"2.0计划"特别提出要在今后一个阶段着力实施"信息素养全面提升计划"，并且"首次在国家规划层面提出要制定学生信息素养评价指标体系"。[①]

"网络学习空间覆盖行动"是《教育信息化2.0行动计划》实施的行动之二，按照"2.0计划"的规划，规范网络学习空间建设与应用，保障全体教师和适龄学生"人人有空间"，开展校长领导力和教师应用力培训，普及推广网络学习空间应用，实现"人人用空间"。[②] 在新时代网络强国战略思想的指导下，在教育部的规划下，可以预见未成年人互联网学习以及互联网运用的美好未来。

（二）手机拥有和移动上网重新定义学习、娱乐与社交

手机成为接入互联网的第一大终端，移动互联成为接入网络的主要方式，

---

① 任友群：《书写新时代教育信息化的"奋进之笔"》，《中国教育报》2018年4月28日第3版。来自中国教育新闻网：http://www.jyb.cn/zgjyb/201804/t20180428_1055756.html。
② 教育部：《教育部关于印发〈教育信息化2.0行动计划〉的通知》，来自中国教育和科研计算机网：http://www.edu.cn/zhong_guo_jiao_yu/zheng_ce_gs_gui/zheng_ce_wen_jian/zong_he/201804/t20180426_1597254.shtml。

这些都成为全球现实。2018 年 1 月互联网数据研究机构 We Are Social 和 Hootsuite 共同发布的"数字 2018"互联网研究报告称,全球网民 40.21 亿人,占全球总人口的 53%,全球拥有移动设备的人数达 51.35 亿,占总人口的 68%,而全球移动互联网的用户账号(ID)达 84.84 亿,移动互联网接入率达 112%,平均每一个独立移动用户有 1.56 个账号。① 在"Z 世代"的研究中,第一次拥有自己的手机被视为未成年人生活中里程碑式的事件。美国的调查显示,"Z 世代"第一次拥有自己手机的年龄提前,大约为 12 岁。② 据 CNNIC 2018 年 8 月 20 日发布的最新数据,中国手机网民规模达 7.88 亿,占网民总数的 98.3%。③ 同时此次调查显示,73.1% 的未成年人拥有自己的手机。

因此,对于当前的未成年人来说,手机上网成为互联网使用的主流和常态,也成为他们娱乐、学习和社交的习惯。在肯定手机上网为未成年人带来全新的娱乐、学习和交友方式的同时,也必须关注未成年人手机上网的安全问题。在安全方面最容易出问题和最多遇到就是不良网络内容。未成年人在心智发育方面需要老师、家长的关心,因此,在未成年人手机游戏、手机阅读内容、手机搜索信息、手机交友等方面,需要家长和老师的指导和一定的监管。在我国当前的网络环境下,未成年人能接触到的互联网内容与成人没有差异,虽然国家层面一直在倡导和努力营造清朗的网络空间,但是手机端的互联网内容监管仍然是难点和痛点,也不断出现手机端不良甚至有害信息的报道。尤其在孩子经常使用父母手机上网的情况下,父母上网浏览的文字、图片、音视频、游戏等使用记录,经常会在手机上留存,孩子很容易接触到或者被迫看到很多大人浏览的信息,而这些内容不一定都是适合未成年人的。父母在这些方面需要担负起主要责任,对于孩子正确安全科学使用手机上网进行指导和监督。

---

① 刘莎:《全球网民总数突破 40 亿:你猜有多少人在天天玩手机?》,2018 年 1 月 30 日,https://www.ithome.com/html/it/345765.htm。
② 谷歌:《Z 世代:青少年"手机第一心态"的新洞察》,Think with Google,Generation Z: New Insights into the Mobile-first Mindset of Teens。
③ 中国互联网络信息中心(CNNIC):《中国互联网络发展状况统计报告》,2018 年 8 月,第 20 页。

（三）未成年人网络行为和习惯受网络流行产品和文化的影响大

以往的调查和研究显示，未成年人在互联网运用上喜欢"追逐新潮、喜欢尝试新东西"。[①] 这个特征在未成年人网络使用行为中比较显著而且持续存在。微信、微博、App、网络直播，未成年人都在使用，而且近两年微信还成为他们使用的主流平台，尤其在小学生群体中。以往的调查显示，QQ 是未成年人群体使用频率最高、黏性最强的应用，2009 年上网聊天是未成年人互联网第一大应用，85.3% 的未成年人上网聊天，97.5% 的人使用QQ 聊天；2010、2011、2012 年的调查显示，QQ 聊天位列未成年人互联网应用前三位；2013 年调查显示，QQ 仍然是未成年人最重要的网络交往平台，使用比例是微信的三倍以上。[②] 而此次调查发现，微信的使用明显增加，尤其在更低年龄的小学生群体中，他们对微信的依赖和使用已经超过QQ。

未成年人作为网络原住民，对于互联网新潮流产品和应用的敏感度非常高，他们更容易接受新的事物，对于新应用的学习和使用能力很强，加之同学同伴之间的相互交流，因此新的产品和应用特别容易在未成年人群体中首先流行和推广开来。但是，近几年也多次发生这样的事：由于监管缺失或者利益追逐，屡次出现对于未成年人极不合适的网络游戏和内容，比如儿童邪典动画，以及多家直播平台、新闻聚合服务平台等也多次因为不合适内容受到惩罚。而网络游戏和手机游戏中，不适合未成年人的内容和画面则更多，这些都曾经对未成年人的网络使用带来威胁。然而，互联网内容和产品的创新和更新时时在发生，全社会都要有保护未成年人的意识，在网络内容和产品的生产中不要触犯底线，而培养未成年人的自我保护意识，让他们学会主动远离不良信息、主动举报不良信息也是家长和学校必须做的。

[①] 杨斌艳：《未成年人微信运用状况》，李文革等主编《中国未成年人互联网运用报告（2013~2014）》，社会科学文献出版社，2014，第143页。

[②] 杨斌艳：《未成年人网络交往行为研究》，李文革等主编《中国未成年人互联网运用报告（2013~2014）》，社会科学文献出版社，2014，第101页。

（四）父母对未成年人网络运用影响持久而深远

互联网的发展和渗透，带来了很多新的文化现象。"文化反哺"的概念被认为是急速变迁时代的一种典型的新现象。在技术快速更新、社会生活境遇巨大变迁和网络社会的快速发展下，年长一代向年轻一代请教学习成为常态。在互联网使用方面，5 年前的调查已经显示，父母常向孩子请教上网知识，孩子认为自己在上网方面的技能比父母高。[①] 而到了当前的"Z 世代"，他们的父母已经对互联网很熟悉，也更多使用互联网，父母对孩子上网的认识和理念已改变，父母的电脑使用和上网频率、父母对孩子上网的指导、父母的学历等方面都对未成年人互联网使用产生影响。

此次调查数据也显示，父母和孩子在网络使用方面建立了更为和谐友好的关系，互相交流和互相指导都更为频繁，父母接受并承认孩子在网络使用上接受能力强、学习速度快，对请教孩子觉得很正常，孩子也愿意接受父母在上网内容、上网时间上的规定，而且也更多地体会到父母指导自己使用网络的作用。当互联网的渗透越来越深入的时候，家庭和父母对于孩子网络行为的影响将越来越大，因此未成年人能否更好地使用互联网，更取决于家庭教育和父母的引导，而父母也应该意识到，管理引导孩子科学健康地使用互联网已经成为当代家庭教育的必需。

四　对策建议

（一）大力推进网络素养教育，亟须网络素养教育的规范和标准

网络素养的概念是近些年在国内流行起来的，而至少十年以前，以信息素养和媒介素养为主要框架的研究和实践在国内已经开始，而青少年群体往往也成为该项教育的主要对象被更多关注。通过大量的研究和探索，我国在

---

① 参考 2012、2013 年中国未成年人互联网运用状况调查数据。

青少年网络素养教育方面也有很多不错的经验。然而，网络素养教育是全民性的系统工程，在我国以往的研究和实践中，对于青少年的关注很多，而对于其他群体尤其是全社会的网络素养教育则关注较少。基于网络空间的高度开放和互动，父母、家庭以及社会整体的网络素养对孩子的影响非常之大，不应被忽视。

网络素养发展的不平衡不仅体现在人群关注方面，而且存在于不同地区和地域。当前来看，广东、北京、江苏、浙江一带的青少年网络素养教育做得比较早，受到一定的重视，而还有很多地区这方面的教育发展较慢。另外，以往和当前开展的素养教育多重视知识和技能方面的培训，文化和价值观层面的培育较为缺乏。

在以往的教育中，借鉴和学习西方经验成为主流，而我们必须认识到西方经验对于中国的有限适应性和有效性。而且，以信息素养和媒介素养为框架的网络素养教育存在先天的有限性，即关注点集中于技术、知识和信息的层面，而忽视了互联网作为社会基础生产力在文化和价值观层面产生的影响。

在总结和反思以往经验的基础上，我们需要更具有创新性、更适合中国国情的网络素养教育，不局限于青少年群体，而是全民的网络素养教育。这就需要一个有力的团结协作机制，为新时期的中国网络素养教育进行探索和研究。网络素养教育必须是以实践和行动为目的和导向的，因此实践、研究、探索、创新需要有一个共同体，需要有共同体探索和认同下的基本的框架和标准，才有利于更大范围的推广和实践。

（二）保障公开免费获取的在线知识的准确与权威性

互联网已经成为重要的知识检索和学习的工具和助手，而以前十年的调查都显示未成年人在搜索引擎的使用方面与成人基本一致，大多使用百度、搜狗等最为流行的网络平台，因此，通过这些平台所搜索到的信息，尤其是前几条推荐的信息的准确性就非常的重要。因为需要搜索，肯定就是不清楚、不明白，在这种情况下，不只是未成年人，任何一个人的知识都是有限的、在判断自己不清楚、不熟悉的信息方面都是比较困难的。而知识如果没有经过权威科学家、相关学科领域权威专家的认证，就直接提供给公众，这就会带来极大的麻烦和隐患。如果信息的源头就是错误的，那么网络搜索和学习助手这种工具就成为一个错误的引导者。

因此，对于网上知识内容，需要进行严格的分类和权威的审核，而且必须在搜索到的信息标签中，增加明确的类别标识，让通过搜索获得的知识类信息，能够显示是否正确的、科学的、权威的、经过相关审读的。虽然，有很多专业机构进行了很多权威数据库的建设，也有专业权威的科普类网站等等，但是未成年人和普通公众最多的获取途径就是免费公开的搜索端，因此，国家相关机构应该在此方面尽快协调和共享，打通网络知识的传播通道，帮助公众更方便地获得网上科学权威的知识，而且能够清楚知道自己搜到的信息正确与否。

（三）提供更多的优质免费在线课堂、在线辅导等教育资源

学习是未成年人生活和成长中最重要的事情，互联网在这方面有众多的优势，而当前网络上娱乐和游戏资源非常丰富，而优质免费的学习资源则非常有限，或者不被未成年人群体广泛知晓和认可。很多优质的在线课堂和在线辅导也常常是商业教育机构所投资的，需要付费甚至所付费用还很高。比如：近两年流行的在线英语课堂，欧美外教的在线实时视频课程，成为中国中产家庭孩子学习英语的重要途径，几家有名的青少年英语在线教育机构都号称自己有上百上千万的学生。

免费的优质的在线课堂和在线辅导对于教育资源的均衡、对于网络教育优势的发挥非常重要。教育信息化也好，互联网＋教育也好，如果只是市场和资本追逐下的猛跑，那么互联网将带来更大的教育不公平。

（四）重视网络流行文化对未成年人价值观的影响

青少年在网络空间的行为不仅代表着未来网络文化发展的方向，也影响网络强国建设。互联网对文化和价值观的塑造在未成年人群体中是更为重要

和具有深远意义的事。每年都有很多网络流行文化成为未成年人模仿和追逐的对象，而且网络流行文化的全球传播和感染能力极强，往往在全球迅速形成流行趋势。比如这几年持续流行的 Cosplay、"二次元"、"粉丝文化"、"投票/拉票文化"等等。网络流行文化是青少年释放年轻活力，创新和追求美好生活的一种表现，也是他们发挥想象力和创造力、释放压力、调节生活的重要途径。

然而，必须重视网络流行文化具有的反规制性、流动性、混杂性、易变性等特征，重视网络流行文化对于青少年价值观的长期和深远影响，建设积极向上、健康有益的青少年网络文化。尼尔·波兹在《娱乐至死》中的警言名句，应该有助于我们保持批判意识。而网络文化中还存在大量的小众和多元的"新部落"，通过互联网以兴趣爱好和谈得来为基础将青少年跨性别、跨年龄、跨时空、跨阶层地联结在一起，这些文化圈子更是呈现很多不同的特征，这些对于未成年人的社会化和成长的影响也值得特别关注。

参考文献

中国互联网络信息中心（CNNIC）：《中国互联网络发展状况统计报告》，2018 年 8 月，来自：http://www.cnnic.net.cn/hlwfzyj/hlwxzbg/201808/t20180820_70488.htm。

李文革、沈杰、季为民主编《中国未成年人互联网运用报告（2013～2014）》，社会科学文献出版社，2014。

谷歌：《Z 世代：青少年"手机第一心态"的新洞察》，Think with Google, Generation Z: New Insights into the Mobile-first Mindset of Teens。

教育部：《教育部关于印发〈教育信息化 2.0 行动计划〉的通知》，来自：中国教育和科研计算机网，http://www.edu.cn/zhong_guo_jiao_yu/zheng_ce_gs_gui/zheng_ce_wen_jian/zong_he/201804/t20180426_1597254.shtml。

B.3
未成年人对互联网的认知及态度

牛 天 李蔚昭*

摘 要： 未成年人将互联网看作辅助学习、放松娱乐的工具，并且在使用过程中采取相对积极的态度，他们在一定程度上受到互联网文化的影响。本文基于第九次"中国未成年人互联网运用状况调查（2017）"和前八次的调查数据，研究发现未成年人上网以放松休息为主，"被动"式获取信息为辅，他们对于上网信息具有一定的甄别能力。未成年人易于受到网络语言的影响，和家长之间形成了良好的互动。本文建议提高网民信息素养，构建互联网思维和现实空间的联系；注重校园网站的内容建设，优化网络教育功能；完善网络法规，建立网络分级制度等。

关键词： 未成年人 互联网 认知 态度

一 前言

中国互联网络信息中心（CNNIC）统计，截至 2018 年 6 月，我国网民规模达 8.02 亿，普及率达到 57.7%①。我国网民规模继续保持平稳增长，

---

* 牛天，中国社会科学院新闻与传播研究所助理研究员；李蔚昭，中国社会科学院舆情调查实验室研究助理。

① 中国互联网络信息中心（CNNIC）：《中国互联网络发展状况统计报告》，2018 年 8 月，第 20 页。

其中未成年人网民占四成左右，这主要是缘于智能手机等移动上网设备的迅速普及，未成年人互联网普及率自 2013 年起一直保持了较高增速。

未成年人正处于生理成熟和心理转型的重要时期，对于互联网的认知和使用会影响他们今后的成长和发展。认知、态度和行为三者彼此紧密联系，相互影响。其认知的过程就是个体信息加工的过程；态度则是在认知后对于事件本身的评判倾向，既可能影响原来的认知，也可能直接导致行为的产生；行为则是在认知和态度共同作用下的外化反应，有的不一定是真实的行为，也可能是一种行为倾向。因此，认知影响态度，态度与行为又有着极大的相关性。一般情况下，态度决定行为，行为是态度的外部表现，但是态度和行为在特殊的个体身上和环境下也会相互冲突，然而个体的行为一旦形成也会对态度产生反作用。因此，本报告基于第九次"中国未成年人互联网运用状况调查"数据，分析未成年人对互联网的认知、态度以及可能影响他们认知的相关因素，并试图探究特点和原因，以及未成年人互联网使用的行为倾向和行为表现，最后结合实际情况提出相关的思考和建议。

二 未成年人对互联网的认知情况

（一）未成年人上网的主要目的：以放松休息为主，以"被动"式获取信息为辅

调查显示，接近六成受调查的未成年人以"放松休息"为主，占 57.1%；其次则是"完成作业，查资料"，占 50.1%，如图 1 所示。相对于这两项，未成年人对于互联网的社交讨论和拓展信息等层面的需求较低，比如，"了解时事"、"参与网上的讨论"分别占 25.2% 和 2.7%。相比第七次全国未成年人互联网运用状况调查中"完成作业、查资料"的比例（20.1%）有所增加。

除此之外，仅有 0.1% 的未成年人不清楚使用互联网的目的。以上数据表明，处于生长发育期的未成年人已经拥有自我选择的能力，对于使用互联

网有相对明确的目的和偏好，他们不仅认为互联网是学习生活中的调剂，也认为互联网可以帮助其更好地完成学业，但是可以看出，大部分未成年人是为了完成课业而进行资料的查询，获取信息的行为倾向于"被动"，而对于扩大知识量、了解时事、网络课堂的学习等"主动"索取信息的诉求相对较低。

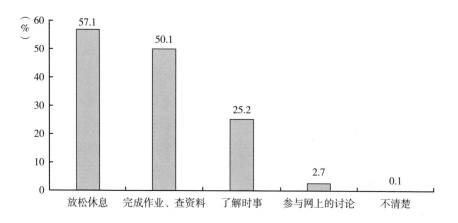

图1　未成年人上网主要目的（2017）

（二）未成年人上网渠道选择倾向：以学校网站、知名网站为主，社交媒体不显著

调查结果显示，未成年人对于信息源的选择比较多元，涉及网站、客户端 App、微信微博、论坛空间等渠道。学校网站信息仍然占据最大的比重，为 54.6%；其次是知名网站的信息，为 46.4%。从数据显示来看，未成年人会选择社交媒体，如微信和微博、QQ 群作为获取信息的手段，但是其占比较低，其中朋友圈的信息和 QQ 群里信息，仅占 10.3% 和 10.1%，而来自论坛的信息，仅占 8.0%。这种情况表明，未成年人对于网络渠道的选择更多取决于他们平时接触的圈子。学校是他们学习生活接触最多的圈子，即使回家，家长也是更多关心孩子在学校的表现，交流内容也更多指向学校，并且学校作为一个实体机构，其发布的信息和未成年人息息相关，并且也会

本着为教育负责的原则发布相对真实可靠的信息，因此未成年人对于网络渠道的选择和实际接触渠道的频率呈现正相关的关系。而对于社交网络、个人空间的选择率相对较低，一方面可能跟其信息有限有关，另一方面可能受到学校、家长因素的影响，如图2所示。

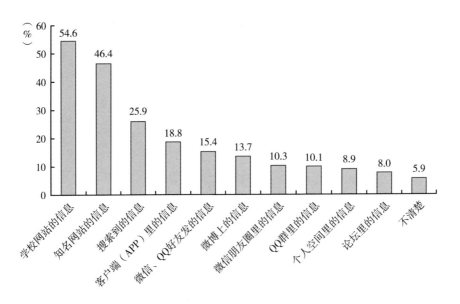

图2　未成年人上网渠道选择倾向（2017）

（三）未成年人上网触及的内容及甄别能力分析

网络安全和网络不良信息仍然是未成年人使用互联网议题中的主要关注点，调查结果显示，64.1%的受调查未成年人都遭遇过网络安全问题和网络不良信息的侵扰。所谓的不良信息和安全隐患，除了显性的规定之外，更多也是一种主观上的判断，并且每个人对于信息内容的鉴别和程度判断存在偏差。因此，本次调查根据网络信息的不同场景和可能遇到的不同情况进行了分类，在网络安全方面主要针对："网购是否遇到骗子"、"是否被网友骗钱"、"是否被盗号"、"网友见面"等方面进行调查；在网络不良信息方面，主要是针对黄色图片或视频、暴力图片或视频、恐怖信息、假新闻等方面进行调查。

1. 网络安全隐患仍然存在，但是未成年人有一定的抵制能力

调查显示，未成年人使用网络时有受骗的情况，但是其中亲身遇到的比例不到一成，为8%。相比其他网络诈骗的情况，选择"被人盗号"的比例相对较高，有35.1%的未成年人遭遇过被盗号，如图3所示。这从侧面反映出目前互联网在安全方面仍然需要进一步地提升。调查发现，农村地区未成年人（40.9%）遭遇盗号的状况明显高于城市地区（32.6%）。因此，即使未成年人对不安全信息有一定的抵制能力，但是人为不可控的因素也会带来危险的升级，并且不可控的因素也多偏向网络发达程度偏低的地区。

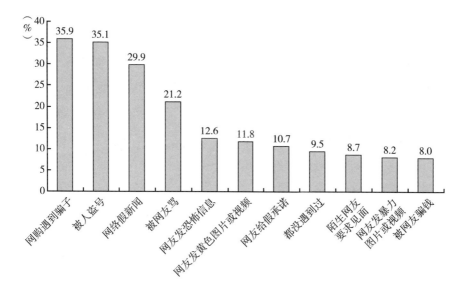

图3　未成年人使用网络遇到的问题（2017）

和网络安全相关的另一个主要因素则是网友。网络社交环境的虚拟特性，可能让一些人利用网络上双方信息的不对等而诱骗他人，导致安全隐患。数据显示，针对"网友给我假承诺"和"陌生网友要求见面"两个选项，大部分未成年人认为"网友不会给我假承诺"，占89.3%，而对于"陌生网友要求见面"，他们则可以保持相对冷静，有91.3%的人表示不会见

面。这里存在的问题是，大部分未成年人由于心智处于生长发育的阶段，相比成年人来说戒备心较差，较容易相信他人，那么不怀好意的人们也就极容易利用这点对未成年人造成伤害，比如复杂的网络诈骗、个人信息的泄露等。不过从实际调查来看，大部分未成年人还是有自我防御能力的，对于"和网友见面"仍然保持警惕的心态。

2. 网络不良信息扩散主要来自广告，来自网友的比例不大

网络不良信息，主要是违反道德和不适合未成年人的信息内容，是一种主观感觉上的体验和判断。从未成年人的角度不一定能够对"不良信息"的界限和程度进行特别清晰的判断。调查数据显示，有 62.5% 的受调查未成年人认为不良信息主要来源于广告，其次是来源于视频和游戏，分别占比 26.1%、21.4%，从图 4 可以看出未成年人对于不良信息的形式基本能够识别。不良信息的来源较为多元。此次调查跟以往不同的是，问卷对于未成年人可能接触到的不良信息内容进行了分类，并且进行了数据调查。结果显示，有部分未成年人会从网友那里接收到关于黄色、暴力、恐怖等方面的网络不良信息，选择"网友给我发恐怖信息""网友给我发黄色图片或视频""网友给我发暴力图片或视频"的比例分别为 12.6%、11.8%、8.2%。由此看出，净化网络空间，打造清朗上网环境的各类净网专项行动整体效果凸显，而不良信息最为主要的来源在于网络广告。

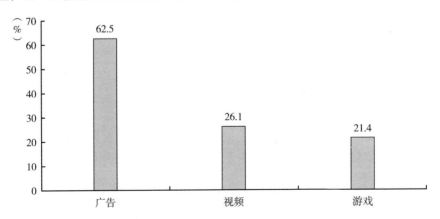

图 4　未成年人上网时经常遇到不良信息的地方（2017）

除此之外，网络不良信息中的假新闻也是值得关注的。调查显示，相比黄色、暴力、恐怖等不良信息，未成年人接触假新闻的比例将近三成，占比为29.9%。在当今的信息时代，媒体获取新闻素材的便捷性增强了，传播速度提高了，与受众的距离缩短了，但因为要和其他竞争媒体、自媒体抢速度，媒体开始使用更多真实性不高的信息素材，核实少了，流程简化了，标题党多了，媒体在传播过程中发挥着加速器和放大器的作用，俨然进入了后真相时代，这时候就很容易滋生假新闻。假新闻中往往包含的是不实的信息、扭曲的价值观以及偏差的行为模式，这很可能影响未成年人的价值判断标准，诱发违法犯罪心理，导致未成年人出现不良行为和犯罪行为。

3. 未成年人对网上信息源以及网络信息的辨识具有相当的能力

网络的信息承载量是巨大的，在丰富多彩的信息中不乏噪音和冗杂的信息，但是未成年人对于网络内容的鉴别已经具备一定的能力。在"你认为你辨别网上信息真假的能力能得几分"一题中，给自己打8分（满分10分）的比例占30.1%。可以看出，这一代的未成年人相对有主见和自信，对于互联网的甄别能力持肯定的态度，但是也有担心和隐患，他们对于内容的鉴别基于自己的判断，是否准确，这还需要对其接触的内容深入挖掘，见图5。

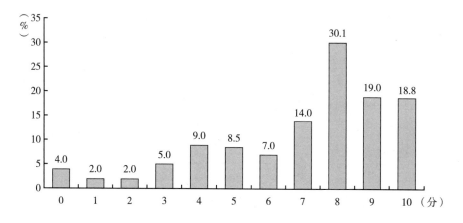

图5 未成年人对自己辨别网络信息真假能力的打分（2017）

4. 网络对于未成年人行为的影响

互联网已经渗透到我们生活的方方面面，改变了人们的思维模式和生活方式，人们在生活中越来越接近"互联网思维"。互联网文化是不可忽视的力量，尤其是在未成年人创造性发展方面的影响是非常明显的。网络文化倡导自由、独立、创新、探究，鼓励求异和多样性，鼓励批判与怀疑精神。在这种文化背景下，未成年人的创造性可以得到最大的支持和保护，但同时要警惕其带来的异化危害。调查显示，大部分未成年人会受到来自网络文化的影响，其中学唱网络流行曲比例最高，达到57.2%；其次为模仿网络说话方式，比例为23.1%；其他的网络行为方面，包括模仿网上的流行娱乐活动、网络购物、网络流行玩法等方面，所占比例较低，分别为16%，13.5%和11.2%，见表1。而农村地区未成年人受到的影响大于城市地区，其中就"生活中你使用网络流行语吗"的一项调查显示，农村地区比例为50.3%，城市地区为45.9%。

表1　未成年人模仿网络上行为

单位：%

	总体	城市	农村
学唱网上的流行歌曲	57.2	56.9	57.7
从不模仿	26.2	27.0	24.5
模仿网络说话的方式	23.1	22.1	25.5
模仿网上流行的娱乐活动	16.0	15.1	18.2
网上流行的东西，会去买	13.5	13.4	13.9
尝试网上流行的新玩法（比如团购、直播等）	11.2	11.2	11.1
模仿穿衣打扮	10.1	9.4	11.9
模仿游戏中的人物	8.9	9.3	7.9

网络对于未成年人的影响分为网络语言和网络行为的影响，网络语言在未成年人现实生活中的渗透率高于网络行为，比如网络歌曲、网络说话方式等。这说明未成年人容易受更直观的网络因素的影响，内部言语代表

着心理行为发展水平，互联网的不断使用引发未成年人外部言语不断内化，一定程度上，网络化语言在未成年人的内部与外部言语的转化过程中所起到的中介作用逐渐明显。未来未成年人思维发展水平可能主要表现为能否熟练运用网络化语言。在以计算机为媒介的人际沟通中，网络化语言对未成年人的思维发展的作用更为明显。网络化语言不同于传统意义上的书面语言，它比书面语言更具有简洁性，在这种语言中一些数字或图形被赋予了特殊意义，简化了的网络化语言对未成年人的思维敏捷性与反应能力有潜在影响。

三　影响未成年人认识和使用网络的因素分析

（一）未成年人认为家长对自己上网行为有一定程度的规范和管理

在此次调查中，针对"父母对你上网有规定吗"的调查结果显示，约八成家长对未成年人上网有一定的尺度规定，其中约一半家长对未成年子女上网既规定时间也规定内容。而从年龄角度分析，高中年龄段的未成年人家长选择"只规定时间，不规定内容"的占比最高，为35.1%，选择都不规定的占29.5%，和其他年龄层有较大不同，见表2。相对于以往的年度调查，家长对未成年人上网进行"双重规定"的比例大幅上升，他们对于未成年人上网会涉及的内容表现出一定的关注和担忧；而仅规定单一方面的比例有所下降。70后、80后家长对互联网的接触时间更早也更多，他们对网络的理解、认识会更深刻，因此对待互联网的态度也更严格，他们知道如何规范未成年人上网，从而更加重视对未成年人的上网时长及内容进行管理。对不同年级的未成年人的综合调查显示，处于高中年级的未成年人的家长对他们的上网规定相对宽松，甚至有不会干预未成年人上网的现象出现，也体现出家长认为这个年龄层的未成年人可以自行选择上网浏览的内容，具有一定的网络辨识能力。

表2　父母对未成年人上网的规定（2017）

单位：%

	类型	总体	小学	初中	高中
1	规定时间，没规定内容	28.0	23.1	27.4	35.1
2	规定时间，也规定内容	50.3	65.0	52.2	28.4
3	都没规定	15.1	6.1	12.9	29.5

（二）未成年人和父母形成了较好的互动

就"上网技能和网络知识主要通过什么途径获得"一题有63.4%的未成年人选择是自学上网，通过同学和朋友学习上网技能的占56.5%，选择通过老师教授的未成年人占34.6%，选择家长的占32.7%，选择通过其他人的占7.3%。调查结果表明未成年人上网主要依靠自学和与周围朋友相互交流学习，但学校和家长在未成年人上网教育当中也占有一席之地，孩子愿意从家长和学校那里获得网络知识。

表3　家长是否会向未成年人传授上网的知识和技能（2017）

单位：%

类型	总体	类型	总体
从来没有	27.6	他们不会上网	0.6
有时会教	57.9	合　计	100
经常教我	13.9		

（三）未成年人对家长上网普遍好评

在调查未成年人对家长上网的印象时，有52.9%的未成年人对父母对他们上网所提供的帮助和影响打了8分及以上，其中有24.2%的孩子打出了满分（10分），平均分为70.6分（百分制），如图6所示。大部分未成年人认为家长有一定的能力对他们上网带来帮助，这表明家长对于网络知识的了解和运用可以满足未成年人上网的需要，能够一定程度上给予他们上网建议和指导，而大多数未成年人也表示认可家长的上网能力。调查显示，低年龄段的未成年人更加信任他们的家长，会听从家长的建议和要求，年龄越大的则认为家长对自己的上网帮助减少，可以逐渐不再依赖家长的指导和听从他们的要求。

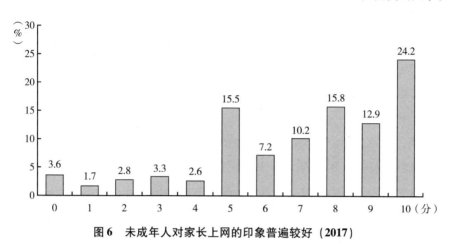

图6　未成年人对家长上网的印象普遍较好（2017）

四　思考与建议

当前社会环境下，互联网已成为未成年人学习、生活、娱乐必备的工具，对于未成年人成长会产生重要的影响。未成年人对互联网有自己的认知和态度，但是也受到来自家长、学校、社会等的外部影响。这里可以借助"利益相关者"的概念。这个概念最早是一个经济学的概念，它认为利益相关者通过提供关键的资源促进利益的发展，即与关键资源相关的主体都会影响核心主体或资源的发展。因此，调查发现，未成年人对互联网的认知和使用也受到家长、学校和社会的影响，我们需要对其进行长期的观察，并且对影响因素进行控制，以便持续、更好地理解和引导未成年人使用互联网，为其营造一个风清气正的良好环境。

（一）家长：提高信息素养，构建互联网思维和现实空间的联系

调查显示，很多家长对于自己孩子上网既规定时间也规定内容，约七成

的家长会教授孩子上网知识和技能，超过八成的父母会请教孩子相关的上网技能，说明家长和孩子已经形成良好的互动。就影响未成年人互联网使用的外部因素来说，家长与孩子朝夕相处，其作用毋庸置疑。"千禧一代"的家长，大多数是对互联网相对了解的，大部分家长对孩子的引导来源于个人及社会的经验。社会与家长的联系来自社会媒体对互联网做的宣传，在许多孩子的心中，社会媒体的宣传就是家长了解互联网的重要渠道，即社会的积极或者消极的影响主要通过与家长的交互在起作用，比如媒体通过具体的事例报道互联网，而家长就是借助这种"替代的经验"对孩子进行教育，防患于未然，这就是社会和家长互动产生的经验引导作用。那么家长首先要提升信息素养，包括文化素养（知识层面）、信息意识（意识层面），家长不仅应当对如何使用互联网进行指导，还应该教育他们培养正确使用互联网的意识，通过益智类的 App 培养其创新能力，提升他们使用互联网解决问题的能力，将互联网空间的思维和现实物理环境相联系，向孩子推荐有意思的益智类的 App，和孩子一起互动学习，并且结合社会积极影响因素对未成年人进行引导和教育。其次，家长可以为家庭电脑安装绿色过滤系统，尽量减少未成年人接触不良信息的机会。

（二）学校：注重校园网站的内容建设，优化网络教育功能

首先，从未成年人对渠道选择的倾向来看，他们接触频率和接触时间最多的是学校网站，那么学校网站应该充分运用学校的教育资源，优化网络教育功能，注重内容品质，拓展信息外延。目前，互联网课程在学校的普及率大幅提升。67.2%的城乡中小学校均提供互联网教学或上网知识普及相关课程。未来的课程不仅是技术操作方面的教授，更需要加强网络素养的教育，比如培养学生对网络的基础认知，培养正确的道德观、世界观和价值观，使他们能辨别和远离网络上层出不穷的虚假造谣信息、诈骗内容或其他影响未成年人身心健康的内容，其中要特别注意吸引未成年人的"鬼畜视频"，老师应该加强对传统经典的解读，就故意歪曲、丑化经典以及存在严重的价值导向问题的作品进行正确的引导和教育。

其次，要挖掘现有网络资源的潜力，积极开发网络教育功能，搭建适合未成年人使用的网络教育平台，尤其要注重平衡城市和农村地区之间的网络教育资源，加大对农村地区的支持和投入，实现同步化发展。值得注意的一点，调查显示，未成年人在互联网这一环境中的思维展开主要通过网络化的语言，比如模仿网络歌曲、网络语言等。可以看出网络化的语言可能成为未成年人思维发展的一个新工具。这种简化的网络语言可能对未成年人的生长发展有潜在的影响。尤其是在文化教育水平相对落后的农村地区，未成年人如果过早地接触相对简化的互联网语言和符号，可能会导致思维理解能力的弱化。因此，学校在开发网络教育资源的时候，应该注重互联网语言和传统语言的结合，不能采取"一边倒"策略，将他们喜闻乐见的互联网语言渗透到对于传统语言的学习和指导之中。

最后，学校网站由于安全性较强，可以尝试建立校内网络社群，这既可以使优质资源流动起来，也可以排除社群的不良干扰因素。

（三）政府及相关部门：构建和完善网络法规，建立网络分级制度

目前，中国治理互联网空间的法律还需完善，网络治理法律政策需要走在行业规范前面。一段时间以来，网络视频视听节目出现了一些违规乱象，比如有的视频歪曲、恶搞、丑化经典文艺作品、著名人物形象等；有的甚至对经典进行恶搞配音、配上歪曲本意的字幕，以达到篡改原意、断章取义等目的，用恶搞的形式吸引眼球，存在严重的价值导向偏差，尤其是未成年人容易受到语言类节目的影响，这对其成长发育带来不利影响。

首先，需要构建和完善相关的网络法律法规，同时也要督促各网络平台出台对应的网络细则。纵观近些年网络视听行业的发展，政策对创新创意的鼓励是明确的，但是创新创意应该是有格调的、健康的，也应该是有底线的。因此，需要对互联网内容进行明确的规定，比如视频、直播的内容类别、尺度等。同时，在有法可依的前提下，各种相关的监管技术和机制也要不断完善，启动互联网预警和监测功能，并且加强对聚集大量未成年人的各大视频、直播网站的主播的行为的规范管理，加强"实名制"身份认定，

并且完善对主播职业的注册设置，进行更加详细的认证。主播作为视频、直播网站中的"大 V"，有着庞大的粉丝群体和对粉丝的影响力，他们的所作所为大多会得到粉丝充分的拥护。目前来看，一个三观正确的主播可以产生很好的带头作用，他们能潜移默化地对未成年人进行网络指导、教育，提倡文明上网，并且能更好地得到未成年人群的共鸣。所以，可以考虑通过主播对未成年人进行网络礼仪、网络道德方面的宣传。

其次，尝试建立网络分级制。按照年龄段对视频内容、网络信息等进行过滤和筛选，过滤掉"色情、暴力、非法、极端组织和邪教、儿童不宜广告"等内容，对未成年人年龄段进行区别，针对各种年龄段的未成年人群体设立教授内容不同的网上学校，教育他们如何避免受到网络上的伤害。

参考文献

中国互联网络信息中心（CNNIC）：《中国互联网络发展状况统计报告》，2018 年 8 月，来自：http://www.cnnic.net.cn/hlwfzyj/hlwxzbg/201808/t20180820_ 70488.htm。

张琴霞：《未成年人社交媒体的使用与自我呈现》，云南大学硕士学位论文，2016。

魏兰蕴、刘濛、李松等：《未成年人人格特征与网络成瘾的关系：网络使用偏好的中介效应》，《贵州师范大学学报》（自然科学版）2016 年第 2 期。

朱婷：《关于互联网对未成年人社会化的影响研究》，《新闻研究导刊》2016 年第 2 期。

闫寒：《从心理学角度分析网络对未成年人群体的影响》，《时代教育》2013 年第 13 期。

覃骏龙：《移动互联网对未成年人学习和心理的影响研究》，《青春岁月》2018 年第 1 期。

B.4
未成年人手机上网与微信运用基本状况

刘英华 *

摘　要： 本文在分析我国未成年人手机上网和微信运用的过程中发现：
超过八成的未成年人使用微信，且随着年级的升高，使用微
信公众号和微信支付的比例大幅增长；微信的使用以熟人社
交为主；未成年人使用手机获取新闻资讯的比例远远低于其
他年龄网民平均水平；高中生使用微信的首要功能是微信支
付。为让未成年人科学、安全地使用手机上网，建议树立未
成年人微信支付及手机上网的安全意识，进一步加大未成年
人网络隐私保护的力度。

关键词： 微信运用　手机上网　微信支付　隐私保护

手机上网和微信运用是近年互联网运用的热点，而未成年人使用手机上
网及使用微信更是家庭和学校关注的焦点问题，并且因为未成年人直播问题
受到社会广泛关注。根据"第九次中国未成年人互联网运用状况调查
（2017）"的调查数据，本报告对未成年人手机上网与微信运用的基本状况
和使用特征进行了分析。

一　基本状况与主要特征

（一）未成年人的手机拥有率大于70%，手机是主要的上网设备

调查显示，未成年人的主要上网设备是手机，且超过四成的未成年人使

---

* 刘英华，中国社会科学院大学副教授。

用自己的手机上网。"拥有自己的手机"的未成年人占比73.1%，没有自己手机的仅占比26.9%；"主要用手机上网"和"经常用手机上网"的未成年人分别占比23.6%和35.1%；"用自己手机上网"的未成年人比例高达43.2%。城市"拥有自己手机"的未成年人占比75.4%，农村占比67.6%，差异较小。城市"主要用手机上网"和"经常用手机上网"的未成年人分别占比是24.3%、34.8%；农村则为22.1%、35.9%（见图1）。城市和农村的未成年人一天中使用手机上网超过1次的比例分别是39.3%、36.8%。随着城乡差距的缩小，虽然城市在某些数据的占比上略高于农村，但整体差异不大，城乡未成年人使用手机上网的比例差异越来越小。

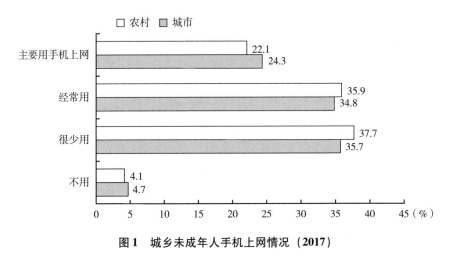

图1　城乡未成年人手机上网情况（2017）

（二）随着年级的升高，未成年人手机的拥有率和上网频率都大幅提高

调查显示，被调查者中拥有自己手机的小学生、初中生和高中生①的比

---

① 《中华人民共和国义务教育法》第十一条规定，凡年满六周岁的儿童，其父母或者其他法定监护人应当送其入学接受并完成义务教育；条件不具备的地区的儿童，可以推迟到七周岁。我国学制以六三三制为主，考虑到休学、跳级和留级等特殊情况，一般情况下，小学生年龄范围大约是6～13岁，初中生年龄范围大约是12～16岁，高中生年龄范围大约是15～19岁。以上注释内容来自中华人民共和国教育部，http：//old. moe. gov. cn//publicfiles/business/htmlfiles/moe/moe_ 619/200606/15687. html。

例分别是 64.2%、71.3% 和 86.9%（见图 2）。经常用和主要用手机上网的小学生、初中生和高中生的比例分别是 37.8%、62.8% 和 83.2%。一天中使用手机上网在 1 次及以上的小学生、初中生和高中生的比例分别是 26.6%、44.1% 和 49.1%（见图 3）。随着年级的升高，手机拥有比例增加，使用手机上网的比例和频率也明显提高。

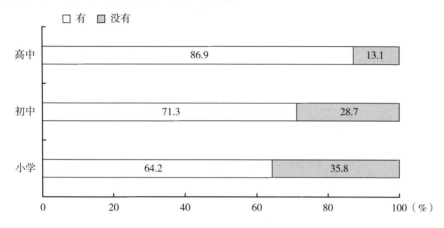

图 2　未成年人拥有手机的比例（2017）

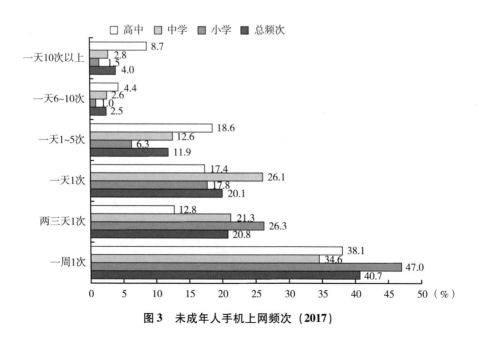

图 3　未成年人手机上网频次（2017）

（三）未成年人使用手机上网的主要时段是周末及节假日

手机的便携性扩展了未成年人上网时段。调查显示，未成年人使用手机上网最多的时段是周末及节假日，其次是睡觉前和做作业时，有1.6%的未成年人在上课时使用手机上网（见图4）。城市和农村的未成年人使用手机上网的时段几乎没有差异，不同年级之间有些微的差异：小学生使用手机上网的三个主要时段分别是周末及节假日、做作业时和睡觉前；初中生分别是周末及节假日、睡觉前和做作业时；高中生分别是周末及节假日、等公交车/等人时和睡觉前。

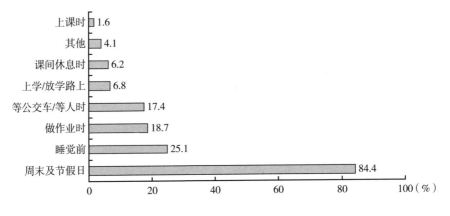

图4 未成年人使用手机上网的情境（2017）

（四）QQ和微信是最受未成年人青睐的两个手机应用

调查显示，QQ、微信等社交通信类App受到未成年人的热捧。QQ、音乐和微信是未成年人使用人数占比前三位的App，比例分别是58.2%和43.2.7%和40.2%（见图5），QQ的使用人数占比远高于微信。

虽然从整体上QQ的使用比率远超微信，但不同年级的未成年人在App应用的使用习惯上有较大的差异。被试者中小学、初中和高中阶段的QQ的使用人数占比分别为38.1%、72.7%和71.0%，微信的使用人数占比分别为46.4%、33.3%和38.7%。这说明初中和高中阶段的未成年人更习惯使

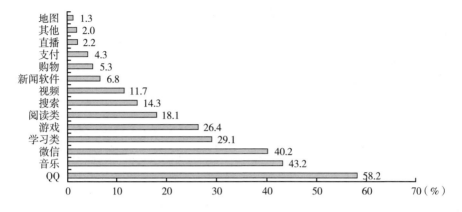

图5 未成年人经常使用的 App 分布（2017）

用 QQ。小学生最常使用的 App 前三位分别是微信、学习类和 QQ；初中生
和高中生均是 QQ、音乐和微信。此外，支付、视频、购物和音乐类 App 的
使用比例随着年级升高逐步提升，尤其是支付类 App 使用率提升较大。

学习类 App 和搜索类 App 两个手机应用的使用比例与年级相关。小学
生、初中生和高中生的学习类 App 的使用比例分别是 42.0%、24.2% 和
16.4%，搜索类 App 的使用比例分别是 17.4%、14.5% 和 9.9%，均随着年
级的升高而下滑（见图6）。

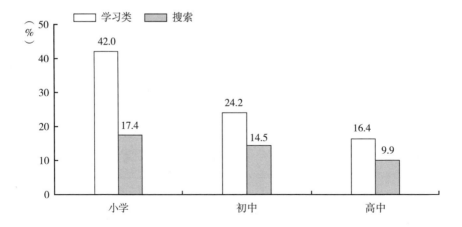

图6 未成年人学习类和搜索类 App 使用比例（2017）

（五）使用手机获取新闻资讯的比例低

调查显示，未成年人经常使用的 App 中，新闻软件 App 占比仅为 6.8%（见图 5）。小学生、初中生和高中生的新闻 App 使用比例分别是 7.3%、5.9% 和 6.9%，均远远低于第 42 次《中国互联网络发展状况统计报告》显示的中国网民手机网络新闻使用率 80.1%。① 未成年人使用手机新闻类 App 获取新闻资讯的比例低，与学生日常使用手机的频次较低及时间有限等因素相关。

（六）超过八成未成年人使用过微信

随着手机这一智能终端的普及，作为社交即时通信应用的微信程序得到了广泛推广。调查显示，微信在未成年人中的使用率高达 84.6%，并且在城乡、年级间的差距不大（见图 7）。一方面，这与我国近年来推出的城乡互联网普及推广举措有直接关系。2015 年 10 月 14 日召开的国务院常务会议决定完善农村及偏远地区宽带电信普遍服务补偿机制，缩小城乡数字鸿沟。预计 2020 年实现约 5 万个未通宽带行政村通宽带、3000 多万农村家庭宽带升级，使宽带覆盖 98% 的行政村，并逐步实现无线宽带覆盖，极大缩小了城乡未成年人的网络公共服务差距。另一方面，微信的开发推广适应了未成年人学习成长和交流互动的群体特点。

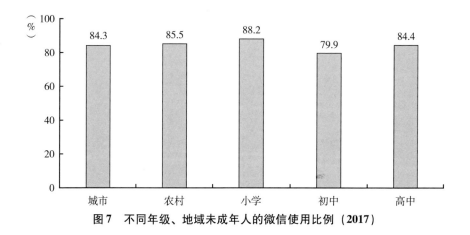

图 7　不同年级、地域未成年人的微信使用比例（2017）

---

①　中国互联网络信息中心（CNNIC）：《中国互联网络发展状况统计报告》，2018 年 8 月，第 29 页。

（七）随着年级的升高，未成年人使用微信公众号和微信支付的比例成倍提高

调查显示，未成年人使用微信主要用于语音聊天、看朋友圈、群聊、微信支付、沟通学校/学习事宜和关注公众号等。但在不同年级间，使用的用途和人数比例也有较大变化。在小学阶段，未成年人使用微信主要用于沟通学校/学习事宜、语音聊天、群聊和看朋友圈；初中阶段主要用于看朋友圈、沟通学校/学习事宜、语音聊天和微信支付；高中阶段主要用于微信支付、看朋友圈、语音聊天和关注公众号。就微信支付的使用情况看，小学生、初中生和高中生微信支付的使用比例分别是9.3%、31.1%和61.6%（见图8），而且，微信支付是高中生使用微信的首要功能。这说明，随着年龄的增长，未成年人个人拥有的可支配货币在增加，并且家长赋予他们支配财务的空间在扩大。微信公众号的调查数据显示，小学生、初中生和高中生关注微信公众号的比例分别是6.8%、16.5%和27.3%（见图8），使用比例也随着未成年人的年龄和知识的增长而提高，逐步成为未成年人学习、获得知识信息的重要工具。

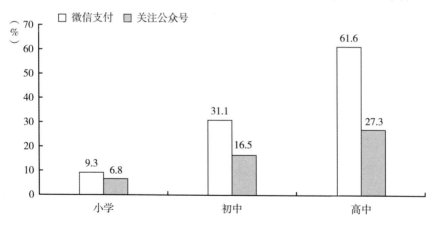

图8 不同年级未成年人微信公众号和微信支付使用比例对比（2017）

（八）超过八成的未成年人拥有独立微信号，城乡略有差异

调查显示，拥有自己独立微信号的未成年人占比高达85.6%，城乡的

比例分别是87.4%和81.2%，城市的比例高于农村6.2个百分点，略有差异。在高中阶段拥有独立微信号的未成年人高达97.0%，微信成为继电子邮箱、QQ号之后又一重要的网络通信工具，独立微信号可以方便未成年人的网络社交、微信支付等活动，也有助于学校沟通、学习交流等事宜。

（九）约六成未成年人不发或不转朋友圈信息

调查显示，虽然大部分未成年人拥有自己独立的微信号，但在自己的朋友圈几乎不发（或不转发）信息的未成年人占比约六成，发朋友圈（或转发）信息的约四成未成年人中，每天都发的仅占3.8%。这与家庭和学校的管理有关，手机不经常在学生身边。如不少学校（包括小学、初中和高中）禁止学生带手机进入校园；或者手机被带入校园后由学校保管；或者手机被带入校园后由老师保管，未成年人随时使用手机发（或转发）朋友圈信息的机会较少。

（十）大部分未成年人关注的微信公众号少于十个

调查显示，随着年级的变化，未成年人关注的微信公众号个数有所提升。未成年人关注的微信公众号是1~5个的比例是50.4%，6~10个的比例是18.1%，0个的比例是17.1%。在小学和初中阶段，关注的公众号以1~5个为主，比例约为55%；其次是关注的公众号0个，比例约为20%；关注6~10个的比例约为15%。但到了高中阶段，虽然大部分高中生关注公众号数依旧以1~5个居多，但比例下降到了42.4%，关注公众号6~10个的比例增加到24.8%，关注公众号11~15个的比例是11.5%。而且随着年级的升高，关注0个公众账号的比例从小学的23.0%下降到初中的18.3%，再下降到高中的9.8%（见图9）。

（十一）微信运用以熟人社交为主，微信运用与上网频率相关

调查显示，未成年人主要浏览和交流的微信群是同班同学群、家人亲戚群、朋友聊天群和作业交流群。未成年人微信里有1~5个群的比例是

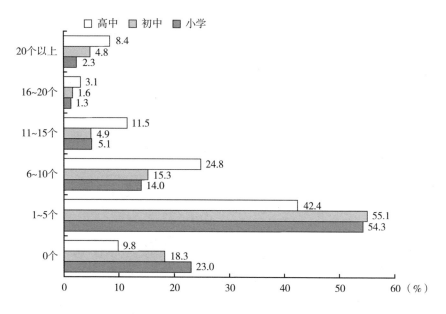

图 9 不同年级未成年人关注的微信公众号数量比较（2017）

62.7%，6～10个群的比例是20%，不同年级略有差异，但城乡差异非常小。这些群的主体是同学、家人亲戚和朋友，未成年人使用和浏览同班同学群的比例最高，紧随其后的是家人亲戚群，说明其社交人群主要是同班同学和家人亲戚，未成年人微信社交是以熟人社交为主的。无论是城市未成年人还是农村未成年人，对可能存在陌生人的游戏交流群、课外兴趣群和社会话题群的浏览和交流比例都非常低，说明微信朋友圈并不是未成年人结交新朋友的社交工具。

调查还显示，未成年人使用手机的频率并不高。一周1次的占40.7%，两三天1次的占20.8%，一天1次的占20.1%。这与未成年人的手机上网时间间隔基本匹配，未成年人一周使用手机上网1次的占40.7%，两三天手机上网1次的占20.8%，一天手机上网1次的占20.1%（见图10）。这与未成年人使用手机上网的主要时段多集中在周末及节假日的结果基本吻合，说明拥有自己手机的未成年人虽然占比73.1%，但手机可能受到家庭和学校的约束管理，并不能经常带在身边随时使用。

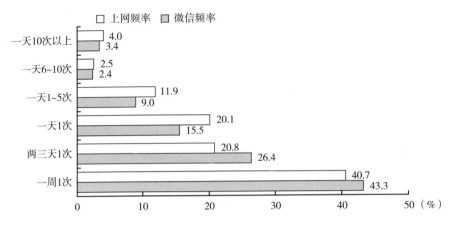

图10　未成年人微信使用和上网频率对比（2017）

（十二）小学生偏好微信社交，初中和高中生偏好QQ社交

调查显示，使用QQ多的未成年人远远多于使用微信多的（见图11）。但小学生使用微信的比例高达51.7%，使用QQ多的集中于中学生群体。之所以中学生"用QQ多的"比例更高，笔者认为，这与QQ和微信推出的时间有一定的关系。微信是腾讯公司于2011年1月21日推出的，QQ是

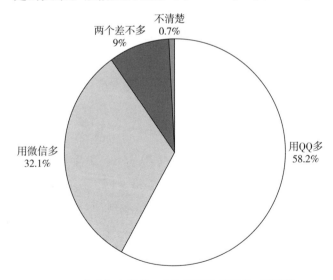

图11　未成年人微信、QQ运用比例对比（2017）

1999 年 2 月推出的，分别对应着中学生和小学生触网的时段，从而养成了不同的社交软件使用习惯。作者认为，微信的使用比例未来有超越 QQ 的趋势。

二　存在的问题及原因分析

（一）家人亲戚群对未成年人的社交影响较大

在小学和初中阶段，未成年人使用最多的微信群是同班同学群，其次是家人亲戚群；而高中阶段的未成年人最常用的是家人亲戚群，其次是同班同学群。调查显示，随着年级的升高，同班同学群、作业交流群和课外兴趣群的浏览和交流量逐渐下降，家人亲戚群、社会话题群和其他群的使用比例逐渐提高。家族亲情对未成年人的成长非常重要，家庭和家族对个人思想观念和道德观念的形成有重要影响，家人亲戚对未成年人的行为影响、思想影响、语言影响、知识影响和环境影响都会在群中有所体现，家庭和学校应高度重视家人亲戚群对未成年人的社交示范作用。

（二）"羊群效应"在未成年人 App 使用上体现明显

未成年人对网络信息的区分能力较弱，对网络谣言的识别能力还有待提高。调查显示，未成年人使用微信"发/转图文，分享信息"的比例高达74.8%。这其实是一种"羊群效应"的表现，也被称为"从众效应"，是指个人的观念或行为迫于真实的或想象的群体的影响或压力，而被迫扭曲与多数人保持一致的观念或行为的现象。从本质上来看这是个体意志屈从于群体优势的表现，其行为并不是自身真实意志的表达，将自己的意见默默否定，仅是一种自我保护措施。未成年人的社会经验不足决定其在发/转图文、分享信息的过程中对图文和信息的识别、判断能力弱于成年人，建议从小培养未成年人的网络素养，避免其发/转图文、分享信息的羊群效应，使他们对网络信息有正确的认识。

三 对策建议

（一）养成合理使用手机上网的习惯

调查显示"拥有自己的手机"的未成年人占比73.1%，且年级与城乡差异较小。未成年人拥有手机可以方便家长与孩子的联系，拓展未成年人的社交平台，对未成年人的学习也有很好的帮助。但手机是把双刃剑，过多玩手机可能导致视力下降、影响课堂听讲（本次调查显示有1.6%的未成年人在上课时用手机上网）、网络成瘾甚至跳楼①等恶性事件，因此，正确引导学生使用手机是非常必要和迫切的。对未成年人手机使用应进一步正面引导、督导和管理，帮助未成年人从小树立自制意识，并通过适当的规则，帮助未成年人正确把控手机的使用时间和地点，让手机为未成年人服务，而不是让未成年人成为手机的奴隶。

（二）全方位、多角度增加未成年人获取新闻资讯的途径

第42次《中国互联网络发展状况统计报告》显示，中国网民各类手机互联网应用的使用率的前五名分别是手机即时通信、手机网络新闻、手机搜索、手机网络音乐和手机网络视频②，这也与本次调查中的未成年人的手机互联网应用数据形成了对比。通过比较发现，未成年人使用手机获取新闻资讯的比例远远低于网民平均水平，新闻类和搜索类App的使用率较低，说明未成年人在获取新闻资讯和搜索方面还存在短板和问题。2012年中宣部办公厅、教育部办公厅在《关于进一步加强中小学时事教育的意见》（以下简称《意见》）中明确提出了充分认识加强中小学时事教育的重要性和紧迫性，各省区市也根据《意见》提出了具体的举

---

① 2017年5月3日，四川省某中学学生蒋某因手机坠楼身亡。
② 中国互联网络信息中心（CNNIC）：《中国互联网络发展状况统计报告》，2018，第29页。

措，建议进一步深度调查学生获取新闻资讯的途径，特别是时政类新闻的获取方法。

（三）严格规范对未成年人网络行为信息的收集和使用

调查显示，10 岁以下首次触网的未成年人高达 68.5%，其中 3 岁以前首次触网的未成年人比例是 1.1%，3~6 岁的比例是 16%，7~10 岁的比例是 51.4%。在网络时代的今天，未成年人通过网络，可以快速、广泛地获取知识，更新他们对于这个世界的认识，还可以休闲娱乐、社交、支付等。未成年人理解能力和自我保护意识薄弱，在使用网络时容易上当受骗、权益受到侵害。当前网络数据过度收集使用或存储不当容易造成个人隐私信息的泄露，尤其是如果没有专门的保护措施，未成年人的隐私信息更易被手机泄露。若手机号码实名认证能够完全实施，可根据未成年人的年龄分段设定手机浏览器的安全级别，从而减少未成年人上网时接触到不良信息的可能性，从技术上保护未成年人的网络行为安全。

2018 年 3 月，MindGeek 公司部署了一套 AgeID 年龄验证系统，这套系统对用户的年龄认证非常严格，除了强制对用户的身份信息核查外（直接由政府系统监管），还能检查到用户浏览的内容，如果有网站偷偷放水的话，一次罚款就在 220 万美元左右。若在参照 AgeID 年龄验证系统的基础上，根据我国国情开发出相应的年龄验证系统，监控未成年人的网络行为，禁止非法收集未成年人的个人信息，只允许政府、科研机构或符合要求的非营利机构收集未成年人的网络行为数据，且主要用于政府数据公开或科研，则可以分级且有效地保护我国未成年人的上网行为和个人隐私。如针对不同性别、年龄段的未成年人可以设置个性化的隐私保护方案。

（四）进一步制定和修订法律法规，增强未成年人网络保护的可操作性

应该密切关注互联网发展的最新情况，扎紧法律法规保护未成年人网络运用的篱笆。2016 年 10 月，国家互联网信息办公室发布了《未成年

人网络保护条例（草案征求意见稿）》①，明确了"通过网络收集、使用未成年人个人信息的，应当在醒目位置标注警示标识，注明收集信息的来源、内容和用途，并征得未成年人或其监护人同意。通过网络收集、使用未成年人个人信息的，应当制定专门的收集、使用规则，加强对未成年人网上个人信息的保护"。但该条例并未将网络点击或阅读行为，如浏览了哪些网页，对哪类新闻感兴趣，个人网络喜好等列为不得披露的未成年人个人隐私，需要加强未成年人网络隐私自我保护知识和意识的教育。2018年5月发布的欧盟《通用数据保护条例》（GDPR）合规指引中明确提到"GDPR反复强调保护儿童的重要性，并引入新的规定以确保儿童得到额外保护"。认为处理儿童数据方面要有一些新的要求，因为"由于儿童较少注意到与数据处理有关的风险、后果和保障措施，故GDPR认为儿童需要获得个人数据方面的特别保护，尤其是在将个人数据用于营销、创建人格或用户画像的情况下"。这些先进的保护理念和规定值得我国有关法规借鉴。

（五）强化提升未成年人使用微信支付的安全意识

建议加强互联网安全教育，强化未成年人使用微信支付等移动支付及金融产品的风险防范意识。当前，微信的全面推广也使得微信支付得到广泛使用，并成为移动支付的主要方式之一。调查显示，随着年级的升高，微信支付成为未成年人使用微信的首要功能，高中生微信支付的使用率达到了61.6%。因此，建议针对未成年人开展网络安全教育，特别是网络支付方面的安全教育，要充分说明网络支付的安全风险和防范知识，加强个人小额信用消费贷款产品的监管。我国《民法通则》规定，十周岁以上的未成年人是限制民事行为能力人。同时《合同法》规定，限制民事行为能力人订立的合同，是效力待定的合同，经法定代理人追认后，该合同有效。因为未成

---

① 中共中央网络安全和信息化领导小组办公室官网，http://www.cac.gov.cn/2016-09/30/c_1119656665.htm。

年人是限制民事行为能力人，要增强监护人对未成年人接受互联网金融服务的风险认识。

参考文献

中国互联网络信息中心（CNNIC）：《中国互联网络发展状况统计报告》，2018年8月，来自：http：//www. cnnic. net. cn/hlwfzyj/hlwtjbg/201808/t20180820_ 70488. htm。

《未成年人网络保护条例（草案征求意见稿)》。

EU General Data Protection Regulation（GDPR）［欧盟《通用数据保护条例》］，2018年5月，https：//www. eugdpr. org/。

B.5
互联网对未成年人学习和生活的影响

杜智涛[*]

摘　要： 互联网高度介入未成年人的学习生活，提高了他们的学习效率和效果，开阔了他们的思维和视野。互联网在未成年人学习、生活中的作用发挥，与其家庭文化基础、情感氛围有着重要的关联。同时，互联网在未成年人不同年龄段、不同成长阶段发挥着不同的作用。当然，在未成年人学习与成长中，互联网运用也存在着诸多的问题，如过度上网、浅阅读、沉迷网络游戏、"信息迷航"以及针对未成年人"知网"、"用网"的启蒙教育缺失等，这些问题影响着未成年人的学习深度、健康成长及价值观的形成。本文建议：家校应当联动提升未成年人学习的自觉性与主动性；通过政府监管与法律保障，维护有利于未成年人健康成长的良好环境；通过产、学、研联动，激励社会各界开发出针对未成年人的高品质的网络学习资源。

关键词： 互联网　未成年人　学习　生活

一　基本状况与主要特征

互联网给未成年人提供了相对宽松的信息获取环境，为他们提供了广阔

* 杜智涛，中国社会科学院大学媒体学院副教授。

的求知和学习空间，提高了他们的学习效率，拓展了他们的思维和视野。同时，互联网是一种媒介和工具，其作用的发挥与未成年人的家庭环境有重要的关系，良好的家庭文化基础与情感氛围，能够有效地使互联网在未成年人的学习、生活中发挥积极的作用。此外，互联网对未成年人学习、生活的影响呈现阶段性差异，在未成年人不同年龄段、不同成长阶段都发挥着不同的作用。

（一）　互联网高度介入未成年人的学习和生活

1. 绝大多数未成年人在学习与生活中使用互联网

当前阶段的未成年人群体均出生于 21 世纪，被称为"00 后"。他们成长于中国互联网高速发展的时代，是互联网环境中的"原住民"；他们伴随着互联网的发展而成长，互联网已经高度嵌入他们的学习和生活中。调查显示，当前互联网在未成年人的学习和生活中的普及率达到 98.1%，也就是说，超过九成的未成年人在学习和生活中都会使用互联网。特别是移动互联网快速发展，手机、iPad 等移动设备在未成年人中有极大的普及率，调查显示，有 62.5% 的被调查未成年人会通过自己的手机或 iPad 上网。同时，未成年人涉网年龄也越来越早，在 9 岁以前的未成年人中，有超过 97.7% 的接触过互联网，28% 的未成年人在 7 岁以前就有了上网意识。互联网在他们生活中的介入程度越来越深，超过 82% 的未成年人每次上网超过半小时，超过 34.2% 的未成年人一天上网超过一次。

2. 在线学习成为未成年人上网的重要目的

未成年人生活中的主要内容是学习，处于学龄阶段的未成年人平均每天在学习上所花费的时间超过 8 小时。互联网在内容上、时效上都延展了未成年人的学习时间，在线学习成为未成年人使用互联网的主要目的。调查显示，有 41% 的未成年人把在线学习作为他们上网的最主要目的（见图 1）。一方面，在课堂教学中，部分学校在"翻转课堂"教学模式中依托计算机和网络，通过线上与线下的互动，极大提升了课堂教学的内容丰度和学习效果。另一方面，在线学习也成为未成年人课外学习的重要途径，85.2% 的未

成年人以互联网辅助学习，包括通过互联网来完成作业和查找资料（49%）、通过网络阅读等方式来扩大知识量（33.2%）、通过网络课堂和网上上课进行课外学习（3%）（见图2）。

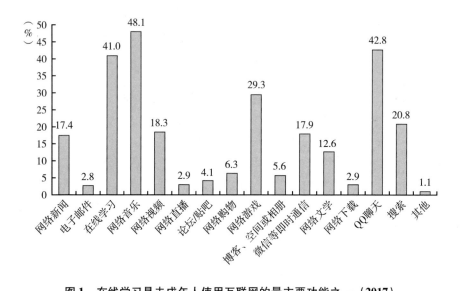

图1　在线学习是未成年人使用互联网的最主要功能之一（2017）

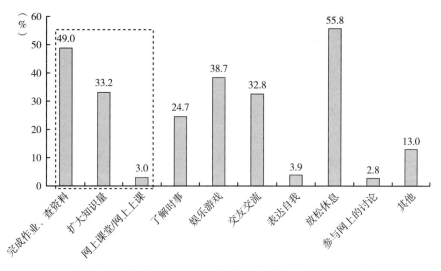

图2　互联网成为未成年人重要的辅助学习工具（2017）

3. 互联网提升了未成年人的学习效率与效果

互联网应用在未成年人的学习中，可以极大地提升他们的学习效率和效果。调查显示，未成年人普遍认为互联网对自己的学习起了积极的作用，有52.4%的被调查者认为互联网使他们"获取知识变得容易了"；有33.5%的被调查者认为通过互联网自己"学习方便了，很多课程/作业可以在网上进行"；29.8%的被调查者认为通过互联网自己可以"随时知道社会上正在发生的事情"；26.9%的被调查者认为"通过网络学习了很多新的技能"；25.2%的被调查者认为通过互联网，"很多问题能自己解决，更少依赖大人"，如图3所示。同时，未成年人的学习成绩与他们的网络学习行为呈明显的正相关，未成年人的学习成绩与网络学习行为是互为促进的，如图4所示。总之，互联网作为学习的辅助工具，能够在获取知识、吸收知识、应用知识等方面提升学习效果，为未成年人提供了高效的学习平台。

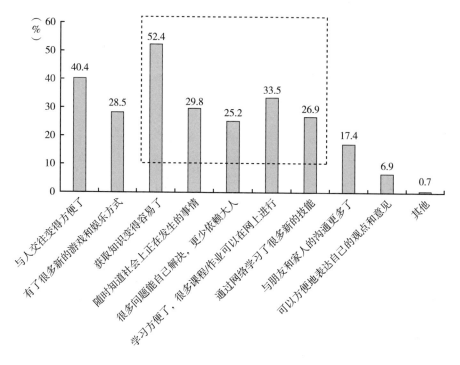

图3 互联网提升了未成年人的学习效果（2017）

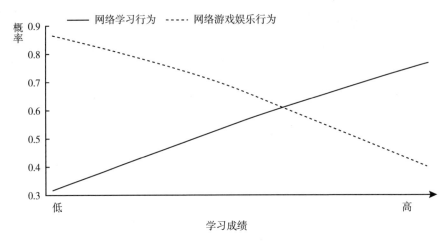

图4　未成年人学习成绩与其网络行为的关系

注：基于二项 Logistic 回归模型作图，下同。

（二）家庭环境是影响未成年人网络学习行为的关键因素

家庭环境在未成年人成长中扮演着重要的角色，这种影响是一种长年累月、潜移默化的过程。未成年人的行为自控力、学习自觉性以及自我约束能力较弱，父母及其他家庭成员通过沉浸式、伴随式的培育，可以帮助未成年人养成良好的行为习惯。互联网正在成为学校、家庭之外影响未成年人成长的又一个至关重要的变量。特别是随着移动互联网的发展，其泛在性和实时性，使得网络的影响无处不在、无时不有。互联网所构建的拟态环境具有很强的可塑性，不同的家庭环境会使互联网产生不同的影响，良好的家庭环境可以放大互联网的积极作用；反之，不良的家庭环境会成倍放大互联网的负面作用。父母的文化程度、孩子与父母的情感沟通模式及家庭所在地等都是构成家庭环境的重要因素。

1. 父母受教育程度影响着互联网的运用效果

父母是未成年人家庭教养的主要责任者和执行者，是孩子成长过程中最直接、最经常、最重要的教育者，这已经成为人们的共识。一般来讲，父母受教育程度越高，其子女所接受的家庭教育水平也越高。父母所受的教育也使得互联网在未成年人的学习成长中发挥出积极作用。本研究发现，未成年人的网络学习行为与其父母的受教育程度呈正相关，父母的受教育程度越高，子女利用互联网进行学习的可能性越高；相应的，父母受教育程度与子女网络游戏娱乐行为呈反相关，即父母的受教育程度越高，其子女网络游戏娱乐行为越少（见图5）。这体现了教育中的代际传承现象，一方面，父母受教育程度越高，家庭文化氛围往往越浓，父母对子女的教育期望也越高，较好的家庭教育理念有助于子女获得更高水平的教育，也有助于孩子养成良好的学习习惯，在这种环境下，互联网很自然地成为孩子学习的重要辅助工具；另一方面，受教育程度较高的父母，其拥有的与教育相关的家庭社会地位、经济资源和社会资本等因素，也会间接影响子女学习资源的可得性，他们会更加有意识、有能力识别和利用互联网上的学习资源，提高子女网络学习的有效性。

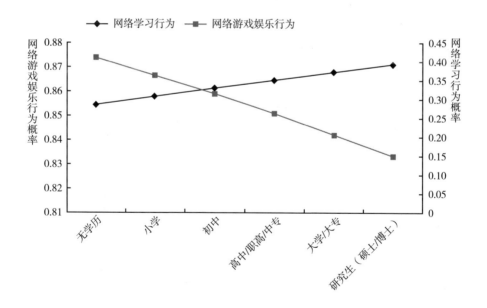

图5 父母的受教育程度对未成年人网络学习的影响

2. 良好的家庭情感交流能够使互联网在未成年人学习过程中起到积极的作用

家庭中的情感交流对未成年人的健康成长起着重要的作用，良好的家庭情感交流能够促进未成年人良好的人格、个性、行为的形成，也有助于未成年人养成健康的人生观、世界观与道德观。在调查中发现，未成年人的家庭情感交流对互联网的作用发挥也起着重要的调节、改善作用，如图6所示，父母与子女的情感交流程度越高，互联网越能够促进未成年人的网络学习行为，即互联网越能够在孩子的学习中发挥作用；相反，父母与子女的情感交流越少，互联网的娱乐游戏作用越明显，对未成年人的学习行为帮助越小。可见，互联网作为一种使用工具，是一把"双刃剑"，既能够成为未成年人学习与健康成长的有益助手，也能够成为挤占未成年人学习时间、消磨未成年人精力的"时间杀手"。决定互联网起到何种功能的关键调节因素，是家庭环境对子女行为习惯、思维意识的影响。因此，父母着力于加强与孩子的情感交流、构建良好的家庭情感环境，是屏蔽互联网对未成年人消极影响的最重要的"防火墙"。

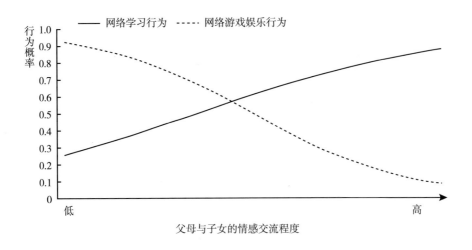

图6　未成年人与父母的情感交流对其网络行为的影响

3. 互联网对未成年人学习的影响存在地域差异

受信息资源与教育资源配置的区域性特征影响，互联网对未成年人的作用发挥存在着明显的地域差异。调查显示，与农村相比，城市未成年人的网络学习行为要多于其网络游戏娱乐行为；而农村未成年人的网络游戏娱乐行为比网络学习行为更显著，也即家庭所处地域规模越大，互联网对未成年人的学习所起到的作用更明显，如图7所示。这既反映了教育资源分布不均衡、区域发展不平衡、社会阶层相对分化等现象；也反映了农村未成年人在成长中面临的一些问题。当前，农村未成年人在成长过程中家庭的教化作用与城市未成年人相比，变得较为薄弱。特别是在农村中"空巢家庭"占有较高比重，未成年人在成长过程中，与父母的情感交流缺失、家长的文化程度较低等，都对农村未成年人的成长带来一定的负面作用。互联网成为未成年人的情感寄托和重要的"陪伴者"，加之缺乏家庭、学校正确"知网"、"用网"的引导，导致互联网在农村未成年人的学习中起到的作用较少，而互联网在这些农村未成年人的游戏娱乐中扮演着重要的角色。

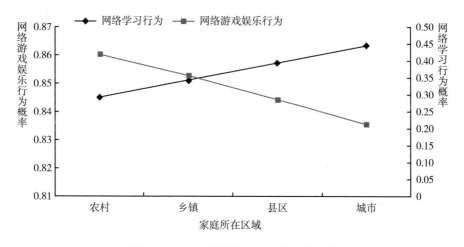

图7　未成年人网络学习行为的地域差异

（三）互联网对未成年人学习生活的影响呈现阶段性差异

1. 互联网的学习功能在较低年龄段有更为明显的体现

据调查，学龄前儿童的网络学习行为明显多于网络游戏娱乐行为，而当未成年人在进入学校教育阶段后，他们的网络游戏娱乐行为要多于网络学习行为（见图8）。这是因为学龄前儿童的教育主要由家庭来完成，他们的独立意识与自主行为受到较多的家庭约束，上网行为也一样受到更多的约束。

在学龄前儿童的教育中，家长多会利用互联网来进行教育；而上学后，家庭教育会退居其次，未成年人的教育主要以学校课堂正规教育为主，互联网的教育功能弱化，相反，孩子们会通过在课余时间上网来进行游戏娱乐，互联网的娱乐游戏的功能被放大。

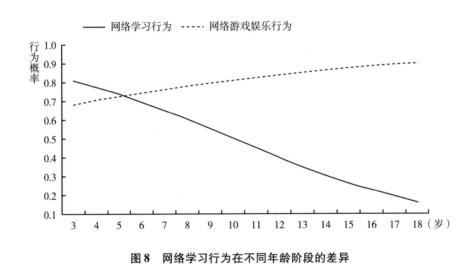

图8　网络学习行为在不同年龄阶段的差异

从未成年人网络学习行为和游戏行为的增长趋势来看，网络学习行为的概率随着未成年人年龄的增长逐渐下降；与之相反，网络游戏娱乐行为会随着未成年人年龄的增长而有更为明显的体现。其原因也在于：未成年人在年龄较低时，会受到学校更多的要求，家庭对他们的关注也更多，学校和家庭对他们的上网行为也会有更多的管制；同时，由于他们的自我意识与自主行为能力较弱，也容易接受、服从来自学校、家庭的约束，因此，他们运用互联网进行学习的行为也更明显。而随着年龄增长，未成年人的自主意识越来越强，自主行为能力也越来越强，对互联网的自我效能感也越来越强，他们可以更多地按照自己的兴趣使用互联网，互联网的更多其他功能也被延展出来，游戏娱乐成为互联网的重要功能。

2. "网宅"在未成年人成长阶段有着不同的体现

互联网给未成年人提供了大量有趣的资源，丰富了未成年人的课余生活，上网在一定程度上代替了未成年人很多课余活动，当前，未成年人越来越愿意待在家里上网。据调查，当前未成年人存在着不同程度的"网宅"现象，比如不少未成年人表示"课余时间更愿意待在家里上网，而不愿参加户外活动"；一些未成年人表示"在上网的过程中能够获得多方面的体验，能够满足自己的很多需要，在网上可以找到很多学习资料、可以看书、可以与朋友聊天、可以打游戏、可以唱歌、可以看电视听音乐、可以看网络直播、可以购物"；一些未成年人表示"互联网让自己待在家里就能够拥有世界"。因此，互联网给未成年人打开了一个新的世界，互联网给予未成年人的是一种全新的生活方式。

"网宅"现象在未成年人生活中普遍存在，这既是当前网络应用提供商通过场景服务着力打造的现象，也是"独生子女"家庭结构所导致的必然现象。然而在未成年人不同的年龄阶段，他们的行为也略有差异，比如他们在中学阶段比小学阶段更"宅"。未成年人在小学阶段，其"线下活动、户外活动"要比中学阶段（包括初中和高中）多，比如小学生比中学生更愿意看课外书、更愿意参加体育活动、更愿意到大自然中去玩、更愿意去书店；而中学生比小学生更愿意上网、更愿意"宅"在家里（见图9）。在阅读方式上，小学生更愿意阅读纸质图书，而中学生更愿意通过手机或电脑来阅读网络图书（见图10）。这也体现出随着未成年人的年龄增大，互联网对他们的影响更深，他们在网络中的介入程度也更深。

3. 互联网运用体现出的未成年人"青春期变奏"

未成年人在不同的成长阶段会有不同的心理特征，中学阶段大致是未成年人的青春期。青春期是未成年人从不成熟的儿童期、少年期走向成熟的成年期的过渡阶段，青春期的孩子不论是生理结构和智力水平，还是情感意志与个性行为，都有着鲜明的特征。处于青春期的未成年人，其思维的发展促使其依赖性减弱、独立性和批判性提升，这一时期是他们的自我发现、自我意识和独立人格逐步形成的时期，他们要经历复杂而艰难的同一性确立和价值选择的过程，这常常使得他们表现出一种矛盾状态，一方面他们会通过对

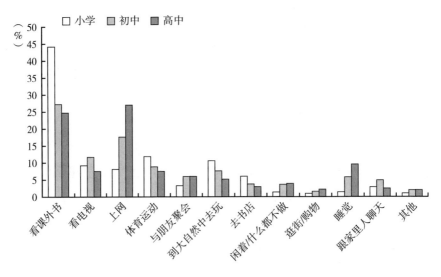

图9　中小学生课余活动的差异（2017）

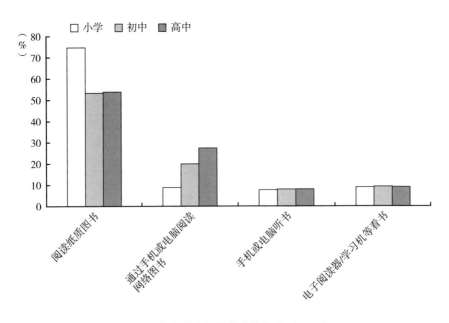

图10　中小学生阅读方式的差异（2017）

周边环境的模仿来表现自己逐渐成熟的个性，努力融入成人世界；另一方面，他们会对父辈、传统持批判、怀疑的态度，表现出一种叛逆性。

他们在互联网的使用上也体现了这种"青春期变奏"。比如初中生和高中生比小学生更愿意在社交软件上发心情感想、感情问题以及显示独特个性的信息；而小学生比中学生更愿意在社交软件上发布学习情况和朋友交往情况的信息（见图11）。另外，在常用的网络App中，中学生比小学生更常用QQ和音乐类App，而小学生比中学生更常用微信以及学习类和阅读类App，如图12所示。另外，在课外读物的种类上可以看到，学习、科普、历史、童话寓言、手工制作等类型的课外读物，小学生比中学生更爱阅读；而心理/励志、玄幻/穿越、言情、生活/娱乐/时尚等类型的课外读物，中学生比小学生更爱阅读，如图13所示。可见，处于青春期的中学生在互联网使用上与小学生有着重要的差异。

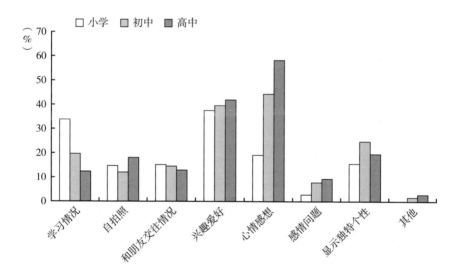

图11　中小学生在社交软件上发布信息的差异（2017）

特别是从社交类App的使用上也可以管窥出这种现象。目前QQ和微信是两大社交类App，从调查中发现，中学生使用QQ的比例大于小学生；小学生使用微信的比例大于中学生。一般来讲，家长、老师等使用微信较多，处于青春期的孩子不愿意与他们的长辈使用相同的社交平台，于是表现出中学生比小学生更倾向于使用QQ。一些中学生即使使用微信，也会

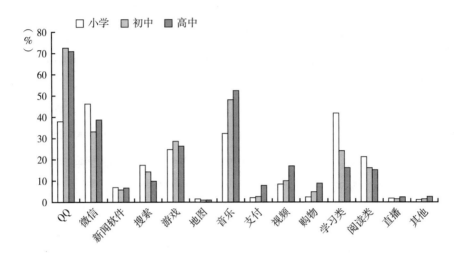

图12　中小学生常用的网络 App 类型差异（2017）

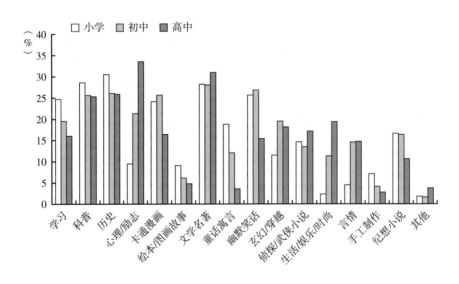

图13　未成年人课外读物的种类（2017）

在朋友圈把老师和家长屏蔽。而小学生则没有这些倾向。这从某种程度上反映出中学生比小学生更渴望独立、自主的成长空间，具有更强的叛逆性。

二 存在的问题及原因分析

互联网给未成年人提供了相对宽松的信息获取环境，为他们提供了广阔的求知和学习空间，帮助他们改善学习环境、提高各项技能、拓展思维和视野；网络的开放性使未成年人的学习生活方式变得多样化。但是互联网给未成年人的学习生活也带来了一些负面因素，包括对正常学习生活时间的挤占、深度阅读的缺失、沉迷于网络游戏以及信息过载带来价值观迷失等等，这些都对未成年人的学习成长和健康发育带来较大的不良影响。

（一）"过度上网"挤占未成年人正常学习与健康作息时间

"过度上网"是指超过正常时间限度，并影响健康作息、产生明显行为依赖的上网行为。"过度上网"既是一种主观感受，也是一种客观影响，关于"过度"的标准目前尚无统一界定，但从互联网使用的客观效果来看，未成年人普遍存在着"过度上网"的现象。调查显示，上网时间占据了未成年人不少课余时间，超过54%的未成年人每次上网在一小时以上，而每次上网在两小时以上的占30%。

过度上网影响了未成年人的身体发育，调查中发现，很多未成年人由上网导致视力下降、户外运动减少和肌肉骨骼系统的疾患。另据首都互联网协会的调查，当前未成年人视力状况普遍不佳，且近视度数每年有增长趋势，这与上网有很大关系，超过九成的学生每天睡觉前使用数码设备，六成多的未成年人视力状况为近视，其中3%的未成年人是高度近视，仅有三成多的视力正常①。此外，互联网的过度使用挤占了未成年人本应有的户外运动时间，使未成年人更爱宅在家里，运动减少，体质下降，如图14所示。此外，持久地强迫体位，还容易导致未成年人腰、颈、肩、肘、腕等部位的肌肉骨

---

① 首都互联网协会2015年5月28日发布的《新媒介与视力健康：青少年视力状况调查报告》。

骼系统疾患。

"过度上网"挤占了不少未成年人的学习时间。移动互联网的发展使得手机上网越来越普遍，调查显示，超过90%的未成年人会用手机上网，超过42%的未成年人拥有自己的手机；大约有28.8%的学生会在学习过程中用手机上网，如在课堂、课间及做作业时使用手机上网；不少学生在课堂上手机处于待机状态，这在一定程度上使学生上课分神，降低了学生课堂参与的积极性，影响了课堂学习的效果。

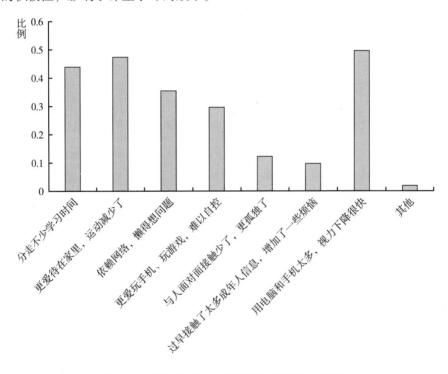

图14　上网给未成年人带来的负面影响（2017）

互联网的过度使用会使未成年人产生很强的网络依赖，不利于培育未成年人系统思考的能力。互联网上便捷的检索工具和海量信息，在方便未成年人快速查找学习资料的同时，也使他们懒于动脑：遇到问题，不是自己思考解决方案，而是习惯于利用搜索引擎查找问题答案。这影响了他们独立思考的能力、分析问题与解决问题的能力，降低了他们学习、创造、动手的积极性。一个人在青少年时期，学习的目的并不是获得标准答案，而是要通过学习的过程，培养良好的思维模式和行为习惯。而互联网的过度使用，会使他们在这一方面的能力缺失，影响其成长发育。

（二）"浅阅读"对未成年人的阅读方式和学习习惯带来较大影响

基于手机、平板电脑等移动终端的阅读形式已经进入未成年人的学习和生活中，成为未成年人信息获取和知识学习的重要方式，对未成年人的阅读方式和学习习惯带来较大影响。在这种环境下，"浅阅读"变得越来越普遍。所谓"浅阅读"，是指浏览式的、泛泛的阅读，不用对所阅读的内容做深入思考；与此相对的是"深度阅读"，后者是指融入内容情境中，加入个人深刻思考的阅读，比如阅读纸质经典书目即一种深度阅读的体现。互联网环境下的屏幕阅读适合"浅阅读"，只要打开电脑、手机、iPad，其中的海量信息会纷至沓来，使阅读人应接不暇，超链接使人不断在不同信息中跳转、切换，阅读呈现碎片化、娱乐化。"浅阅读"中，人们追求的是快速、兴趣和信息量，舍弃的是深度思考、知识的系统性，导致对信息、知识的获取浅尝辄止、不求甚解。

"浅阅读"使未成年人很难集中精力，弱化了他们的专注性。快餐式的"浅阅读"能够使成年人利用碎片化的时间快速完成一次阅读体验，提升学习和工作效果；但是这种方式并不适于未成年人，这种阅读方式对未成年人的成长会造成较大的负面影响。调查中发现，当前多数未成年人都由于习惯于使用手机、iPad 等移动终端进行阅读，而一定程度上减少了深度阅读。未成年人对手机的依赖，使得他们阅读的耐心、阅读的专注性降低，其阅读经典名著的行为普遍减少。

"浅阅读"弱化了未成年人的阅读理解能力。与成年人不同，未成年人在阅读中获取的不仅仅是信息，还是系统化的知识，以及通过阅读对理解能力、思维能力的培养，阅读的过程本身就是未成年人身心成长的过程。长期的"浅阅读"，使未成年人习惯于阅读一些短小精悍的内容，而对于具有深度思想的内容产生本能的抗拒，会使未成年人缺少深入思考的过程，对语言

深层含义的把握能力下降，对篇幅较长或句式复杂的文章的理解能力下降。

"浅阅读"使未成年人学习的目标性与针对性降低。未成年人在网络阅读的过程中，大多比较随意，缺乏针对性与目标性，他们通常会选择感兴趣的、轻松的、能带来享受的内容来阅读，而不会自觉自愿地选择对学习有帮助的内容来阅读，这使得阅读对学习的帮助并不明显。特别是随着未成年人的年龄增长，家长和学校对他们阅读内容的监管、引导力度变弱，这使得他们主动阅读深度内容的概率变得更小。学习的过程并不完全是轻松、愉悦的过程，需要有针对性地设定学习目标，需要对疑难问题进行深度思考，有针对性、有目标性地增加阅读内容的难度和长度对于开发未成年人的智力是必要的，而"浅阅读"恰恰缺失了这一点。

此外，新媒体环境下的阅读内容不仅以文字呈现，还多以图片、视频等富媒体的方式呈现，特别是视频由于具有更丰富的表现力，已经成为当前内容呈现的基本形式。但视频与文字相比，尽管有极强的吸引力、趣味性和丰富的场景表现力，但在某种程度上却限制了人们的空间想象力，长期来看，这不利于未成年人的想象力的培育与构建，不利于未成年人创造力的开发。

（三）"网游沉迷"成为较为普遍的社会现象

沉迷于网络游戏是当前互联网给未成年人带来的一个严重的问题。目前，中国网络游戏的用户呈低龄化趋势，超过七成的未成年人都接触过网络游戏，其中一些未成年人还有不同程度的沉迷现象。根据网络沉迷程度的不同，有阶段性沉迷，比如某款新网络游戏推出时；有周期性沉迷，比如一些学生在周末、假期时会沉迷于网络游戏；也有较为严重的沉迷现象，如"网瘾"。阶段性沉迷、周期性沉迷给未成年人带来的危害尚处于可控制状态，但网络游戏成瘾则会给未成年人带来巨大的伤害。沉迷于网络游戏达到"成瘾"的程度，将会对未成年人的成长发育带来巨大的障碍，甚至会产生严重的社会问题，引发家庭暴力和社会犯罪行为。然而，不同程度的"网游沉迷"状态并没有一个具有确定性的边界，并且由于未成年人的自律性较弱，沉迷程度会逐步加深，因此，如果不对网络游戏沉迷的问题高度重视、给予未成年人一定的监督指导，这一问题将对未成年人学习与生活产生严重危害。

沉迷于网络游戏会影响未成年人的社会化过程。未成年人正处于社会化和人格形成的重要阶段，他们的生理发育、心理机制尚不成熟，对现实世界的认知尚不完善，沉迷于网络游戏而不能自控，会使他们对现实社会形成不正确的认知，甚至产生心理障碍。沉迷于网络游戏会淡化未成年人的社会角色认知，削弱学校、家庭在未成年人教育中的主导地位，削减教育的规范化作用，使未成年人的社会化处于失控的状态。同时，沉迷于网络游戏中的虚拟刺激会淡化未成年人对现实情感的感知，弱化未成年人对现实亲情、正义感以及道德感的感知，甚至会使未成年人变得情感麻木，丧失最基本的事实和道德判断能力。

沉迷于网络游戏削弱了未成年人的抗逆力。尽管游戏一直是未成年人教育学习活动中的重要内容，但与工业时代的玩具游戏不同，网络游戏是在虚拟环境中进行的，网络游戏的参与者可以在虚拟、想象的拟态环境中探索、实现另一个"新的自我"，获取在现实世界中所不能获取的巨大满足感。未成年人在现实中一方面面临着学业的考核、成长的困境、外部的竞争等压力；另一方面，受制于各种客观条件约束，他们的需求往往无法满足，这使得他们常常会有自我空间被压缩、兴趣被剥夺等无助感。网络游戏既能够使他们摆脱这种压力，又能够给予他们在现实世界中所无法获取的成就感、自豪感、自由感等。因此，自控能力较弱的未成年人很容易沉迷于网络游戏中。但当他们回到现实时，无法规避的问题会让他们处于手足无措的状态，他们会更难面对现实社会中的逆境、压力。这些问题会使他们有更深的伤害感、剥夺感和无助感，导致未成年人性格极端、偏执，严重影响未成年人的身心发育。

（四）"信息迷航"成为未成年人的上网困扰

互联网为未成年人提供了丰富的学习资源，但各种参差不齐的信息会极大分散学习者的注意力，学习者一上网就被各种新、奇、特的推荐信息牵

引，通过"超链接"不断切换新的信息内容，从而偏离原来的上网目标和学习任务，这就是网络中的"信息迷航"现象。"信息迷航"不但干扰未成年人接受信息、学习知识，也会影响未成年人价值观的形成。据调查，未成年人在上网的过程中普遍有"信息迷航"的困扰，比如很多未成年人表示："自己常常本来打算上网查找一些学习资料，却有很多好玩的内容吸引了自己，不知不觉浪费了很多时间，却忽略了原来的上网初衷。"还有一些未成年人表示："互联网使自己接触了太多的成人信息，增加了一些烦恼。"另有一些未成年人表示："上网后越来越认为家长、老师和新闻上讲的都是错的。"这些问题都显示了网络中信息的多元化、异质化正在影响未成年人正确的人生观、价值观和世界观的形成。

互联网内容庞杂，网络亚文化正在成为一种新的文化形态、侵蚀着主流社会价值观。未成年人对是非的认知能力和鉴别能力较弱，缺乏对外部不良信息的抵御能力。他们会把一些偏执的小众观点当成普适观点；他们会被频繁接触到的西方价值观所引导，而对主流价值观产生怀疑，对中国传统文化、我国主流意识形态产生怀疑；他们处于青春期、叛逆期，容易对父母、老师的观点产生逆反心态，他们会对网络信息源和信息渠道不加考证地接受，这些都使得他们更加叛逆。长此以往，这不但会给未成年人个体的身心健康带来危害，还会对整个社会文化造成代际性的垮塌，对社会的长期安定发展带来危害。

互联网中大量的淫秽色情、暴力信息未经过滤就暴露在未成年人面前，影响未成年人的身心健康。绝大多数未成年人是被动获得网络淫秽色情、暴力等信息，一部分未成年人会主动搜索网络中的这些信息。未成年人自控力相对较弱，他们在好奇、寻求刺激的心理驱使下，对这些淫秽色情、暴力等不健康的信息会产生极大的兴趣，甚至模仿。这些不良信息对未成年人的道德心理造成直接侵害，抑制他们形成健全的人格，导致其道德观念淡化、性道德弱化与性责任淡化，当前大量出现的未成年人卖淫、嫖娼、非法同居等问题以及未成年人犯罪现象，都与网络不良信息的诱惑密切相关。

（五）未成年人"知网"、"用网"的启蒙教育缺失

随着互联网的发展形成了一种典型的后喻文化，出现一种"文化反哺"。伴随着互联网成长起来的一代，他们对互联网的认知、使用比他们的父辈要深刻得多、熟练得多，很多父辈的互联网知识是得益于他们的后辈的传授。这导致未成年人对于互联网的认知多数基于自学或同辈模仿，长辈对未成年人的启蒙教育缺失。调查中发现，61%的未成年人，其上网技能和网络知识是自学的；有55%的未成年人，其上网技能和网络知识来自同学、朋友等同辈；分别有33%和32%的被调查者认为自己的上网技能和网络知识来自老师、家长，如图15所示。

此外，尽管现在很多学校已经陆续将互联网知识纳入教学体系，但仍有不少学校在这方面重视不够、措施不到位。调查显示，有67%的未成年人表示自己的学校开设了教授互联网或上网知识的相关课程；有16%的未成年人表示，自己的学校以前曾开过相关课程，但现在没有了；有10%的未成年人表示，自己的学校从来没有开设过相关课程，如图16所示。

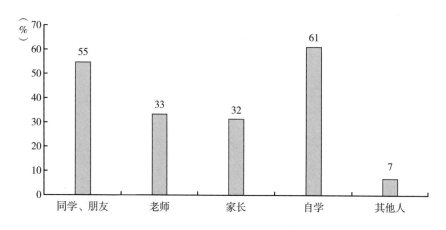

图15　未成年人获取上网技能和网络知识的途径（2017）

总体来看，家长、老师在未成年人的互联网认知、使用的启蒙教育上处于缺位状态。这一现象既是由互联网发展的客观现实所导致的，也与家庭、

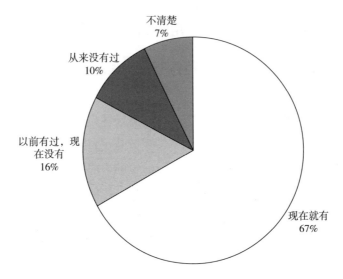

图16 学校开设互联网或上网知识的课程情况（2017）

学校的重视不够、经验不足有关。这使得未成年人在接触互联网这种新事物时缺乏指引，主要依靠自己的摸索，极易被互联网中不健康的内容、不正确的观念所引导。同时，互联网所导致的"文化反哺"现象，还会削弱教师、家长的知识权威性，使得学校教育与家庭教育对未成年人的约束力降低，不利于优秀文化知识、良好行为习惯的代际传递。这些问题都亟待引起学校、家庭乃至全社会的重视。

三 对策建议

（一）家校联动，加强对未成年人用网的引导

丰富教学资源，奠定家校联动基础。推进"互联网＋教育"，使教育不断地深度融网，利用现有的信息通信技术和互联网平台，一方面，将现有教学资源根据互联网的即时性、互动性、碎片化等特点进行重新设计，为未成年人线下学习提供配套线上资源，将这些教学资源与课堂教学相结合，推进

"翻转课堂"教学，将已有的优质教育资源的价值和作用发挥到最大；另一方面，在充分考量未成年人学习需求、习惯、兴趣的情况下，相关部门应进一步研发原生于网络的教学资源，使得未成年人突破流水线式先教后学的模式，能够自行安排学习进度，营造个性化学习效果。

发挥学校在家校联动中的中坚作用。学校是未成年人社会化过程中的重要力量，不仅要关注学生的学习成绩，还要重视未成年人在这一过程中的情感需求，形成良好的师生关系；同时，还应针对未成年人及其家长开设"知网"、"用网"的专门课程。学校作为家校联动的主动方，应积极加强与家长的沟通，实时了解未成年人的学习生活情况。教师作为未成年人学习过程中知识的传授者和指导者，要扩大视野，转变教学观念，主动提高网络素养，从而提升自身教学信息化水平，促进学校教学资源的有效利用与研发，如制作高质量的教学视频，重视网络授课中学生的互动和反馈，使其产生沉浸感和深度参与感。

发挥家庭在未成年人健康成长中的基础保障作用。相关部门应加强对未成年人家长的网络素养培育，发挥家长在未成年人知网、用网中的启蒙者作用。同时，家长应切实做好未成年人上网的"把关人"角色，对未成年人用网时间进行控制，避免未成年人网络沉迷现象出现。此外，良好的亲子关系是未成年人健康成长的重要保障，尤其是在互联网环境下，诱惑无处不在，家长应着力加强与孩子的情感沟通，为未成年人营造良好的家庭氛围，培养未成年人健康、健全的心态与人格，对未成年人的关心、陪伴是其自主自觉学习的动力源泉。

（二）政府监管与法律保障，维护有利于未成年人健康成长的良好网络生态

完善政策法规，打击有害网络信息。网络空间内容多元化，各种色情、暴力等低俗内容充斥其中，不断污染和侵蚀网络空间的健康发展，对于"网生代"中未成年人群体的成长环境产生巨大危害。对此，政府应积极主导，建立健全政策法规，加强政府监管和法律规制，在信息生产源头及传播的各个环节加强把关，将有害信息隔绝于网络空间之外。要以完善的政策法

规为支撑，以科学系统的管理体系为保障，以社会监督反馈为着力点，以保护有利于未成年人健康成长的网络环境为最终目标，加强对于不良网络信息的监督反馈与处理系统建设，加大对低俗内容的打击力度，从而提升对网络空间的综合治理能力，为未成年人的健康成长营造良好的网络生态环境。

借力技术管制，建立内容过滤标准。未成年人处于成长期，往往由于心智尚不成熟而对各类网络信息缺乏有效的判别能力，容易受到不良信息的诱导。因此，应当依托技术监管，建立有效、可控的内容过滤体系，保护未成年人健康成长。针对未成年人的内容过滤包含两个层面，一是针对突破公序良俗底线及政策法规的内容，如色情、暴力、恐怖等不良信息，采取过滤措施；二是针对不适合未成年人接触的正常的信息内容，这类信息并未越轨道德或法律，符合正常信息的生成标准和程序，但是其目标人群是成年人，未成年人接触后则容易产生负面影响，采取过滤措施。基于此，建立内容过滤标准将有助于避免未成年人接触到各种不宜信息，如要求未来智能设备在厂时预装未成年人上网保护软件，结合家长、学校等监护机制对未成年人的网络使用进行保护等。

提升行业自律，优化网络内容供给。当前，信息内容的生产手段愈发多样，信息内容的生产愈发便捷，各类内容生产主体争相发力，信息内容生产呈井喷之势。然而受流量、利益等因素的驱使，网络内容生产传播的无序化、低俗化等倾向愈发明显；加之监管体制、技术尚不成熟，对未成年人极易产生负面影响。因此，应当提升行业自律水平，优化网络内容供给，将不良信息隔绝于未成年人接触范围之外。在内容生产方面，各主体应树立底线意识，在内容生产过程中适当考虑未成年人的接受范围与能力，坚决避免有害信息以及可能产生负面影响的诱导性信息出现，以防未成年人受到不良诱导；在内容传播方面，应继续优化依据大数据、云计算等手段的推荐系统，提升身份识别能力，营造清朗的网络空间。

（三）产、学、研联动，鼓励扶持优质学习资源的网络拓展

注重网络学习内容资源的深化。互联网提供的内容是影响未成年人互联

网使用效果的关键因素之一。网络上大多为碎片化内容，优质学习资源较少，导致未成年人在使用互联网时即使有一定的自制力，可选择的空间也较少。注重对网络学习资源的开发、深度处理传统课堂教学资源、将"知识上网"是解决未成年人上网问题绕不开的课题。将知识与互联网深度融合并不意味着将知识一味地简化、粗鄙化，而更应该对知识的背景、逻辑性、应用价值进行全方位深度阐释，释放出知识本身的价值，而非断章取义地简易化、碎片化知识，应当基于学习者特征构建相应的学习路线及相应的网络学习资源。

注重网络学习内容资源的拓展。学校在做好基础知识教学的前提下，应拓宽视野，加强与行业企业、研究机构等的合作，面向社会中各种新的热点、前沿问题，利用互联网的技术和新颖的呈现形式，开发出更加丰富多样、充满活力的网络学习资源，如开发诸如区块链、大数据、量子力学、诺贝尔奖获奖成果等科普知识的学习资源，扩大未成年人的视野，使他们了解知识的应用场景，充分满足未成年人的多维度、多方位的学习需求。

增强网络学习内容资源的趣味性。应促使网络学习资源形态丰富化、功能多样化，在知识创造、交互、评定等多个过程中进行创新化呈现，视频直播、VR 虚拟现实、游戏化设计均可利用到学习资源设计中；互联网中常用的奖励机制、挑战设置、社交撬动等多种设置，均可用于辅助学习内容的呈现、增加互动、激发兴趣和动力以及促进记忆理解等。将快乐元素与学习过程紧密结合，是互联网学习资源必须具备的特征，知识的深度能使未成年人在学习过程中破除碎片化，提升学习效果，但未成年人对互联网学习资源的选择以及使用的持续时长，很大一部分受内容趣味性和多样化的影响，因此要实现有效的网络学习资源供给，要注重知识的趣味性和形式多样化。

参考文献

Coleman，J. S.，Social Capital in the Creation of Human Capital ［J］. *American Journal*

of Sociology，1988，94，S95 – S120.

王平、袁珍珍：《城市未成年人互联网利用行为差异：表现与关联——来自中国某中部城市的样本分析》，《图书情报工作》2017 年第 4 期。

孙宏艳：《关于未成年人网络成瘾状况及对策的调查研究》，《中国青年研究》2010年第 6 期。

王海明、任娟娟、黄少华：《青少年网络行为特征及其与网络认知的相关性研究》，《兰州大学学报》（社会科学版）2005 年第 4 期。

黄荣怀等：《数字一代学生网络生活方式研究——北京市中小学生网络生活方式的现状调查》，《电化教育研究》2014 年第 1 期。

曾天山、周越：《我国农村青少年流动人员学习需求的调查分析》，《教育研究》2010 年第 3 期。

陈卫东：《中国青少年移动互联网应用的特点及影响分析——基于全国 8 省市抽样调查数据》，《中国青年研究》2010 年第 6 期。

B.6
未成年人互联网社会交往的基本状况

王凯山*

摘 要： 本文以第九次"中国未成年人互联网运用状况调查（2017）"调查为基础，结合详细数据，论述了当前我国未成年人网络社交的基本状况，发现中国未成年人在网络交往中呈现以下明显特征："熟人社会"的延续，交往空间较为固定，交往中警惕且清醒等。作者认为，网络交往对于未成年人的双面作用应该引起警惕，对于沉迷和深度沉浸的风险，应该从法律、教育等多渠道入手进行防控。

关键词： 未成年人 互联网 社会交往 依恋研究

一 前言

美国传播学者曼纽尔·卡斯特提出的网络社会，将本地的境况融入交流与交互的全球化循环之中，而社会活动中分散的物理空间实时相连。网络社会既包含了在场的个体与语境，同时也包含了不在场的个体和语境。一切社会交往中的基本成分都已变成以技术为中介，以及基于技术中介的内容，与此同时并没有削弱其间的真实性。① 这样的网络社会与 SNS 有机结合构成了

---

* 王凯山，中国社会科学院大学新闻传播学院讲师，博士。

① 〔丹麦〕克劳斯·布鲁恩·延森：《媒介融合：网络传播、大众传播和人际传播的三重维度》，刘君译，复旦大学出版社，2012，第118页。

人类互联网社会交往的现实图景，而本文研究对象——未成年人则涵盖其中。

SNS，全称 Social Networking Services，即"社交网站"。专指社交网络服务，包括了社交软件、App、网站以及网络平台。相比于因为组织架构人为绑定在一起的社交行为，网络上的社交行为都是基于"自愿人际关系"而建立，指那些基于双方相互喜爱和共同兴趣而主动建立的关系。这种关系类似于吉登斯所称的"纯粹的关系"，双方关系的发展是从关系本身来衡量的。美国传播学者埃里克·尤斯兰利提出，网络上人们更愿意与具有不同背景的"熟悉的陌生人"交流，而因特定关系聚集、交换信息以及提供帮助，交流通常也发生在陌生人之间，这种虽然存有强烈与亲密的关系，一般仍然被归类于"弱连接"关系。①

互联网联结的人际关系，无论是与身边的家人朋友这样的"强关系"，或是与从未谋面的网络朋友这样的"弱关系"，都容易让人们尤其未成年人沉浸其中，不能自拔。人际关系中的依赖并非最好的状态，需要回避，而依恋往往被看作更值得珍视的情感而被人所接受。在英国学者约翰·鲍尔比看来，依恋行为并不会随着童年结束而消失，会持续终生。个体会选择旧的或者新的对象，并维持跟这些对象的亲近和交流。当前有一种趋势，将"依恋"扩展到其他关系上面，在关系的延续过程中，每个个体都会构建出双方共享的互动模型。② 而社交关系就存在于其间，无论是相似还是互补。互联网时代，未成年人的生活、学习与网络紧密相连。未成年人的依恋行为，通过在互联网开展的社会交往，呈现多元丰富的内涵。

2017 年 12 月，中国社会科学院新闻与传播研究所、中国少年儿童发展服务中心联合开展"中国未成年人互联网运用状况系列调查"第九次调查，在全国抽样的十个省市的学校中，针对 10～17 岁全日制在校学生的互联网运用和社交网络情况，开展问卷调查。作为整个调查中的专题调查项目，本

---

① 张燕：《技术·利益·伦理 风险社会与网络传播》，社会科学文献出版社，2014，第145 页。
② 〔英〕约翰·鲍尔比：《依恋》，汪智艳、王婷婷译，世界图书出版公司，2017，第364 页。

调查中的"网络交往与表达参与"部分的题目，主要测试被调查对象的网络社交状况与行为。需要指出，本调查中运用的"网络交往"与一般意义上的"网络社交"概念有所区别：网络社交是指依托社会化的网络 App、网络平台，在人与人之间形成的关系网络化；而网络交往，只是反映了未成年人以网络为中介，与现有社会关系者以及拓展关系者开展的人际交往行为。

基于本次的调查数据，本文通过以下框架开展未成年人网络交往的研究与探索。

——未成年人互联网社会交往基本状况，通过问卷中的如下问题："你最经常用的社交软件/平台是什么？你网上交流的好友主要是哪些人？"等来判断我国未成年人互联网上的交往对象、交往空间、交往方式等。

——未成年人网络交往的行为特征，通过问卷中的如下问题："你一般在社交软件上发布有关自己的什么信息？你属于哪种上网类型？网络交往过程中，你公布了自己的哪些真实信息？你在网上结交到现实生活中不认识的新朋友吗？你知道网上认识的新朋友的真实身份吗？你主要是通过什么方式在网上认识新朋友的？你与这些网上认识的新朋友，在现实中有交往吗？你觉得你会与网上认识的新朋友长期交往吗？在现实生活中遇到烦恼的事，你更习惯于以下哪种方式来与人交流？"等来获取未成年人的个人信息披露、角色定位等内容。

——未成年人网络上的参与表达状况，成为调查的一项重要内容，为此调查问卷专门设计了如下几个问题："对网络上大家都关注的社会热点事件，你通常会怎么做？如果有人在网上组织帖子转发、集体讨论或顶帖，你会配合参加吗？如果有人在网上组织集体声讨、快闪活动、人肉搜索，你会配合参加吗？"等，以此来获取网络集体行为中的个人意愿表达等内容。

——对应的策略与建议，将结合"你觉得网络交往最大的好处是什么？你觉得网络交往最大的坏处是什么？"等调查结果提出。

其中重点将是这两个核心问题：一是当前中国未成年人网络交往的基本模式，以及与其相关的基本要素；二是未成年人网络交往的最新特征，我们将透过纷繁复杂的社会现象，利用精确的调查数据得出答案。

二 未成年人互联网社会交往基本状况

（一）"熟人社会"的延续

熟人社会的概念出自费孝通先生的《乡土中国》，在其论证中，提到了这样一种人与人的关系："每个孩子都是在人家眼中看着长大的，在孩子眼里周围的人也是从小就看惯的。这是一个'熟悉'的社会，没有陌生人的社会。"这样的提法恰似社会学所区分的两类不同性质的社会。前者是没有任何目的，只是因为在一起生活而天然形成的社会，被称为"有机的团结"；而后者是为了完成一项任务而结合的社会，被称为"机械的团结"。从中国的视角可以理解为前者是礼俗社会，后者是法理社会。①

相比法理社会中法律保障的自由，人们身处礼俗社会，会因为熟悉产生亲密，因为熟悉产生信任。曾几何时，人们担心未成年人在互联网上社会交往的对象庞杂，真假难辨。然而最新的调查结果显示，这样的担心明显多虑了。

图1显示，接近九成（88.7%）的被调查未成年人网上交流的好友，都是现实生活中认识的人，而只有3.5%的经常和网络上认识的人交往。2012年71.6%的未成年人网上交流的好友，都是现实生活中认识的人；而2013年同一数据则是80.6%……这表明，未成年人网上交往的圈子以熟人为主，并且这个交往圈子得到了进一步的巩固。

（二）腾讯平台作用凸显

在调查中发现（见图2），未成年人最常用的社交软件和平台中，同属于腾讯旗下的QQ和微信合计占据了九成以上（90.1%），这表明腾讯多年来一直是未成年人网络交往最重要的平台。平台型媒体被认为既拥有媒体的

① 费孝通：《乡土中国　生育制度》，北京大学出版社，1998，第9页。

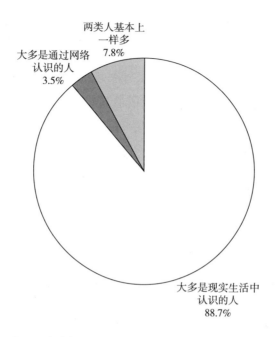

图1 未成年人网上交往人群以熟人为主（2017）

专业编辑权威性，又拥有数字内容实体的开放性特征。[1] 未成年人被腾讯平台所吸引，不仅是因为其作为传媒自产内容；也因其平台吸纳了UGC（用户生产内容），在同一平台上实现良性竞争与互补。腾讯发挥的平台作用，在本质上体现了未成年人参与内容生产，整合了专业生产与用户生产，鼓励了网络产品的创新与变革，促使立体、互动的传播方式深入人心，将多元化的产品推送到用户面前。需要指出，大数据时代，人们的生活习惯被以数据的方式收集，并通过数据库方式存取。[2] 作为互联网企业，腾讯获取未成年人群的生活习惯信息，将其以数据方式存取并加以分析，从而进一步满足其游戏、娱乐、信息等各种需求，从而将未成年人牢牢锁定于自己的平台之上。

---

[1] 喻国明、焦健、张鑫：《"平台型媒体"的缘起、理论与操作关键》，《中国人民大学学报》2015年第6期。

[2] 腾讯传媒研究院：《众媒时代 文字图像与声音的新世界秩序》，中信出版集团，2016，第125页。

　　基于庞大的用户数量以及多元化的服务：QQ及微信、QQ空间、QQ游戏平台、腾讯网、腾讯新闻移动客户端和腾讯视频等，从2006年"中国未成年人互联网运用状况调查"项目组开展首次调查至今的历次统计显示，腾讯尤其QQ一直是中国未成年人使用最多的网络平台。不仅使用人数最多，而且在未成年人领域有不断做大、碾压其他新媒体平台之势：2011年选择与网友交往最多的网站（多选，最多选三项），排前三位的是：选择QQ聊天的60.2%，QQ空间的39.6%，选择腾讯微博的17.3%；而2013年对同样的问题（多选，最多选三项），调查结果显示，选择QQ聊天的77.2%，选择微信的21.7%。2017年，问题的设计改为单选题，结果仍然明显：腾讯系的QQ与微信合计占到90.1%，而剩余使用微博、空间、论坛与其他等与网友交往的网络平台，合计不到10%。

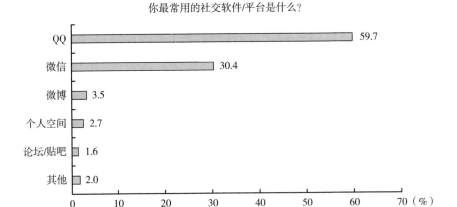

图2　腾讯仍然是未成年人网络交往的最重要平台（2017）

（三）未成年人网络社会交往的"双面效应"

　　根据当前我国未成年人网络交往的现状，可以判断，网络社会交往对未成年人既有正面影响又有负面影响，形成了鲜明的"双面效应"。

　　面对未成年人提交的对"关于网络交往缺点"（见图3）的选择形成的结果，对比往年数据，作为研究者深切感受到了未成年人网络社会交往的持续变化：2011 年选择"太耗时间，耽误学习"的比例最高，为 20.9%；2013 年则达到 28.6%，而 2017 年的最新数据达到了 28.9%；数据持续攀升，表明随着移动互联网在国内的普及、人们上网条件的不断改善，未成年人更为便利地接触到网络，网络已经成为他们学习、生活场景中的必备之需，更容易沉浸其中。而"不良信息太多"也成为一直以来需要正视的问题：2011 年 20.5%，2013 年 20.8%，2017 年 20.8%。选择比例持续不下，表明网上不良信息问题一直较为严重，未能得到有效解决。毒害未成年人身心健康的各种因素仍然显著存在，需要社会各界持续发力，携手解决此类问题。最令人关注的则是担心"个人信息泄露"，2011 年 17.4%，2013 年 16.2%，2017 年 20.7%。这已成为影响网络社会交往的一个重要因素。这样的担心不仅在未成年人中间，在成年人中间也广泛存在。在便捷获取信息的同时，如何保护好人们的个人隐私与信息，成为社会关注的焦点，这个问题不能有效解决，则会严重影响人们尤其是未成年人的网络社会交往。

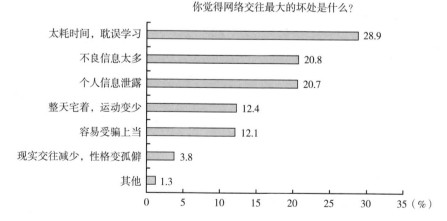

图3　未成年人对网络交往缺点的看法（2017）

结合调查中的"你觉得网络交往的最大好处"（见图4）的相关调查数据，可以发现选项设置与未成年人当前的客观需求与行为方式紧密相连。2017 年未成年人选择最多的是"能与好友保持联系"选项，而之前调查中

与之对应的类似选项"与朋友联系多了",2013年选择率是30.3%,2011年是33.2%,表明未成年人在网络空间开展社会交往已经逐渐成为一种常态化的现象,并且他们更注重交往的质量,这"与朋友联系多了"到"能与好友保持联系"的措辞转变上可以看出。

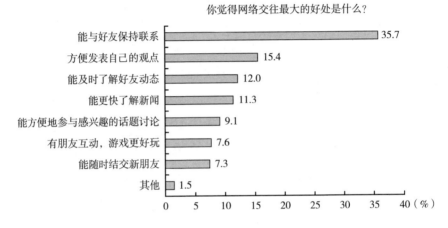

图4 未成年人对网络交往益处的看法(2017)

在选项的设置上,相较之前的调查内容,2017年的变化较大。方便发表自己的观点、及时了解好友动态、更快了解新闻、参与感兴趣的话题讨论、互动游戏、结交新朋友等选项,表明越来越多的未成年人选择利用新媒体平台打造自己的朋友圈,同时他们一方面在所处的网络社群之中获取信息、开展社会交往,另一方面他们也有意识地营造突出个性的"微社群"特征;未成年人在社交过程中"区别他人、突出自我"的这种思维嬗变,其潜在意义是通过彰显个性,吸引他人的关注,并将这样的关注带入个人的网络生活场景中去。这表明网络交往已不仅仅是一种未成年人之间的交往,更多是一种承载未成年人快乐情感的交往方式,并已融入他们的生活中去。现实的生活与网络的场景已经打通,整体构成了今天他们的全部世界。既然如此,网络社会交往促使未成年人树立"自我意识"、实现自我觉醒,发挥其自身潜能及优势的重要性不言而喻。

三 未成年人网络交往的"微社群"特征

作为网络受众的未成年人，其内在需求主要有以下两个层面：①"去抑制"功能，一些网民会克服现实生活中的各种社会规范，以及内心道德标准的制约，从而表现出相异于现实生活状态、超越自我、追求刺激及非理性的行为方式；②人际关系双向性，相比现实的交流，未成年人通过便捷的网络，在网络人际交流的范围、方式、频次等方面更显优势。一方面这在一定程度上提升了人际交流的质量，另一方面也会带来一定的负面影响，即与身边人的交流减少；① 这些叠加的内在需求，以及外在的人际关系链条，将促使未成年人借助网络社交软件搭建展现自我的虚拟空间，分享个人的心情与日常生活，努力在他人面前展现自我形象，而这将进一步塑造属于未成年人的个性化"微社群"特征。②

（一）微社群中的信息披露：警惕且清醒

麦克卢汉在其专著《理解媒介——论人的延伸》中提出，从社会意义上看，媒介即讯息，而尾随发生的只有变化。恰如博尔丁所说，讯息的意义在于它给形象带来的变化。③ 各种社会关系中，由于很多出于现实利益的考量，或者难以言表的微妙的心理动因，人们在交往过程中虽然谈论的内容是真实的，但是也不同程度地存在假象，而真相与假象往往混合于人际传播中。马丁·布伯就此提出了一对范畴，即交往中的本相与假象，本相是关于个人信息的真实部分，假象是含有虚假成分的内容。由此衍生的一个概念是装相，则是指人们在交流过程中自我披露的部分，既含有不同程度的本相，

---

① 彭兰：《网络传播概论》，中国人民大学出版社，2012，第 262 页。
② 黄楚新、商雅雯：《论移动互联网背景下青年生活方式的嬗变》，《中国青年社会科学》2017 年第 4 期。
③ 〔加拿大〕马歇尔·麦克卢汉：《理解媒介——论人的延伸》，何道宽译，译林出版社，2011，第 17 页。

也含有一定的假象。①

而处于网络空间范畴内的未成年人，即使如图 1 所示，交往对象以现实生活中的熟人为主，所处交往环境较为单纯，但是复杂的网络环境，仍然让这些未成年人一方面避免披露假象，另一方面在选择披露本相时也谨小慎微。

例如在这次调查中，基于对"网络交往中，你公布哪些真实信息"（见图 5）的选项结果统计，明显可以得出如下结论：对于个人隐私构成侵犯、个人安全受到潜在威胁的信息披露，未成年人都有较高的警惕性；性别这种对个人安全不会造成潜在威胁的信息，就被 65.80% 的未成年人选择真实披露；同样年龄、QQ 等信息也被四成以上未成年人选择公布。而个人姓名这种可能触及隐私的敏感内容，选择公布的未成年人就明显减少，只有29.70% 选择公开。至于学校、照片、班级、手机号等内容的披露率更是直线下降，表明未成年人在信息安全保护方面，有较为清醒的认知。

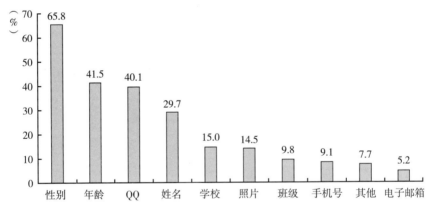

图 5　未成年人网络交往过程中公布信息的情况（2017）

（二）微社群中的"角色塑造"：凸显自我的心理镜像

社会科学关注的是人类的多样性，这种多样性构成了人类过去、现状与

---

① 陈力丹、闫伊默：《传播学纲要》，中国人民大学出版社，2007，第 69 页。

未来的全部社会世界。人类的多样性也包含着个体的多样性，这些同样需要被社会学的想象力所把握和理解。① 每一个人的生活内容都是由各自扮演的社会角色所决定的。社会角色决定了一个未成年人在家庭里是孩子，在学校里是学生等，塑造形象源自日常的行为动态。要想了解各自的生活历程，就必须理解其正在扮演的角色的重要性，这就要求我们理解未成年人最内在的方面：他们的良知以及心智的成长。这些个人化的内容，一方面是社会形塑出来的，必须密切而持续地参照人们表达这些情感时所处的社会生活历程与社会情境。另一方面，不能忽视未成年人的主观能动，其努力在网络社群呈现出来的角色塑造。而这种尝试，恰恰是其凸显自我的心理镜像在现实中的反映。

正如图6所示，超出六成（含每天更新很多状态、每天更新一次状态以及几天更新一次状态）的受调查未成年人都在更新状态过程中，试图让其他人了解、关注自己。值得关注的是，有34.3%的未成年人只关注别人，并不发布个人状态，这样的行为表明其已有值得学习的偶像。在关注的过程中，自我的角色定位以及自我塑造也在悄然进行。

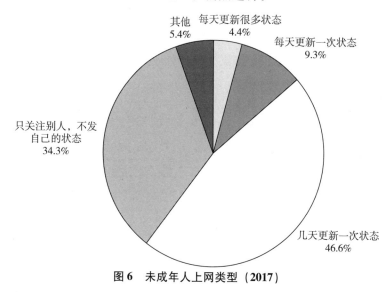

图6　未成年人上网类型（2017）

---

① 〔美〕赖特·米尔斯：《社会学的想象力》，陈强等译，生活·读书·新知三联书店，2012，第173～174页。

从图7可以看出，在未成年人发布的个人信息中，展示个性爱好以及个人心情的信息成为未成年人的首选。他们努力在他人面前展现自我的形象，而这又将进一步塑造属于未成年人的个性化"微社群"特征。紧随其后的学习情况、独特个性、拍照、与朋友交往、情感问题等内容，仍然与自我塑造紧密相关。

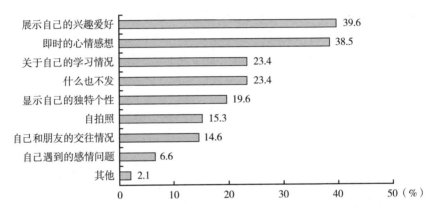

图7　未成年人在社交软件上发布自己的相关信息（2017）

（三）微社群中的"社会交往"：谨慎且消极

当然，需要指出，在寻求陪伴的同时，不能忽视人类的反应是有基因偏向性的。基因偏向性趋近和依附人或物，它们都代表潜在的安全，但是并非本质上就是安全的，潜在危险的自然线索仅仅预示风险增加，并没有提供信息表明风险的绝对等级，这些对危险的警觉以及对安全的追求，已经会让人对危险因素产生相类似的反应，回避或者远离。因为人类在进化过程中，已经形成自己的特征。① 即人们总是趋向于熟悉的人或环境，而排斥一些可能会带来潜在危险的环境。正如图8所示，未成年人中，选择与网友只在网上交流的占到了54%，而选择"不清楚"选项的，则表示处于观望、犹豫、尚未交往状态，这部分占12.8%，两者相加占66.8%，这表明接近七成的

① 〔英〕约翰·鲍尔比：《分离》，万巨玲译，世界图书出版公司，2017，第146～147页。

未成年人选择只是在网络上与网友交往，只有 33.2% 的未成年人在现实中与网友见过面。与新认识的网友见面，并不必然是危险的，这只表明多数的未成年人在潜意识中遵从了人类对安全的追求；而见过网友面的未成年人，如何增强安全防范意识，将成为其今后需要注意的重要内容。

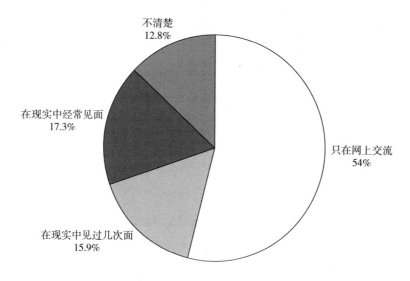

图 8　未成年人网络关系拓展现状（2017）

调查中还发现，未成年人对于今后与网络新朋友的交往预期，从长期看都处于消极的态势。即认为通过网络方式交友，保持长期交往可能性的概率在减少。结合图 9 的数据分析，如果将"肯定不会"与"可能不会"作为消极预期判断，两项累计的比例为 52.4%，明显高于与之相对应的"肯定会""可能会"累计的 39.9% 的比例。值得关注的是，这样两组累计数据，与之前相比也有一定变化：2013 年同类数据中，代表消极预期的"肯定不会"与"可能不会"累计比例为 51.1%，2017 年增加 1.3 个百分点，表明如今（2017 年）更多人的态度更趋向消极；而 2013 年选择未来会长期交往、持积极态度的"肯定会""可能会"的累计比例为 43.7%，2017 年的比例为 39.9%，2017 年减少 3.8 个百分点，表明持积极态度的未成年人在进一步减少。

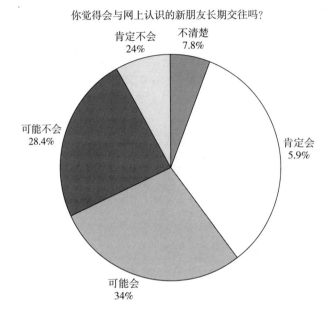

你觉得会与网上认识的新朋友长期交往吗？

图9　未成年人网络关系拓展现状（2017）

四　未成年人网络交往中的"依恋"行为特征

鲍尔比认为，作为依恋理论中的重要概念，依恋行为系统（Attachment Behavior System）提出了依恋者所关心的重要问题：依恋的对象在哪里？对方关注我吗？接受我吗？如果答案是肯定的，孩子会感到被爱、安全、自信，其正常的交际行为也会逐渐形成。但是，如果获得的答案为消极的，则孩子会表现出依恋行为，直到确定达到了与依恋对象足够的亲近水平。与之相伴，依恋策略应运而生。依恋策略主要有初级依恋策略和次级依恋策略。初级依恋策略表现为，个体遇到困难时，能够以主动的姿态从既有的父母、同学等社会关系中获得帮助。

图10的调查数据表明，未成年人在现实中遇到烦恼，更习惯首先在自己熟悉的范围内获得帮助：自己思考及写日记的自我传播占到46.2%，向现实的好朋友及父母求助的占40.5%，这四项合计86.7%，加上向老师求

助的 0.8%，接近九成，达到 87.5%。而选择在网络上求助好友，以及网络发帖的合计仅占 10.7%。这表明未成年人在遇到现实困难时，绝大多数人会在现实社会中寻求帮助，即采取初级依恋策略。

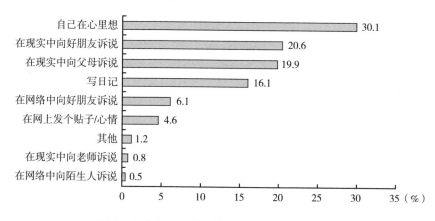

图 10　未成年人遇到网络困境的交流选择（2017）

而次级依恋策略则表现为，当个体主动寻求协助却未能成功时所采取的两种反应方式：或者通过更为强烈的行为，引起依恋对象的注意，从而达到目的；或者个体放弃从现有关系中寻求依恋，将注意力转向拓展未知的网络社会关系，从而寻求新的依恋对象。

（一）深度沉浸网络社交场域

在儿童成长的过程中，选择谁作为自己的交往乃至依恋的对象，往往取决于其成长经历。即谁更用心照顾他，从谁那里获得的关怀与呵护更多，谁往往就会成为儿童的首要依恋对象。因此父母、同学等生活中经常接触的家人、朋友就往往成为依恋的对象。在依恋的过程中，双方有意无意间分享共同的目标和计划，并将之前的互动基础化为固定行为模式而存在。而其发展的互动将具备新的特质，即分享。通过分享既定的目标，参与该目标的共同计划，双方会产生一种目标一致的满足感，而且能够认同彼此。①

---

① 〔英〕约翰·鲍尔比：《依恋》，汪智艳等译，世界图书出版公司，2017，第343页。

在此过程中，一方为了实现既定的个人目标，需要另一方在必要的时候做出退让，或至少为了适应对方而调整自己的既定目标，合作才能达成。否则从合作就会转向小冲突，乃至合作破裂，迫使未成年人寻求新的依恋对象。从图11可以看出，接近一半（48.9%）的未成年人在网上结交过不认识的朋友，这里的因素很多：有的是为了寻求与陌生人交往的新鲜感，有的为了在上网时间"暂时"脱离现有的社交圈等，然而前提都是现实的社会关系，已经不能满足其现有的依恋需求。

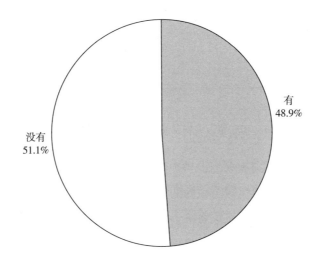

图11　未成年人网络关系拓展现状（2017）

随着上网时间的增长，未成年人会逐渐扩大交友范围，并不满足于已有交友范围。在上网过程中，一方面会选择次级依恋对象——网友，另一方面为了迎合所处的网络环境，这些未成年人会做出一些相应的心理调适及行为。如图12所示，新朋友中"说不准真实身份"的占到42.9%，不知道的为17.8%，对网络新朋友身份认知模糊的，两者相加已超过6成，达到60.7%。这表明，即使不清楚对方的身份，仍然有超过六成的受调查未成年人，愿意接受这样的新朋友。而这样高的比例在现实世界很难出现，表明未成年人深度沉浸于网络社交网络。

人类有一种明显趋向，愿意一直待在一个特定且熟悉的地方，并且有特

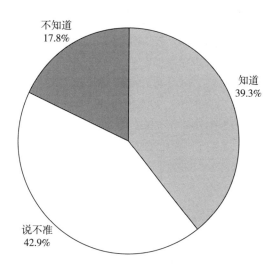

图 12　未成年人对网络社会关系的熟悉程度（2017）

定和熟悉的人陪伴。从统计学上讲，独自一人相较于有人陪伴的安全性要低一些。对于处于童年期的人如此，即使对于成人，同样如此。因此避免独自一人的做法，恰似避开其他潜在危险的自然线索一样，人们往往从陪伴中感受到舒适并寻求舒适，反而在独处时会体验到或多或少的焦虑。①

　　正如图 13 所示（多选题），未成年人交友，45.1% 的是通过"朋友的朋友"介绍认识，而 38.3% 的通过"一起聊天"，30.7% 的通过"一起玩游戏"，这些行为的目的，都是从陪伴中获得舒适感，从陪伴中消除焦虑感。而对方主动加好友、网上互动等，体现出未成年人被动接受交往的情况；搜索感兴趣的人，则体现了个人主动寻求交往对象的心理需求。这些因素，构成了未成年人深度沉浸于网络社会交往的主要原因。

（二）浅层参与网络集体行为

　　在网络化的基础结构之上，公共领域模式在垂直向度上的部分日益凸显

---

　　① 〔英〕约翰·鲍尔比：《分离》，万巨玲译，世界图书出版公司，2017，第 150~151 页。

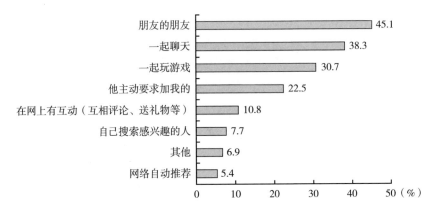

图 13　未成年人网络交往方式（2017）

其重要性①，传播可以较为容易地跨越传统意义上的工作与生活领域，将人们从中脱离开来。而身处其中的未成年人，则在有意识与无意识之间被裹挟其中，参与到网络集体行为中去。

首先，网络社群促进了个人的社会化程度提高。未成年人通过互联网与外部世界不断增进联系的结果，就是个人自觉或者不自觉地加强了自己的社会化。虽然人们仿佛处于一个封闭的环境之中，每一个上网之人都被分散成单独的个体。但是因为身处网络社群之中，未成年人参与以及深入社区的意识更加强烈。

其次，在网络社群的多向传播过程中，信息的传递不再是媒体的独有专利，而已成为大众的权利。而未成年人则在发表观点和意见，体会、分享快感的同时，也在塑造个人的主体意识。②　当然，相比大多传统媒体的明确价值观，网络媒体多元复杂的传播内容，增加了未成年人"自我确认"的难度。这样的后果促使他们更为依赖所处的狭小网络社群，与此同时，网络社群对未成年人的自我判断与社会认知的影响也日益增强。③

---

① 〔丹麦〕克劳斯·布鲁恩·延森：《媒介融合：网络传播、大众传播和人际传播的三重维度》，刘君译，复旦大学出版社，2012，第 117 页。

② 吴风：《网络传播学　一种形而上的透视》，中国广播电视出版社，2004，第 194～195 页。

③ 彭兰：《网络传播概论》，中国人民大学出版社，2012，第 262 页。

2017 年的调查问卷中，特意增加了未成年人关注网络社会热点事件的内容。这是一个多选题。图 14 表明，未成年人的选择结果传递出了这样的信息，即他们关注，但是并不热衷于社会热点事件：45%的未成年人选择了"浏览大家的评论"，43.3%的选择"只是随便看看相关信息"，体现了一种从众心理；而表明对社会热点事件持有积极主动态度的未成年人，例如33.9%在现实生活中就此展开讨论，14.9%转发分享以及10.9%跟帖讨论的比例，就处于依次递减、相对较低的状态。要特别指出的是，还有12.1%的未成年人选择从不关心各种热点事件，他们的关注重心在哪里？这值得学界与业界的思考。

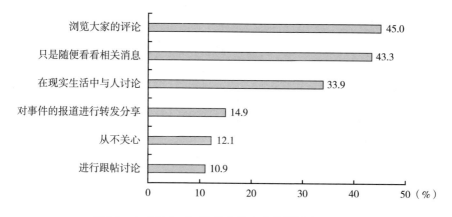

图 14 未成年人对网络社会热点事件的看法（2017）

而在图 15 中，针对有人组织的网络事件，未成年人通过转发、讨论及顶帖等形式参与的数据，也很有参考价值：持有消极态度的占 65.1%（包括肯定不会、可能不会），而积极参加的占 29.1%（肯定会及可能会），肯定会参加的比例只有 2.4%。这样的结果很有趣，一方面有学者认为：网络媒体多元复杂的传播内容，增加了未成年人"自我确认"的难度。这样的后果促使他们更为依赖所处的垂直网络社群；但是调查数据又明确显示，这种对未成年人的影响，并不像现实中人们所判断的程度那样深。

图 15 的结论，在"未成年人是否愿意参与网络声讨、人肉搜索，以及快闪"的调查结果中，同样得到验证（见图 16）。持消极态度的比例达到

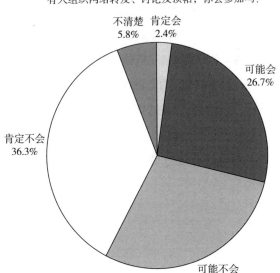

有人组织网络转发、讨论及顶帖，你会参加吗？

不清楚 5.8%　肯定会 2.4%

可能会 26.7%

肯定不会 36.3%

可能不会 28.8%

图15　未成年人是否参与有人组织的网络事件（2017）

84.1%（包括肯定不会及可能不会），而持积极态度的只占9.4%，其中肯定会参与的仅仅占1.6%。这表明，很多未成年人虽然因为自我认知尚不明确，较为依赖所处的网络社区，但是他们只是沉浸于场域之中，在个体判断与行动方面并不会受到其左右与影响。反而现实中的"粉丝社群"对未成年人的影响更大，需要各方面投入更多精力予以关注。

五　对策建议

（一）推动对未成年人保护法的完善，将相应的网络违法行为入刑

当前，网络违法行为对未成年人及其家庭以及社会的伤害的严重性，世所瞩目。立法保护未成年人的个人信息，尤其要严格惩处利用网络侵犯未成年人个人隐私、开展网络诈骗、教唆胁迫未成年人参与网络赌博及色情等相

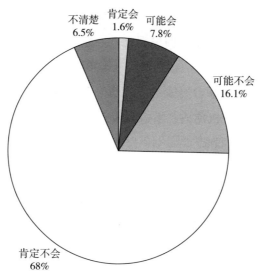

网络声讨、快闪及人肉搜索，你会参加吗？

图16　未成年人是否愿意参与网络声讨等网络集体行为（2017）

关违法行为，已形成舆论共识。

《中华人民共和国未成年人保护法》是1991年9月4日经七届全国人大常委会第21次会议通过，1991年9月4日，由中华人民共和国主席令第50号公布；2012年10月26日十一届全国人大常委会第29次会议通过对该法的第二次修正。自那以后，该法律未再修改。针对当前我国未成年人网络社会交往的现状，建议全国人大相关立法部门，及时修订现行法律，将相关内容入刑；并在此基础上，对于实施上述违法行为的个人与机构，采取更为严厉的法律惩处与制裁手段。

此外，立法部门还要将新媒体平台纳入监管视野。例如，可以针对以腾讯为代表的新媒体平台，通过立法加强监督与管理。这些网络平台，在未成年人的网络社会交往中发挥着决定性作用。政府已不能将其仅仅视为媒体或者商业机构。而应将其定位于具有导向性作用的商业媒体。既不否认其逐利的商业属性，也不否认其媒体特性。因为对应广大未成年人，上述新媒体平台发挥的作用，在某种程度上已经替代了传统媒体的信息传播、娱乐教育等社会职能；但是更要强调其对于未成年人的导向作用，以腾讯为代表的新媒体平台，开发的各种社交产品会对未成年人产生直接的影响。例如腾讯开发的王者荣耀手游，迅速让数亿网民沉迷，其中包括上亿的未成年人。很明显，这种基于商业利益的产品，造成的社会负面影响显而易见。因此，通过立法，鼓励上述新媒体平台开发健康有益、利于青少年成长的软件、App，适合青少年使用的，积极促成；不适合的，则改正乃至取消应用；出现违规运行的，要进行相应的惩处。

总之，政府要按照"依法治国"方略，在立法方面强化法律法规的威慑作用；在守法层面，利用传媒大张旗鼓地宣传相关法律法规，使之深入人心；在执法层面要严格执法，对相关违法行为涉及的个人与机构绝不姑息。

（二）教育部门应该按照疏堵结合的思路，不断出台和完善配套政策

日前，教育部通过发文形式，试图在全社会学校和家长中推行"上网防沉迷"政策。① 这样的做法初衷是好的，但是仅仅从封堵的角度着手，政策落实力度仍然不够，还需要进一步结合当前我国未成年人的网络社交行为特征，出台相关配套政策，按照"疏堵结合"的治理思路，开展有针对性的工作。例如针对当前未成年人微社群特征（一方面出于凸显自我的心理需求，未成年人在微社群中努力自我展示；另一方面出于对个人安全的担忧，未成年人在信息披露方面，又保持着必要的防范与警惕等特点），以及针对未成年人网络交往中的"依恋"行为特征（深度沉浸网络社交场域，与网络新朋友信息交换很多；却又浅层参与网络集体行为等特点），教育主管部门就要出台一系列政策，鼓励全国中小学校开设《网络自我展示》、《网络个人信息安全》、《网络社会交往》等相关课程，将之纳入对学校考

---

① 2018年4月20日，教育部印发《关于做好预防中小学生沉迷网络教育引导工作的紧急通知》，对做好预防中小学生沉迷网络教育引导工作提出5项具体要求。

核，以及学生升学成绩参考范围之列，从而引起学校与家庭的重视，加强对学生正确的教育与引导。

在国家层面，要统一规划开展新媒体教育，让未成年人都能正确、熟练地掌握新媒体技术，同时推广与其认知水平相适应的新媒体理念、新媒体实践伦理等。在课程设置上，要结合中国未成年人的心理和生理特点，打造适合中国未成年人使用的教材与课程。不能生搬硬套将现有的西方网络教育资源直接"低幼化"，防止教育过程中的西化与"夹生饭"现象的出现。

（三）未成年人网络社交行为治理需要多个部门密切合作、齐抓共管

未成年人网络社会交往规范与管理是一项系统工作，政策管理层面，涉及多个国家主管部委。因此教育部要牵头，将与之相关的部委纳入其中，形成常态化的联席工作机制。例如提供社交场域的网络平台，就由新成立的工业和信息化部管辖，从政策层面鼓励相关平台研发适合青少年的相关软件与App，同时对现有平台进行升级；文化和旅游部则要从文化产品内容入手，努力为未成年人提供健康而有益的网络文化产品；为了在全社会形成良好的舆论氛围，宣传主管部门——中宣部出台监管政策，对未成年人的网络平台加强监管；新成立的中国广播电视总台携手中央主流媒体及各家媒体，要加强这方面的宣传，对好的典型予以推广，而对相关问题也要及时跟进报道。此外，与立法与执法相关的全国人大、最高人民法院、最高检察院、公安部等，都要将其纳入相关的联席工作机制之中。

除了发挥政府部门的政策引导作用外，也要充分发挥学界的智囊参谋作用。当前学界开展的一系列未成年人网络交往研究，由于主要采取了问题视角，以及学术性的表述方式，很难在全社会产生广泛的影响，也很难挑战传统的"青少年网络交往问题论"营造的社会舆论。这就要求一方面学界要努力从"发展主导"的视角，开展深入且持续的研究，扭转"问题主导"的研究现状；另一方面，国家要出台政策，创造机会，鼓励学者将研究成果

应用于未成年人的教育实践之中。当然，研究未成年人应用网络问题，是一个很大的课题，在深入、持续开展研究的同时，也要注意结合实践中暴露出的问题，审慎推进。

参考文献

〔丹麦〕克劳斯·布鲁恩·延森：《媒介融合：网络传播、大众传播和人际传播的三重维度》，刘君译，复旦大学出版社，2012。

张燕：《技术·利益·伦理　风险社会与网络传播》，社会科学文献出版社，2014。

〔英〕约翰·鲍尔比：《依恋》，汪智艳、王婷婷译，世界图书出版公司，2017。

费孝通：《乡土中国　生育制度》，北京大学出版社，1998。

喻国明、焦健、张鑫：《"平台型媒体"的缘起、理论与操作关键》，《中国人民大学学报》2015年第6期。

腾讯传媒研究院：《众媒时代　文字图像与声音的新世界秩序》，中信出版集团，2016。

〔英〕约翰·鲍尔比：《分离》，万巨玲译，世界图书出版公司，2017。

彭兰：《网络传播概论》，中国人民大学出版社，2012。

〔加拿大〕马歇尔·麦克卢汉：《理解媒介——论人的延伸》，何道宽译，译林出版社，2011。

〔美〕赖特·米尔斯：《社会学的想象力》，陈强、张永强译，生活·读书·新知三联书店，2012。

陈力丹、闫伊默：《传播学纲要》，中国人民大学出版社，2007。

吴风：《网络传播学　一种形而上的透视》，中国广播电视出版社，2004。

黄楚新、商雅雯：《论移动互联网背景下青年生活方式的嬗变》，《中国青年社会科学》2017年第4期。

B.7
未成年人在社交媒体上的
自我表达和社会关注

摘　要： 本文基于调查数据，通过对未成年人在互联网上自我表达的
频率、主要内容、主要途径的分析发现：浅度参与成为未成
年人关注社会热点事件的主流倾向，多数不愿配合参与中性
的网络行动，也不愿参与过激的网络行动；未成年人群体在自
我表达、社会关注方面存在着差异，受到家庭和社会环境的影
响；未成年人的自我表达在形成和维持社会关系中至关重要。
建议家庭和学校重视用社交软件促进未成年人的社会化，营造
良好的家庭学校沟通氛围，为他们提供解决问题的合理方法和
途径。

关键词： 自我表达　社会关注　未成年人　社交媒体

一　引言

自我表达指通过行为、言语或做选择来表达个人看法和感觉，它是一种
将自己的思想和观点投射到外界行为的过程，即有意识地透漏个人信息的过
程，其主要目的在于形成和维持社会关系及人际关系，并在未成年人的社会

---

* 李永健，中国社会科学院大学教授。

化进程中扮演着十分重要的作用。自我表达增强了自我觉察的能力，可以与他人分享体验，可以从他人那里获得反馈；同时，自我表达降低了人与人之间的神秘感，可以建立亲密的关系、维护自身的心理健康状况、达成合作等，因此它是人际交往当中一个重要的行为表现，是衡量亲密关系的重要指标，且对个体的健康成长有着十分重要的作用。社会关注是指在一定的历史条件下关注某一社会事件。在社会关注过程中通常伴随着一定程度的自我表达，因而社会关注同自我表达一样有帮助未成年人完成其社会化的作用。当下的互联网环境为未成年人提供了新的自我表达和社会关注的平台，而由于未成年人感知到网络环境与现实环境的差异，同时不同未成年人对该差异的感知程度不同，其利用网络进行自我表达和社会关注的程度、方式等必然有所不同。

二 未成年人在社交媒体上的自我表达和社会关注的基本状况

（一）未成年人在互联网上进行自我表达和社会关注的主要平台是QQ

在这次调查中，我们发现受调查的未成年人最常用的社交软件/平台是QQ，占比高达59.7%。其次是微信，占比为30.4%。两者合计高达90.1%。而对微博、个人空间、论坛/贴吧使用较少（见图1）。当今的未成年人，以95后新生代为主。企鹅智酷发布的《用数据读懂95后》年度报告显示，在所有国内主流社交平台中，QQ中95后用户占比最高，与本次调研结果相吻合。QQ一直以来都以年轻人为用户主体，尤其是近年来手机QQ针对年轻人推出的各种个性化服务，更使得QQ成为95后最主要的活跃阵地。

（二）在互联网自我表达上，几天更新一次的未成年人占比最大

经过调查统计，笔者发现超过45%的未成年人几天更新一次状态，占比最大；约1/3的未成年人只关注别人，不发自己的状态；每天都发很多状态、每天更新一次自己的状态的未成年人占比不大，均低于10%，见图2。

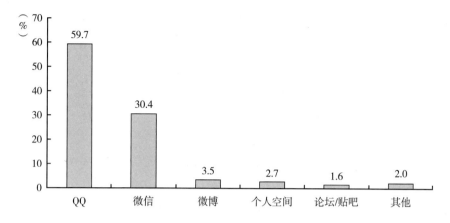

图1 未成年人常用社交软件种类（2017）

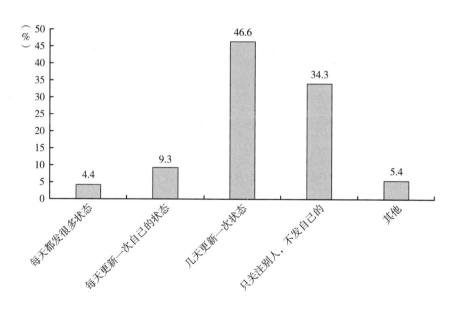

图2 未成年人上网状态（2017）

（三）展示自己兴趣爱好是未成年人在互联网上自我表达的主要内容

图3展示的是受调查未成年人在社交软件上发布自己相关信息的总体情

况。未成年人乐于展示自己的兴趣爱好（21.9%）、即时的心情感想（21.3%），很少在社交软件上发布自己遇到的感情问题（3.6%）。值得注意的是，有12.9%的未成年人在社交软件上选择什么也不发。

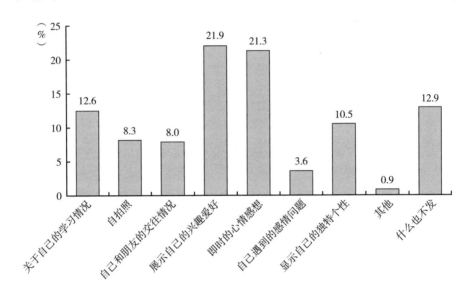

图3　未成年人社交软件信息发布（2017）

（四）自己在心里想事是未成年人烦恼宣泄的主要途径

针对"在现实生活中遇到烦恼的事，你更习惯于以下哪种方式来与人交流"一题有30.1%的回答为自己在心里想事，20.6%的回答为在现实中向好朋友诉说，19.9%的回答为在现实中向父母诉说，16.1%的回答为写日记，仅有6.1%的回答为在网络中向好朋友诉说和4.6%的回答为在网上发个帖子/心情，及0.5%的回答为在网络中向陌生人诉说，见图4。

（五）性别、年龄成为未成年人在网络交往上公布最多的个人隐私信息

在"在社交软件上，公布了自己的哪些信息？"这项调查中，有28.5%的受调查未成年人公布了性别，18%的未成年人公布了年龄，17.4%的未成

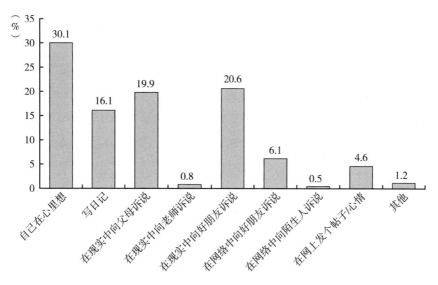

图 4　未成年人烦恼宣泄途径（2017）

年人公布了 QQ/微信号，12.9% 的未成年人公布了姓名，仅有 2.3% 的未成年人公布了电子邮箱，见图 5。调查显示，有不少未成年人公布了自己的姓名、微信号、照片、手机号等隐私，这些资料容易被不法分子利用，给未成年人带来一定的麻烦。家长和老师应对学生进行网络素养教育，时刻提醒他们不要轻易在网络空间大幅度披露自己的隐私。

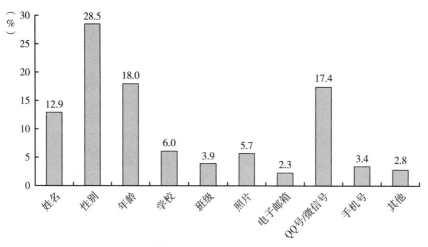

图 5　未成年人公布个人隐私信息（2017）

（六）浅度参与成为关注社会热点事件的主流倾向

针对"对网络上大家都关注的社会热点事件，你通常会怎么做"一题有32.7%的回答为浏览大家的评论，21.9%的回答为只是随便看看相关消息，14.9%的回答为对事件的报道进行转发分享，12.1%的回答为从不关心，10.7%的回答为在现实生活中与人讨论，7.7%的回答为跟帖讨论，见图6。大多数未成年人更倾向于对热点事件进行围观，会在一定程度上参与社会热点事件，只不过参与程度大多较低。首先这可能与热点事件经常出现反转有关，多数未成年人学会了谨慎的态度。其次可能是未成年人对于热点事件感触不深，难以引发他们的行为。同时浏览大家的评论占比最高，反映出未成年人在判断他人的态度评价，有可能在浏览之后确定自己的观点意见。

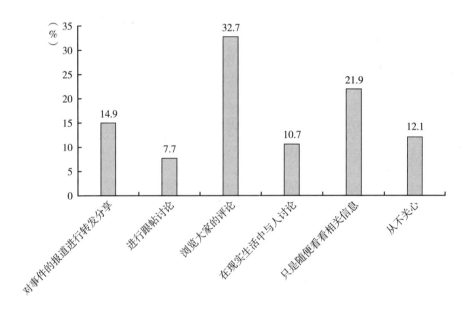

图6 未成年人关注社会热点事件（2017）

（七）多数未成年人不愿配合参与中性的网络行动

针对"如果有人在网上组织帖子转发、集体讨论或顶帖，你会配合参加吗"一题，36.3%的回答为肯定不会，28.8%的回答为可能不会，26.7%的回答为可能会，5.8%的回答为不清楚，2.4%的回答为肯定会，见图7。这反映了未成年人对该种集体行为持消极否定态度，或者说倾向于认为自己对待热点事件是谨慎理性的。但个体通常会高估自己的能力，因而该题的预测度有限。

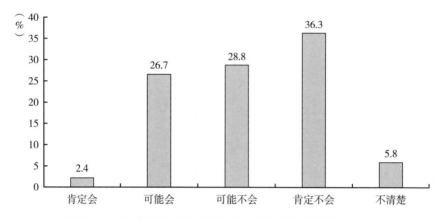

图7　未成年人网上组织帖子转发、集体讨论或顶帖（2017）

（八）多数未成年人不愿参与过激的网络行动

针对"如果有人在网上组织集体声讨、快闪活动、人肉搜索，你会配合参加吗"一题，68%的回答为肯定不会，16.1%的回答为可能不会，

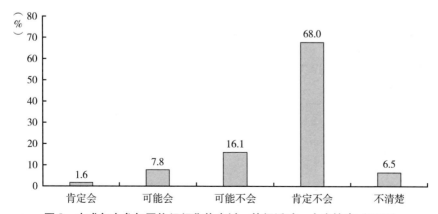

图8　未成年人参与网络组织集体声讨、快闪活动、人肉搜索（2017）

7.8%的回答为可能会，6.5%的回答为不清楚，1.6%的回答为肯定会，见图8。该题比上一题的参与程度更深更明确，这在数据上反映得更消极，多数人不愿意参与这些集体行为，可能是因为该类行为被认为是过激的且性质明确的，因而未成年人的态度也就更明确并持否定态度。

三 未成年人在社交媒体上的自我表达和 社会关注的现象特征

（一）在社交软件的使用及自我表达上存在差异

调查显示，未成年人中使用社交软件的男性比例高于女性，非独生子女高于独生子女，学习成绩差的高于学习成绩好的。相较于省会城市，县区、乡镇的未成年人倾向于使用QQ，使用微信较少。相比于小学生，初中、高中生较多使用QQ，较少使用微信。小学生使用微信的比例远远高于初中、高中生，高中生使用微博较多，而小学生则更喜欢使用个人空间。

父母为无学历的未成年人使用微信和QQ的比例最低，而父母的学历为小学、初中、高中/职高/中专的未成年人使用微信和QQ的比例超过90%。未成年人与父母感情好（包括很好、较好）的使用微信和QQ的比例稳定在90%左右，而与父母感情不好的未成年人使用微信和QQ的比例仅在70%左右。

利用社交软件进行的自我表达和社会关注中男性的主动性高于女性，这从一定意义上说明对于男性和女性的社会角色定位体现在各个方面也体现在社交软件的使用方面；非独生子女的高于独生子女，这说明社交软件的使用确实在满足未成年人的社会交往需求方面起到了作用。学习成绩相对差的学生主动性高于学习成绩好的，人际交往是未成年人社会化进程中一个陌生又有趣的活动，通过社交软件结识更多的朋友，在某种程度上可以弥补学习带来的挫折感，增强自己自我效能感。

调查显示，城乡学生之间、小学初中高中生之间在社交软件的使用上都

存在着差异，这主要是由社会条件差异或者是未成年人身心发展阶段导致
的。调查分析还发现家长因素在其中的影响，教育程度高的家长以及与家长
情感交流好的孩子其社交软件平台使用比例也高。这意味着与父母的沟通状
况影响着未成年人社交软件的使用。父母也可以通过社交软件多与孩子沟通
交流，而不仅仅是现实生活中的训斥与苛责。

男性未成年人每天自我表达的频率高于女性未成年人。生活在单亲家庭
的未成年人每天自我表达的频率远高于非单亲家庭的未成年人；父母为无学
历的未成年人自我表达的比例明显高于其他未成年人；和爷爷奶奶（外公
外婆）住在一起的未成年人自我表达的比例也较高；但和亲戚住在一起的
未成年人每天更新一次自己的状态的比例最高；与父母的情感交流状况越好
的未成年人，在社交软件上自我表达的比例越低；与父母情感交流状况越差
的未成年人，在社交软件上发布自己状态的比例越高；未成年人与父母的情
感交流状况与上网频率之间呈反比。

女性未成年人更喜欢在社交软件上发布自己的自拍照及展示自己的兴趣
爱好、即时的心情感想；与女性相比，男性未成年人发布自己遇到的感情问
题和什么也不发的比例也高于女性未成年人。接近70%的男性未成年人不
在社交软件上发布即时的心情感想，而超过45%的女性未成年人更喜欢在
社交软件上发布自己的心情感想。独生子女更倾向于在社交软件上展示自己
的兴趣爱好，而非独生子女倾向于不在社交软件上展示自己的兴趣爱好。小
学生比中学生（初中生、高中生）更喜欢展示自己的兴趣爱好，而初中生、
高中生比小学生更喜欢发布自己的即时感想，且年级越高的未成年人越喜欢
在社交软件上发布自己的心情感想。

这在一定程度上说明，生活在单亲家庭的未成年人需要渠道发布自己的
状态，抒发内心不满的情绪。单亲爸爸或妈妈应多关注子女的状态，多与子
女沟通交流，确保孩子的身心健康。上述这些现象说明，家庭环境包括是不
是能与自己的父母住在一起，以及父母本身的文化程度对于未成年人的自我
表达都有着显著的影响。与父母情感交流状况不好的未成年人更倾向于在社
交软件上频繁地自我表达，实际上这也说明了在未成年人成长的过程中父母

以及家庭环境对其影响巨大。

首先我们认识到男性和女性在自我表达上的差异是由男女的天性和对角色的社会期望导致的。现在有了社交平台，从心理疏导的途径看，好像是为女性增添了一条新渠道，但实际上风险和获得是成正比的，这也为女性未成年人个人利益被侵害埋下了隐患。

在现实中遇到挫折，男性回答自己在心里想的比例较高（34.38%），女性回答在现实中向好朋友诉说（23.21%）、写日记（17.91%）、在现实中向父母诉说（20.16%）的比例较高。单亲家庭的未成年人更倾向于自己在心里想（37.57%），非单亲家庭的未成年人倾向于在现实中向父母诉说（20.24%）和向好朋友诉说（20.79%）。寄宿学生回答为在现实中向好朋友诉说（25.79%）、自己在心里想（35.33%）的比例更高，走读学生回答为在现实中向父母诉说的比例更高（22.47%）。与父母情感很好的未成年人更倾向于在现实中向父母诉说（26.62%）；相反，与父母情感很不好的则较少选择向父母诉说（3.57%）而更多选择自己在心里想（28.57%），而与父母情感交流很不好的未成年人选择在网上发个帖子/心情的比例（10.71%）明显高于其他未成年人。

小学未成年人回答在现实中向父母诉说（30.48%）和写日记（21.06%）的比例更高；而随着年龄增长，该比例明显下降，而自己在心里想（小学 23.01%，初中 33.09%，高中 36.68%）和在现实中向好朋友诉说（小学 14.97%，初中 23.19%，25.81%）的比例明显增高。优等生更倾向于在现实中向父母诉说（24.27%）和在现实中向老师诉说（1.19%），中等生中选择在网络中向好朋友诉说的比例（6.89%）高于其他学生，差等生则更多选择自己在心里想（36.57%）。

这反映了男性更倾向于不与人面对面的交流方式，而女性更倾向于与关系亲密的人分享自己的烦恼。这可能与男性的社会期待特征，即坚忍顽强有关，女性则更多地与他人建立联系。这反映了单亲家庭的孩子更孤独、更愿意自己消化烦恼，非单亲家庭的孩子则愿意与人分享烦恼。因此，应多关心单亲家庭的孩子，在不给他们带来压力的情况下分享他们的烦恼。

寄宿学生较多与同龄人交往且父母没有在身边，而走读学生更多与父母接触并将他们视为寻找情感认同的对象。这反映了与父母的情感交流能很好地预测未成年人面对烦恼时是选择与身边关系亲密的人交流还是在网上发帖子，而与父母感情好的未成年人更能建立良好的亲密关系，并从关系中获得支持，因而他们更倾向于与身边的人交流。对于与父母情感交流不好的未成年人要注重纾解他们的烦恼，帮助他们建立良好的同伴关系，或促进其家庭内部的交流。

在小学时期未成年人更多地依赖自己的父母，而初中和高中时则更多地依赖自己自省和同伴关系，这反映了未成年人寻求情感支持途径的变化。因而在小学时期的教育要更注重家庭教育，到了初中和高中则要将重点放在同伴教育上。优等生通常与长辈有良好的关系并能从关系中获得支持，差等生更愿意自己解决烦恼。所以从这一角度看，我们要加强差等生与父母及长辈关系的培养，增强他们之间的联系。

未成年人的自我表达在形成和维持社会关系中至关重要，也在未成年人的个性发展中有重要的作用，因为未成年人可以在社交软件中区分不同的个性，从不同个性的反馈中学习，进一步把这些个性整合到他们的自我概念中。另外，自我表达也影响未成年人的自尊和幸福感。要让家长意识到：鼓励学生正确使用社交软件辅助自己的社会交往，是新时代的新特点，鼓励家长用社交软件来和自己的孩子交流是促进未成年人社会化进程的一项非常重要的措施。父母应多关心自己的子女，多多与他们进行交谈，营造良好的家庭氛围，让未成年人吐露自己的心声，为他们提供解决问题的合理方法和途径。随着年龄的增长，未成年人的心情感想渐趋复杂，需要合理的渠道进行宣泄。老师和家长应该注意未成年人在社交软件上发布的心情感想，而不只是关注孩子身体的外在变化。

在遇到烦恼时，未成年人更多选择自己在心里想事，这是因为他们有一定的独立思考能力，另外这也是未成年人为了维护自己的形象所采取的一种保护性策略。根据上述分析，能预测未成年人是否向他人倾诉的变量可能是与他人关系的亲密度或建立亲密关系的能力，因而不擅长交友的男性、单亲

家庭的孩子、走读生、差等生、与父母情感交流不好的未成年人在该问题上选择自己在心里想的比例要高于其他未成年人。同时，了解未成年人是与同伴还是与父母、老师的关系更亲密，能有效预测未成年人在有烦恼时会向谁诉说，如优等生向老师和父母诉说、小学生向父母诉说的比例高于其他未成年人。自我表露和印象管理是未成年人使用社交媒体进行人际交流最重要的动机，通过社交媒体展现出自己积极向上的社会形象有助于提升他们社会生活的心理舒适感，因此我们不要指望通过社交媒体上未成年人的自我表露去发现他们在现实生活中遇到的挫折，而要重视为未成年人提供倾吐他们由学习和生活挫折感带来的烦恼的现实途径，而不是从社交媒体中寻找宣泄途径。

（二）在社交媒体上的社会关注方面存在差异

男性选择进行跟帖讨论（41.6%）和对事件的报道进行转发分享（54.3%）的比例明显高于女性。小学生对热点事件的参与程度最高，其次是初中生，再次是高中生。从省会城市到乡镇，选择对事件的报道进行转发分享和跟帖讨论的比例逐渐降低，可见省会城市的未成年人更愿意参与到热点事件中。从优等生到差等生，选择对事件的报道进行转发分享的比例相对降低。

这说明了对于热点事件，男性的参与程度更高，相比之下女性的行为更消极。因而要引导舆论或者引发民众关注某个事件，可以尽可能多地将事件相关的信息展现出来，避免极端性情绪影响未成年人对于热点事件的认知。

这可能与未成年人的心智发育过程有关，随着年龄的增长未成年人更加理性，对于热点事件的分析判断就更有深度，因此对行为的选择就会更加慎重。因而在社会热点事件中应注意引导小学生的舆论，让他们更理性地看待热点事件，不能肆意宣泄自己的情绪，影响对事件的判断和认知。

省会城市未成年人可能认为热点事件离自己更近，而县区和乡镇未成年人则认为热点事件只是存在于网络之中，难以激发他们的认同感。优等生对社会热点事件的关注度、参与度较高，中等生和差等生参与度则相对较低，反映了优等生不光成绩优秀而且关注社会外界的变化，这是他们责任感的体现，但这只是相对而言的，中等生和差等生依然会关注并参与社会热点事件。

针对"配合参加网上组织集体声讨、快闪活动、人肉搜索吗?"这一题，男性选择肯定会的比例高于女性;优等生选择肯定不会的比例较高（70.73%），中等生和差等生选择可能会和可能不会的比例较高（中等生可能会 7.39%，可能不会 17.07%;差等生可能会 10.47%，可能不会 17.07%)。小学生选择肯定不会的比例更高（72.68%），初中生和高中生选择可能会和可能不会的比例相较更高（初中生可能会 8.67%，可能不会 15.84%;高中生可能会 8.04%，可能不会 20.12%)。单亲家庭的未成年人选择肯定会（2.64%）和可能会（9.79%）的比例较高，非单亲家庭的未成年人选择肯定不会的比例较高（68.44%）。父母为无学历的未成年人选择肯定会（8.33%）和可能会（20.24%）的比例明显高于其他未成年人，同时父亲为无学历的未成年人选择肯定会和可能会的比例高于母亲为无学历的未成年人。

这说明了女性对该问题的否定态度相对于男性更明确坚决，而男性愿意参加集体声讨、快闪活动、人肉搜索，可体现他们更外向、也更冲动。因而对于男性的教育应注重教会他们慢思考、慢做决定。优等生更为遵守社会期望，对该类行为很排斥，中等生和差等生同样排斥此类行为，但他们在判断自己会不会参加时更谨慎。因此控制集体行为时应明确告知该行为的利弊和社会性质，再由未成年人自己做出判断。

调查数据反映了小学生更遵守社会期望，初中生和高中生在社会期望之外还注重考虑其他因素。但总体而言，多数未成年人对该题涉及的行为持否定态度，可以说这是社会教育和权衡利弊的共同成果。父母为无学历的未成年人的家庭教育相对较差，还未培养出完善的权衡利弊能力和同理心，而父亲为无学历时这种影响更大。因而应注重对父母无学历的未成年人的教育，使他们认识到这种行为的危害性。

总体上，我们可以看到未成年人自认为不会配合参与帖子转发、集体讨

论或顶帖行为，且对此保持谨慎的态度。但相比较而言，男性和父母为高学历的未成年人的回答更加确定且两极化，小学生、优等生的回答更确定且消极，父母为无学历的未成年人的回答更确定且积极。这可能是因为不同类型未成年人对此事的判断标准不同，如父母的权威、社会的认可以及事件本身的性质等。在惧怕父母权威时会更倾向于选择肯定不会，如小学生；在希望反抗父母权威时会更倾向于选择肯定会，如父母为无学历的未成年人；而事件本身的性质在本题中未加明确说明，因此更多人选择"可能"来应对这种不确定性。但单亲家庭和父母为无学历的未成年人选择肯定会的比例较高，这可能因为影响该问题判断的标准是个人的同情心和权衡利弊的能力，而单亲家庭和父母无学历的未成年人未得到相应的教育，造成他们判断选择时偏离社会期望，因而应对他们多加关注。同时优等生和小学生更多地选择肯定不会，则是因为他们更愿意遵守社会规则。

四 思考与建议

通过对上述调查结果的分析可知，从整体上看，未成年人对互联网自我表达和社会关注的诉求趋于保守，未成年人在网络上自我表达的内容通常情绪较为积极正面，而较少表达自己的烦恼，且多数未成年人更愿意自己面对烦恼，这是选择性自我表达的具体体现。这可能是因为未成年人认为积极向上的形象更容易获得社会认同，所以他们在网络上的表达是有选择的，即倾向于表达积极情绪而隐瞒消极情绪。但这并不意味着未成年人在生活中的烦恼少，尤其是那些现实中亲密交往较少的未成年人，他们遇到烦恼时很难在现实中获得慰藉。而生活中的失败事件和挫折感越积越多，必然会改变未成年人对世界的看法，甚至可能导致其出现越轨行为。因此，我们不应将未成年人网络上的自我表达，当作他们的真实生活，而应深入关切其成长过程及其喜怒哀乐。如父母应多关心孩子的学习及生活，学校可定时对未成年人进行心理测评和疏导，社交网站上应为未成年人提供更多表达和疏解负面情绪的平台。

随着互联网功能的多样化，各大网络平台已经初步具备公共领域的特征，人们能在上面就社会热点事件展开讨论并由此推动社会事件的进展。目前未成年人会关注社会热点事件，但倾向于"冷行动"，即围观别人的看法、只进行转发而不跟帖。这一方面说明未成年人处在社会化过程中，他们在观察其他人如何评价这件事并由此形成自己的观点，并且行为更为审慎；但另一方面也反映出未成年人对社会事件的参与不深、责任感不大的本质。因此，各大社交平台在社会热点事件出现时，应推出有深度的内容信息，而不要引导人们关注纯粹情绪宣泄式的表达。此外，未成年人自身应当积极参与到社会事件的发声中，并在该过程中锻炼自己的思维能力、获取信息的能力和辨别是非的能力。要知道只有未成年人提高自身的媒介素养和思维能力，才能真正发展出良好的网络生活方式。

在探讨未成年人大众媒介的使用和它带来的社会化时，有学者认为"大众传媒的使用者在体验媒体时并不是作为一个单个的人，而是作为社会的成员之一，是社会文化的参与者"，通过网络进行社会交往，通过网络进行自我表达、社会交往是他们社会参与的一种形式，目前已经成为整个社会的一种流行文化，所以未成年人的接触和使用实际上是与其所处的社会环境密切相关的，因此我们要关注社会环境的发展变化对未成年人发展带来的影响，媒介环境的变化只是社会大环境下的一个因素。马尔库塞认为造成当代发达工业社会"单向度"的原因是技术力量的操纵和控制，以及由此形成的新型的极权社会。他认为，在发达工业社会，科学技术已取得合法的地位，并且"科学的—技术的合理性和操纵一起被焊接成一种新型的控制形式"，"在绝对优势的效率和日益增长的生活水准这双重的基础上，依靠技术，而不是依靠恐怖来征服离心的社会力量"。从表面上看，由于有了这些新媒体，未成年人有了更多的机会了解和获取各方面的信息、接受全方位的教育和影响，但实际上由于新媒体的特点及人的社会属性决定，使得未成年人很早就陷入某个虚拟群体当中，他们更多地接受来自自己所属群体的影响，而外在因素的影响在减弱，也就是说未成年人认识、理解世界的面会越来越窄，他们成为满足于自己小群体交往环境的"单向度的人"，我们分析

研究未成年人的媒介使用特点，就是为了避免他们成为单向度的人，让他们成为多向度、有理性的社会人。

参考文献

董艳春：《未成年人互联网自我表达和社会参与状况调查研究》，《中国青年研究》2017 年第 1 期。

俞冰、杨帆、许庆豫：《高校社会参与：提升高校学生公民意识的一种基本路径与相关因素》，《教育研究》2017 年第 2 期。

彭洋洋、钱乐琼：《小学生自我表达的发展特点研究》，《湘南学院学报》2016 年第 4 期。

刘芹芹：《自媒体时代自我表达的把握境况——基于近年来微博热点事件的探讨》，《新闻研究导刊》2016 年第 9 期。

高崇：《冲突视角下移动互联时代的中学生自我表达》，《当代教育科学》2015 年第 10 期。

王井云：《青年参与网络群体性事件的社会心理分析》，《青年探索》2014 年第6 期。

李亚妤：《互联网使用、网络社会交往与网络政治参与——以沿海发达城市网民为例》，《新闻大学》2011 年第 1 期。

楚亚杰：《社会交往与手机使用：上海受众手机使用的实证研究》，《新闻大学》2010 年第 2 期。

莫书亮、段蕾、金琼、孙葵、周宗奎：《小学儿童的友谊质量：社会交往技能、心理理论和语言的影响》，《心理科学》2010 年第 2 期。

曹文、陈红、高笑、Todd Jackson：《选择、自我表达与选择扩散效应》，《心理学报》2009 年第 8 期。

常昌富：《大众传播学：影响研究范式》，中国社会科学出版社，2000。

李永健：《单向度视野下媒介对未成年人影响的实证研究》，中国社会科学出版社，2017。

B.8
互联网运用上未成年人与
成年人的相互影响

沈 杰*

摘　要： 随着互联网成为未成年人生活和学习的一种必需品，他们运用互联网的主要功能正在发生变化，在实际行为和主观感受上都把互联网运用的学习功能放在首位。未成年人互联网运用的自律性总体上在提高。这种状况在一定程度上得益于未成年人与其父母的良性互动。父母对孩子上网表示担忧的一些方面正发生变化，尽管成年人仍然是向未成年人传授互联网知识和技能的主导方，但未成年人向父母传授上网知识和技能的情况逐渐增多。促进两代人在互联网运用上的互助共进，需要不断地更新观念，也需要把代际学习作为应该高度重视的社会文化更新的一种重要机制。

关键词： 未成年人　成年人　互联网运用　代际学习

互联网的兴起和普及引发了社会生活全面而深刻的变化，面对这种新事物和新情况，人们最初的心态可以说是忧大于喜，尤其是在未成年人使用互联网的问题上。对未成年人上网的担忧而不是鼓励构成了成人社会的主导心态，其原因是多方面的：一是，互联网上总不免存在各种各样的消极有害的

---

* 沈杰，中国社会科学院大学研究员、教授。

信息；二是，未成年人思维判断能力尚未成熟，不可能完全避免受到袭扰和侵害。近年来，随着互联网治理的不断深入，信息的复杂程度有所降低。从主体方面看，在互联网运用过程中未成年人自律性的提高则是一个极其重要的因素，促使未成年人在互联网运用过程中从弱势状态转变过来，并改变着成年人对于未成年人使用互联网的担忧内容和程度。未成年人在使用互联网方面朝着更积极的方向变化，有一个重要的原因，即未成年人与成年人之间在互联网运用上良性互动，在这种互动过程中有一些微妙而深刻的变化，值得高度关注和细致探讨。

一　互联网运用上未成年人的自律性正在提高

（一）互联网已经成为未成年人生活和学习的一种必需品

在当今这个急剧变迁的时代，测量变化的时间单位正在变得越来越小。实际上，以五年作为一个时间单位的话，社会客观事物和人们主观层面发生的变化都会在不同程度上十分明显地表现出来。

课题组的调查结果表明，在 2013 年，互联网在未成年人中的普及率已经达到了非常高的程度，其中，在城市未成年人中的普及率超过 92%，在农村未成年人中的普及率超过 80%。在当时，有 61.2% 的城市未成年人和 60.6% 的乡镇未成年人使用手机这一上网的便捷工具。①

而 2017 年底的调查结果显示，在受调查的未成年人中，互联网的普及率高达 98.1%。在上网方式上，用自己手机上网的比例最高，达到 43.2%。有 73.1% 的未成年人有自己的手机。用手机上网的最大特点是随时随地的便捷性。因此，可以说，互联网已经成为未成年人生活和学习的一种必需品。如果用一种需求层次来描述的话，在未成年人的基本需求层次结构中，

---

① 在本报告中，课题组 2013 年的调查数据，请参见李文革、沈杰、季为民主编《中国未成年人互联网运用报告（2013～2014）》，社会科学文献出版社，2014。

上网需求应该处在最基本的需求层面上，因为这一种需求的满足是使其他更多层面的需求得到满足的一种前提或一种方式，例如，沟通与交流的需求、信息获取与求知的需求、表达和参与的需求、利益与价值实现的需求，都可以通过上网来加以满足，从而达成预定的目标。

（二）未成年人互联网运用的主要功能方面正在发生变化

2013 年的调查结果显示，未成年人使用互联网主要以听音乐、玩游戏等娱乐活动为目的，其次是查询资料信息。城市未成年人上网时居于前三的主要活动分别是：玩游戏（占 20.28%）、听音乐（占 17.47%）和 QQ 聊天（占 15.72%）。乡镇未成年人上网时居于前三的主要活动分别是：玩游戏（占 19.9%）、听音乐（占 19.61%）和其他（占 14.47%）。

2017 年的调查结果表明，未成年人使用互联网的主要功能正在发生一些变化，逐渐从原先的以休闲娱乐为主转向了现在的以学习和生活为主。关于互联网运用，在未成年人中，用于"在线学习"的占 33.9%，用于"网络音乐"的占 27.5%，用于"网络新闻"的占 17.8%。可见，占比最大的功能是学习功能。这是未成年人在用网时的实际行为层面的表现。

另外，未成年人互联网运用方面的变化也从他们的主观层面表现出来。调查中，对于"上网给你带来了哪些好的变化"这一问题，选择比例最高（53.6%）的回答是"获取知识变得容易了"，其次（22.8%）是"与人交往变得方便了"，而选择比例第三（仅 9.1%）的是"有了很多新的游戏和娱乐方式"。也就是说，未成年人在主观感受上同样把互联网的学习功能放在了首要位置。

（三）未成年人在互联网运用上的自律性正在逐渐提高

通过纵向的比较可以发现，未成年人每次用网的持续时长出现减少趋势。

2013 年的调查结果显示，"1 小时"左右是未成年人每次用网持续的时间长度，具体情况为，65.67% 的城市未成年人和 57.2% 的乡镇未成年人每

次用网的时间长度控制在 1 小时左右。而在 2012 年，未成年人每次用网持续时间长度 1 小时左右的比例为 54.6%。① 通过对比往年的数据可以发现，未成年人每次用网持续时长呈现减少的趋势，并且城市未成年人每次用网持续 1 小时左右的比例高于乡镇未成年人，换言之，乡镇未成年人单次用网的时长长于城市未成年人。

2017 年的调查结果表明，未成年人每次用网的时长情况是，"半小时左右"的比例最高，为 26.5%；"一小时左右"的比例其次，为 25.0%；"不到半小时"的比例居第三，为 18.1%。

每次用网的时长状况，实际上是与用网所选择的功能联系在一起的。由于未成年人在用网功能方面已经出现一些变化，因此，他们用网的时长也就会相应地发生一些变化。而未成年人每次用网持续时长所出现的这种减少趋势，表明了他们运用互联网的自律性正在提高，理性化程度在提高，目的性有所增强。因此，需要用时则上网，不需要用时就不上网，而不会在无明确之用途的时候也"挂"在网上。未成年人正在改变曾经在某种程度上存在的沉迷网络的形象。

二 互联网运用上两代人之间的相互影响

（一）父母对于孩子上网表示担忧的一些方面正在发生变化

2013 年的调查结果显示，对"父母对你上网担心最多的是什么？"这一问题，在受调查的未成年人中，有 24.1% 的人认为父母"担心上网耽误学习"，有 23.7% 的人认为父母"担心长时间上网弄坏身体/眼睛"，有 21.2% 的人认为父母"担心玩游戏/聊天会上瘾"，有 14.3% 的人认为父母"担心在网上接触不良信息"。这四个方面所占比例八成多。正是由于父母

---

① 李文革、沈杰、季为民主编《中国未成年人新媒体运用报告（2011～2012）》，社会科学文献出版社，2012。

存在着很多担心，于是，他们对未成年人上网所表现出的态度是："不太支持"的占42.5%，"严格禁止"的占3.9%。可见，表示不赞成态度的父母占46.4%。而父母中对未成年人上网"比较支持"的占31.6%，"非常支持"的占4.6%。也就是说，表示赞成态度的共占36.2%。另外，有13.3%的父母表示"无所谓"，有4.1%的父母表示"不清楚"。

2017年的调查表明，对于"你觉得父母对你上网担心最多的是哪方面"这一问题，在未成年人中，认为父母"担心上网耽误时间，影响学习"的人占47.9%，认为父母"担心在网上接触不良信息"的人占34.7%，认为父母"担心玩游戏、聊天会上瘾"的人占9.5%。可以看到，变化较大的一个方面是，"担心玩游戏、聊天会上瘾"的父母比例在减少，这从一个独特而有力的角度说明了未成年人互联网运用的自律性一定程度地提高了，因此，父母对孩子上网的信任程度（具体表现为放心程度）也一定程度地提高了。

（二）父母和孩子在互联网运用方面形成了较为良性的互动局面

2017年的调查结果表明，绝大多数（80.2%）的未成年人在大多数时间里与自己的父母住在一起，8.5%的未成年人在大多数时间里与自己的爷爷奶奶或外公外婆住在一起，9.2%的未成年人在大多数时间里住校，0.6%的未成年人在大多数时间里与亲戚住在一起。可以说，绝大多数未成年人的日常生活尤其家庭生活正常，在大多数时间里与自己的亲人尤其是父母生活在一起。

那么，未成年人与自己父母的交流状况如何？调查显示，有55.5%的人表示与父母之间的感情"很好"，有29.7%的人表示"较好"。也就是说，亲子之间具有良好情感关系的占八成半以上。1.8%的人表示"不太好"，0.5%的人表示"很不好"，另有11.9%的人表示"一般"。

应该说，未成年人与自己父母之间具有良好的情感关系，为他们在使用互联网方面的沟通和互动打下了重要的基础。这一点在父母对孩子用网时间和内容的规定方面尤其明显地表现出来。

在这一问题上，2017 年的调查结果与 2013 年的调查结果相比，出现了一些重要变化。一是，父母对孩子上网"规定时间，也规定内容"的比例有所提高，这说明父母与孩子在上网问题上的沟通和互动更加有序，相互之间有了具体化的约定；二是，父母对孩子上网"都没规定"的比例也有所提高，见表 1。这一情况在对孩子具有高责任感的中国父母中，并不表示多了一些放任，而是应该理解为对孩子上网多了一些信任或宽心。

表 1　"父母对您上网时间和内容有规定吗"：2013 年与 2017 年比较

单位：%

类型	2013 年	2017 年
规定时间，没规定内容	32.6	28.0
规定时间，也规定内容	45.0	50.3
规定内容，没规定时间	4.9	4.2
都没规定	13.4	15.1
其他	4.1	2.4

对于"您的父母教过你一些上网的知识或技能吗"这一问题，2017 年的调查结果显示，"有时会教"的父母占 57.9%，"经常教"的父母占 13.9%。此外，"从来没有教"的父母占 27.6%，"不会上网"的父母占 0.6%。可见，在实际生活中，七成多的父母教过自己孩子上网的知识或技能。亲子两代人之间在上网方面表现出良好的沟通和互动局面。

当今未成年人的父母大多数是 70 后，他们不仅文化程度较高，而且使用互联网已经是他们工作和生活的基本工具和手段。2017 年的调查结果表明，未成年人的父亲和母亲，每天上班时"需要随时使用电脑或上网"的占 16.2% 和 13.6%，"需要经常使用电脑或上网"的占 33.1% 和 29.0%，"需要有时使用电脑或上网"的占 27.2% 和 29.6%，"极少需要使用电脑或上网"的占 20% 和 24.5%。总之，约八成的父母每天上班都不可避免地要使用电脑或上网，因此，他们对于互联网运用已经不陌生了。不会上网的父母仅是极少数，而且比以前大大减少了。

从主观评价上来看，肯定父母对自己用网有帮助的未成年人比例也很高。调查中，让未成年人以 10 分作为满分来评价一下父母对自己用网的帮助情况。给"父母对我上网的帮助"打 6 分的未成年人占 7.2%，打 7 分的占 10.2%，打 8 分的占 15.8%，打 9 分的占 12.9%，打 10 分的占 24.2%。可以看到，给父母打了 8 分以上高分的未成年人占到半数以上。

（三）未成年人向父母传授上网知识和技能的情况逐渐增多

2013 年的调查结果显示，认为父母的上网技术比自己差的未成年人比例，超过了认为父母的上网技术比自己好的未成年人比例。具体情况是，对于"你父母的上网技术和你相比怎么样？"，在未成年人中，有 22.5% 的人认为"比我好很多"，有 14.7% 的人认为"比我好一些"，即共有 37.2% 的未成年人认为父母的上网技术比自己好。有 15.5% 的人认为"和我差不多"。但有 42.4% 的人认为父母的上网技术比自己差（21.1% 的认为"比我差一些"，21.3% 的认为"比我差很多"）。可见，在四年前的未成年人看来，父母的上网技术总体上是不如自己的。

那么，当他们父母上网不会操作的时候，是否向未成年人请教如何解决问题？2013 年的调查结果表明，56.1% 的父母"有时"、22.7% 的父母"经常"、21.2% 的父母"从不"向他们的未成年孩子请教如何解决上网遇到的问题。

2017 年的调查结果显示，当父母上网不会操作的时候，61.6% 的父母"有时"、24.1% 的父母"经常"、14% 的父母"从不"向他们的未成年孩子请教如何解决上网遇到的问题。进行比较之后便可以看出，"有时"和"经常"向未成年孩子请教解决上网所遇到问题的父母比例都有所提高，而"从不"向未成年孩子请教解决上网问题的父母比例下降程度最大。这一切都说明，以父母和孩子在上网方面所形成的良性互动局面作为基础，未成年人向父母传授上网知识和技能的情况逐渐增多了。

三 促进两代人在互联网运用上的互助共进

如果从一种特定的视野来观察的话，可以认为，人类社会的发展演进是经由世代之间的更替所达成的。因此，代际更替既是一种基本的社会传承机制，又是一种基本的社会更新机制。若要认识和理解这两种基本的社会机制的具体运行状况，就必须探究人类社会生活中各种世代的相互关系、互动模式等。

当个体出生之后，必须接受基本的社会化过程从而成长为一个合格的社会成员。在这个基本的社会化过程中，正规的执行者包括家庭、学校、就业机构和社区等。之所以称它们为社会化的正规执行者，是因为它们对个体的影响更主要的是按照社会主流文化的正式要求进行的，其主要特征表现为，由代表社会主流文化的教化者对社会化对象进行教化或影响。相对的情形则表现为，社会化的非正规执行者，包括同辈群体、大众传媒等，之所以称他们是非正规执行者，是因为他们对个体的影响并不一定是按照社会主流文化的正式要求进行的，其主要特征表现为，社会化对象在很大程度上是自主的，或者说，他们在自主地选择和接受来自对方的影响。

从社会化的文化传递方向上看，在以往，基本上都是成年人对未成年人进行教化，或者说，由成年人把生活和劳动的知识、技能和经验传递给未成年人。

然而，社会学家、文化人类学家已经注意到，由于科技革命突飞猛进带来社会变迁的加速，这种在以往占主导地位的由成年人把生活和劳动的知识、技能和经验传递给未成年人的社会化模式已经受到了很大的挑战。至少在三种社会情境下，成年人不得不向未成年人进行某些方面的学习，且这已经成为一种必然趋势：第一种情境是，人们在流动或迁徙的过程中遭遇两种或多种文化交替、碰撞的时候。一个典型的例子是移民家庭。由于年轻人能够较快地掌握当地的语言，所以，他们往往能够向父母提供适应新环境的知识和技能。第二种情境是，当发生急剧的社会变迁而引起社会文化从旧的文化形态向新的文化形态转型的时候，例如，从传统型文化向现代型文化转变的时候，急剧的社会变迁可能使年长一代原有的思想观念过于陈旧，年轻一代则可能由于擅长于探索新问题和敏于接受新信息，从而为其长辈提供新的思想观念和生活方式，如新型的恋爱观、两性行为方式。第三种情境是，对于新技术及其产品的运用在年长者与年轻人之间存在技术和信息差距。当今世界，科学技术的发展日新月异，新科技产品在日常生活中的运用更是令人眼花缭乱。最典型的一个例子是随着新媒体的日益普及，年长一代向年轻一代学习新技术、新媒体运用的现象渐渐成为社会常态。年轻一代不再是知识和技能的被动接受者、运用者，而成为知识和技能的生产者、创造者和主动传播者。以上这三种社会情境下，成年人向未成年人学习的现象，社会学家称之为反向社会化，而文化人类学家称之为后喻文化。

文化人类学家玛格丽特·米德在《文化与承诺：一项有关代沟问题的研究》（1970）一书中，把人类社会发展进程中的社会文化传递模式划分为三种基本类型：前喻文化（老年人楷模文化）、互喻文化（同辈人楷模文化）和后喻文化（青年人楷模文化）。① 这三种社会文化传递类型所代表的文化传递模式，从一个独特的角度反映了社会变迁在文化生产和文化传递上所呈现的新特征，同时也反映了社会的青年化现象或趋势在当今时代更加凸显。

在当前和今后一个时期，为了促使未成年人与成年人在互联网运用上形成互助共帮的更加良好的局面，我们应该从观念层面和践行层面进行以下一些方面的努力。

（一）向成年人学习仍然是未成年人互联网运用的前提和基础

未成年人首先必须向成年人学习，把成年人的社会文化、生活经验和谋生技能等掌握好，并且能够在具体实践过程中加以有效运用。这是基本社会化的题中应有之义。这一内涵具体化到互联网运用上，也不例外。

---

① 参见〔美〕玛格丽特·米德：《代沟》，曾胡译，光明日报出版社，1988。

第一，未成年人首先必须向成年人学习互联网运用的知识和技能。在人的成长过程中，一切生活和劳动的基本知识和技能，都是由成年人传授给未成年人的。在互联网的知识与技能方面，情况也是一样的。当然，在这种传授过程中，除了父母之外，教师和其他成年人也是十分重要的传授者。然而，未成年人具有很强的学习能力，在掌握了最基本的知识和技能之后，他们能够进行自我学习和自我探索，不断拓展自己在互联网运用方面的知识和技能存储。但是，从源头上说，没有成年人最初的传授，未成年人不可能生而知之。

第二，未成年人应该向成年人学习并掌握互联网运用的规范和原则。互联网在一定意义上是"双刃剑"，为了更好地发挥其积极效应而尽量避免其消极效应，成人社会在实践过程中逐渐制定并不断完善了一些关于互联网运用的规范性的制度和原则。① 2006 年 4 月 19 日中国互联网协会发布的《文明上网自律公约》，就是典型一例。它号召互联网从业者和广大网民从自身做起，在以积极态度促进互联网健康发展的同时，承担起应负的社会责任，始终把国家和公众利益放在首位，坚持文明办网、文明上网。作为基本社会化的主要执行者，成年人应该将互联网运用的规范和原则主动传授给未成年人。

可以说，以上两个方面都是极其重要、相辅相成的。一个方面都不能少，一个方面都不能弱，应该同时推进、共同提高。让未成年人从接触互联网那一刻开始，不仅做到"好上网"，而且做到"上好网"、"网上好"，随时间推移而真正感到"上网好"。

（二）理性地直面互联网运用上同辈学习现象的兴起

2017 年的调查结果表明，对于"你现在的上网技能和网络知识主要通过什么途径获得"这一问题，在未成年人的回答中，有 56.5% 的人是从同

---

① 我国从 20 世纪 90 年代以来，在全国层面或在一些地方层面，逐渐出台了一批关于互联网运用的政策、法规和公约等，对人们在各不同领域或在不同行业的互联网运用的规范性、合法性提出了比较全面、细致的要求和限定。

学、朋友那里获得，有22.1%的人是通过自学得来的，有14.8%的人是从老师那里获得的，有5.8%的人是从父母那里获得的，有0.8%的人是通过其他人获得的，见表2。

表2　"你现在的上网技能和网络知识主要通过什么途径获得"

单位：%

同学、朋友	老师	父母	自学	其他人
56.5	14.8	5.8	22.1	0.8

可以看到，未成年人之间的相互交流或同辈学习，已经成为在互联网运用上最主要的知识和技能获得途径或方式。这种现象即文化人类学家米德所称的互喻文化，这是一种同辈人之间互为楷模的社会文化传递类型。从实质上说，互喻文化的特征是现在导向未来，文化传递是在同辈人之间进行的。具体而言，年轻人乃至成年人不是向老年人学习，而是向同辈人学习。

面对这种现象，无论是成年人还是未成年人都应该形成一种明确的认识，以便在态度和行为上能够正确对待和妥善处理与同辈或非同辈人之间的关系。

第一，就成年人而言，应该认识到这种同辈学习现象的出现有一定的社会规律性和历史必然性。互喻文化产生的原因在于，在社会急剧变迁进程中，前辈无法在所有方面向晚辈人提供符合新环境要求的相应的生活知识和行为模式，于是，人们只能以适应性较强的同伴作为自己学习的对象和仿效的榜样。

第二，就未成年人而言，应该认识到这种同辈学习现象有其特定的局限性。在未成年人同辈学习过程中，他们学习的对象是与自己处于大致相同的社会历史背景下成长的人，因此，这些人的生活阅历和人生智慧是有限的，可能优于处理单纯的技术问题，但劣于处理复杂的社会问题；另外，同辈群体在社会化过程中属于非正规执行者，原因在于他们对未成年个体的影响并不完全是按照社会主流文化的正式要求进行的，所以，个体在很大程度上是自主的，可以按自己的偏好自由地选择和接受各种文化的影响。这样的话，

既存在一定程度的文化创新的可能，与此同时，也存在偏离社会主流文化规范的风险。

（三）向未成年人学习是成年人互联网知识更新的途径

社会运行并不是循环往复地持续的，而是按照新陈代谢规律前进的。换言之，社会运行除了需要传递和继承的机制之外，还需要创新和更替的机制。而年轻人不仅天生拥有创新的基因，而且还善于发挥这种基因的作用，总是站在社会变迁的前沿做出思考和进行行动。

在社会文化的代际传递研究方面，尤其是在对年轻一代向年长一代传递文化的研究上，文化人类学家米德提出了后喻文化或青年楷模文化的学说，而社会学家也提出了反向社会化的概念。在基本的社会化进程中，文化传递的方向是从成年人向未成年人的，而当年轻人向年长一代传递文化时，就是所谓的反向社会化。与基本社会化的方向相反，年轻人成为知识和技能的传授者，而年长者成为知识和技能的接受者。

在一个社会中，后喻文化或反向社会化机制会表现出多重功能：一是，促进成年人向年轻人学习，使自身的知识和技能得到更新，这对于成年人的社会适应性的提高将产生助益；二是，促进代际感情的融洽和知识差距的消除，这对整个社会的有序运行将具有维护作用；三是，促进社会结构和文化模式的变革，对于体系新要素和文化新基因的生长都将会发挥催生效应。总之，后喻文化或反向社会化现象的形成，充分反映了现代社会和历史发展所赋予年轻人的独特而重要的社会角色和代际地位特征。

（四）代际学习是互联网文化创新和发展的根本机制

当今世界，科技革命的迅速推进导致社会发生巨大而深刻的变革，从一定意义上说，人类生活在一个日益陌生的环境当中，时时处处都不免要面对复杂多变的局面。在这样的情势下，各代人都会遇到此前不曾遇到的生活、工作和精神难题：首先，年长一代的知识、技能和经验等十分容易失效，因此，有时很难对年轻一代做出全面、及时和有效的指导；其次，在已经没有绝对权威的情况下，社会成员中尤其是同辈人中的那些反应较快、适应性较强的同伴便可能成为其他人学习的对象和仿效的榜样。但是，这种相互学习常常是以缺乏较深厚的历史经验作为代价的；最后，由于年轻一代对新环境具有较强的适应能力，他们潜在的创新性使其有可能创造出新的知识和技能，从而引领不同代的人们前行。然而，这种作用的前提和基础则是年轻一代必须首先从年长一代那里继承下基本的生活知识、技能和经验，否则，一切的创新与发展就会是空中楼阁。

因此，面对一个史无前例的陌生而复杂的世界时，更强大的适应性和应变力的培养或塑造，已经不是单一方面即可胜任和完成的事，换言之，不同世代人们之间的合作和创造，将是促进包括互联网文化在内的一切社会文化创新和发展的根本机制。

如果说，从前喻文化到互喻文化，再到后喻文化表现出了在社会结构变迁进程中社会文化更替规律的话，那么，这种规律可能在社会呈线性发展的历史时期表现得更加突出一些。在当今时代这种多元时空的社会格局中，未成年人向成年人学习、未成年人之间相互学习、成年人之间相互学习、成年人向未成年人学习，都是社会应对共同难题和寻求崭新进展所必需的一种强有力的文化传承、文化运行和文化创新的机制。

参考文献

李文革、沈杰主编《中国未成年人互联网运用报告（2009~2010)》，社会科学文献出版社，2010。

李文革、沈杰、季为民主编《中国未成年人新媒体运用报告（2011~2012)》，社会科学文献出版社，2012。

李文革、沈杰、季为民主编《中国未成年人互联网运用报告（2013~2014)》，社会科学文献出版社，2014。

沈杰：《青年社会学的基本理论视角》，《北京青年研究》2014年第3期。

〔美〕玛格丽特·米德：《代沟》，曾胡译，光明日报出版社，1988。

B.9
城乡未成年人互联网运用行为特征比较

董艳春*

摘　要： 第九次中国未成年人互联网运用状况调查显示，与农村未成年
人相比，城市未成年人首次触网年龄偏低、上网更为频繁；与
城市未成年人相比，农村未成年人上网更依赖于手机、单次上
网时间更长；而城乡未成年人在常用网络功能、获取新闻渠道
等方面差异不大。本报告分析了城乡未成年人互联网运用行为
中存在的问题及其原因，并在此基础上提出改善移动互联网监
管缺位状况、明确城市家长上网引导首要责任、发挥农村多元
主体引导作用等有利于促进未成年人健康上网的建议。

关键词： 未成年人　互联网运用　城乡比较

当前阶段的未成年人基本上都出生于"千禧年"之后，而这一时期中
国经济的快速发展以及互联网普及率的不断提高，使得未成年人拥有更多的
机会接触网络。在由中国社会科学院新闻与传播研究所、中国少年儿童发展
服务中心等机构联合组织开展的"我国未成年人互联网运用状况和阅读实
践调查"中，调查结果显示98.1%的受调查未成年人上过网。本次调查还
分别关注了城市未成年人和农村未成年人，就本报告而言，所谓的城市未成
年人主要是指家庭所在地为县城及以上级别城市的未成年人，而农村未成年
人主要是指居住在乡镇和农村的广大未成年人。这是两个居住地不同的未成

＊　董艳春，天津商业大学公共管理学院讲师。

年人群体，其互联网运用的基本状况和具体行为不尽相同，本报告希望在明确他们各自上网行为特征的同时，进一步探讨城乡未成年人互联网运用行为的共同点和差异性。

一 城乡未成年人互联网运用行为的基本状况及其特征

本报告主要依托"第九次中国未成年人互联网运用状况调查（2017）"问卷中有关"互联网运用状况"这一部分的内容，并结合个人背景资料中有关家庭住址的题目，借助 SPSS 软件交叉分析得到数据，进而从上网工具选择、首次触网年龄、上网间隔频率、单次上网时长、常用网络功能、新闻获取渠道六个方面着手，对城乡未成年人互联网运用的基本状况及行为特征进行对比分析。

（一）农村未成年人对手机上网的依赖程度较高

从统计数据来看，伴随着手机等移动通信设备普及率的提高，在选择上网地点和上网工具时，42.8%的城市未成年人和44.2%的农村未成年人首选的是用自己的手机上网，见图1；同时还有18.1%的城市未成年人和21.9%的农村未成年人选择用家人的手机上网，因此从整体上看农村未成年人使用手机上网的比例要比城市未成年人高出5.2个百分点。就常见的上网地点（如家里、学校、网络等）而言，家里仍然是未成年人上网的最主要地点，而且在家里上网的未成年人的占比，要明显高于在学校和网吧上网的情况。另外，特别值得注意的是，与四年前相比，城乡未成年人选择在网吧上网的概率，有了大幅下降。2013年的调查数据显示，当时选择在网吧上网的城乡未成年人占比分别为1.84%和3.2%[①]；而此次调查数据显示，这两个未成年人群体占比分别下降到了0.2个百分点和0.6个百分点，这一情况反映了近几年我国互联网特别是移动互联网普及程度大大提高的社会现状。

---

① 李文革、沈杰、季为民：《中国未成年人互联网运用报告（2013~2014）》，社会科学文献出版社，2014，第53页。

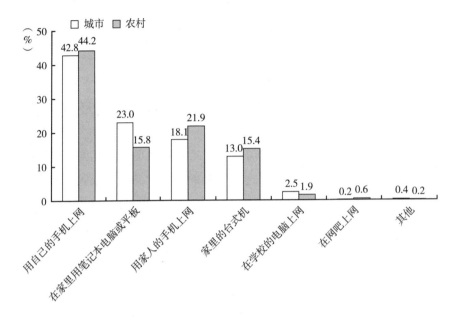

图1　城乡未成年人上网工具比较

（二）城市未成年人首次触网年龄偏低

调查结果显示，首次触网年龄在10岁以下的城市未成年人占比为72.3%，高出同年龄段农村未成年人所占比重59.6%，特别是在5岁和6岁这两个年龄段，其中首次触网年龄为5岁的城市未成年人所占比重为5.7%，明显高于农村未成年人所占的2.5%，同时首次触网年龄为6岁的未成年人群体中，城市未成年人所占比重要比农村未成年人高出5个百分点，具体情况如图2所示。与之相反，农村未成年人中有34.2%的人首次触网年龄在10岁及以上，而这一数据在城市未成年人中仅约为两成。因此，与农村未成年人相比，城市未成年人的首次触网年龄偏低。

（三）城市未成年人上网频率更为频繁

调查结果显示，首先，城乡未成年人上网频率以"一周一次"最为常见，其中城市未成年人占比为29.8%，农村未成年人占比为34.2%，如图3

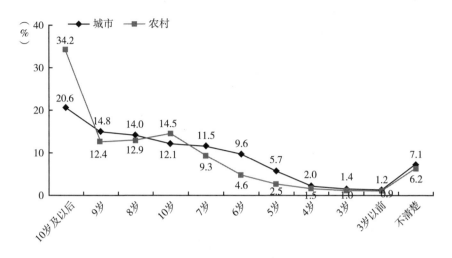

图2 城乡未成年人首次触网年龄比较（2017）

所示；而在"半周一次"的上网频率下，城乡未成年人差别不大，数据依次为14.0%、12.2%。其次，在上网频率以"天"为单位进行计量时，城市未成年人占比高于农村未成年人，其中上网频率为"一天多次"的城市未成年人所占比例为14.9%，明显高于农村未成年人的10.9%；而上网频率为"一天一次"的情况下，城市未成年人所占比重比农村未成年人高出0.2个百分点。再次，上网频率以"月"为单位进行计量时，城乡未成年人的上网频率相差不多，但是值得注意的是，在上网间隔时间较长的"一月一次"情况下，农村未成年人所占比重高出城市未成年人一倍多。

（四）农村未成年人单次上网时间较长

调查结果显示，城乡未成年人单次上网时长，均以"半小时左右"及"一小时左右"为主，其中城市未成年人占比合计为51.5%，农村未成年人占比合计为51.7%，如图4所示。但是在单次上网时长不到一个小时的情况下，城市未成年人所占比例较高，为45.8%，而农村未成年人所占的这一比例仅为42.0%。同时，在上网时长为"一小时左右"及超过这个时长的各阶段单次上网时长方面，农村未成年人所占比重都高于城市未成年人。

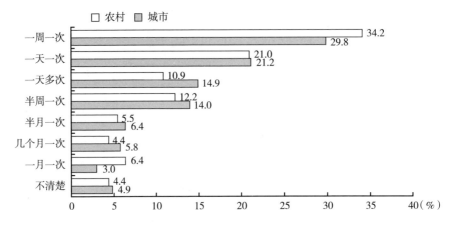

图3 城乡未成年人上网频率比较（2017）

在单次上网时间为"一小时左右"的情况中，农村未成年人占比高于城市未成年人2.5个百分点；在单次上网时长为"两小时左右"的情况下，农村未成年人占比略高于城市未成年人；在考察单次上网时长为"三小时左右"的情况时，城市未成年人占比为4.6%，而农村未成年人占比为4.8%；在考察单次上网时长为"四小时左右"的情况时，城市未成年人占比为2.5%，而农村未成年人占比为3.1%；值得注意的是，在单次上网时长为"五小时及以上"的情况中，农村未成年人占比为5.0%，明显高于城市未成年人的3.5%。这些数据充分说明，与城市未成年人相比，农村未成年人的单次上网时间较长。

（五）城乡未成年人常用网络功能差异不大

调查数据显示，在未成年人上网运用的主要功能方面具有高度一致性，城乡未成年人最经常使用的网络功能均以与休闲娱乐相关的内容为主，其中居于前四位的依次是网络音乐、QQ聊天、在线学习、网络游戏，如图5所示。在被调查的未成年人中，一半左右的未成年人用得最多的网络功能是网络音乐，其中农村未成年人占比51.1%，略高于城市未成年人的48.2%；45.3%的农村未成年人和42.9%的城市未成年人第二个常用的网络功能是

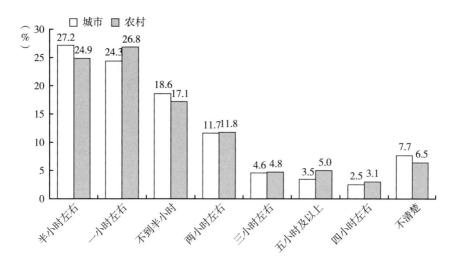

图4 城乡未成年人上网时长比较（2017）

QQ聊天；越来越多的未成年人开始重视网络学习的功能，城市和农村未成年人占比依次为41.1%、43.6%；另外有31.1%的城市未成年人和27.1%的农村未成年人，上网主要是为了打网络游戏，值得注意的是，网络游戏在未成年人常用网络功能中的排名，由四年前的第一位下降到现在的第四位①。另外有一到两成的城市和农村未成年人会选择运用网络视频、搜索、微信等即时通信、网络文学等互联网功能。此外，网络的其他功能如网络购物、博客、论坛、电子邮件、网络直播等互联网功能，城市和农村未成年人使用概率都比较低，而且城乡未成年人之间并不存在显著性差异。

（六）城乡未成年人新闻获取途径较为一致

调查统计数据显示，城市未成年人和农村未成年人在获取新闻时，首选的三个常用途径依次是微信、电视、新闻网站。微信作为一种以沟通为目的的即时通信工具，在城市和农村未成年人中受到普遍欢迎，其中48.2%的

---

① 李文革、沈杰、季为民：《中国未成年人互联网运用报告（2013～2014）》，社会科学文献出版社，2014，第56页。

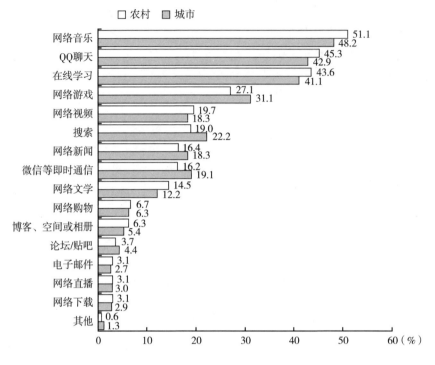

图5 城乡未成年人常用网络功能比较（2017）

城市未成年人和51.8%的农村未成年人，获取的新闻信息主要来自微信；电视作为可视化传统媒体，也受到了四成以上城市和农村未成年人的普遍欢迎；而经常使用新闻网站的城市未成年人和农村未成年人所占比例分别为29.7%和30.2%，如图6所示。另外有约两成的城乡未成年人还会通过微博、搜索、新闻客户端（App）等途径获取新闻。值得注意的是，无论是城市未成年人还是农村未成年人，均较少使用报纸、广播等传统新闻传播媒介来获取新闻。

二 城乡未成年人互联网运用行为存在的问题及其原因

通过上述统计数据分析，不难发现城市未成年人和农村未成年人在互联网运用方面的差异并不是特别明显，这主要体现在常用网络功能、新闻获取

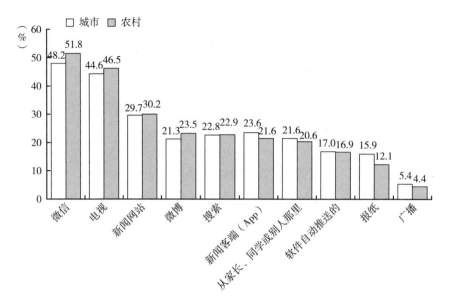

图6 城乡未成年人新闻获取途径比较（2017）

渠道两个方面；但是在其他四个方面，即上网工具选择、首次触网年龄、上网间隔频率、单次上网时长方面，城乡未成年人之间还存在着一定差距。

（一）城乡未成年人对手机上网的过度依赖现象值得关注

中国互联网络信息中心的统计报告数据显示，截至2018年6月，中国手机网民数量达到了7.88亿人，同时网民中使用手机上网的人群占比，从2017年的97.5%上升到了98.3%，网民手机上网比例持续上升[1]。从未成年人互联网运用的调查数据来看，城乡未成年人都出现了过度依赖手机上网的现象，调查数据显示，60.9%的城市未成年人，以及66.1%的农村未成年人，都选择通过手机上网。究其原因主要体现在四个方面：其一，手机具备的便捷、隐蔽、时尚等特性，对未成年人具有很强的吸引力；其二，社会转变带来的必然选择，随着经济的快速发展，生活节奏不断加快，人们的沟通交流模式也在发生变化，未成年人适应能力强且很容易接受新事物；其

---

① 中国互联网络信息中心：《中国互联网网络发展状况统计报告》，2018年8月，第20页。

三，家庭教育不当，当家长疏于对未成年人上网的管教时，很容易造成未成年人对手机上网的依赖；其四，与未成年人自身特质有关，未成年人通常具有较强的好奇心，求知欲也强，很容易被非富多彩的手机网络吸引。

（二）城市未成年网民年龄低、上网勤的问题值得思考

调查数据显示，与农村未成年人相比，城市未成年人首次触网的年龄偏低，特别是在 5 岁、6 岁触网的比重较大；而且上网更为频繁，一天多次上网的现象较为常见。而在现实中则表现为很多未成年人经常在电脑、手机、电视屏幕间切换，这种现象会对未成年人的身体素质、心理健康、交流能力等产生较大的负面影响。这种"屏奴"低龄化现象①，与一些家长的无视甚至可以说是纵容密切相关。一些家长在孩子很小时，不但自身沉迷于移动互联网，甚至为了安抚吵闹的孩子、打发时间等，习惯将手机、iPad 等拿给孩子玩。同时在"触屏"低龄化问题上，也凸显了一些企业社会责任的缺失：缺乏信息过滤机制，没能采用技术手段屏蔽那些不适合未成年人观看的内容。

（三）农村未成年网民单次上网时间过长应该引起注意

调查数据显示，与城市未成年人相比，农村未成年人单次上网的时间较长，约两成的农村未成年人，每次上网的时间都在 2 小时及以上，其中更有约一成的农村未成年人每次上网时间都在 3 小时及以上。长时间盯着屏幕，会对未成年人的眼睛、颈椎等产生危害，当其浏览的网络内容不当时，也会产生心理上的负面影响。总之，经常性的长时间上网，会对未成年人的身心健康产生较大危害。导致这种现象的原因，可以从主客观两个方面进行分析。客观方面，伴随着社会发展模式的转变，许多农村的人开始通过外出打工的方式谋生，将孩子留在老家跟着自己的父母生活和学习，这些留守儿童在祖父母溺爱或者监管不到位的情况下，很容易出现长

---

① 何勇海：《未成年"屏奴"过亿的忧患》，《视野》，2014，第 22 页。

时间上网的情况；主观方面，未成年人好奇心强而自我控制能力又比较弱，很容易被网络里的多彩虚拟世界吸引，深陷其中而不能自拔，致使单次长时间上网。

（四）城乡未成年人互联网运用行为差异日趋减小

我国长期以来实行的城乡二元制，使得城市和农村在许多方面存在较大差异，但是近年来伴随着国家制定和实施一系列农村发展战略规划，如"三农"战略、城乡统筹战略、城乡一体化发展战略、乡村振兴战略等，我国广大农村地区得到良好发展，城乡之间的差距越来越小。以全国居民人均可支配收入为例，2016 年城镇居民人均可支配收入为 33616 元，农村居民人均可支配收入为 12363 元，城乡居民人均可支配收入的差距比 2015 年缩小[①]。就未成年人互联网运用而言，城乡收入差距缩小最直接体现为农村购买手机、电脑等现代化信息设备的家庭增多，伴随而来的就是城乡未成年人在上网方面趋向同步，而互联网信息和应用本身所具有的开放性、平等性等特点，以及未成年人群体自身特点、关注焦点等因素，使得城市和农村未成年人在常用网络功能、新闻获取途径方面，所呈现出来的差异性日趋缩小，这在一定程度上正体现出了信息社会的优越性。

三　对策建议

当前我国未成年人积极参与到互联网运用的各个方面，这是时代发展的必然，也体现出未成年人对网络世界的强烈好奇心，但是未成年人由于受自身鉴别和选择能力所限，在正确和合理运用互联网方面，需要国家、社会和家庭给予足够的关注和引导，同时也需要未成年人自身不断提高运用互联网的各种能力。因此，针对上文所述城乡未成年人互联网运用中的不当行为和

---

① 中华人民共和国中央人民政府：《2016 年全国城乡收入差距进一步缩小》，http：//www. gov. cn/shuju/2017 - 01/23/content_ 5162411. htm，2018 - 3 - 17。

各种问题，提出如下对策建议，以期对我国未成年人在互联网运用方面起到保护和推动作用。

（一）改变未成年人移动互联网运用的监管缺位状况

移动互联网是指以各种不同类型的移动终端作为接入设备，并使用各种不同的移动网络作为接入网络，进而实现了传统移动通信、传统互联网检索，以及各种各样的融合性创新服务的新型业务模式①。移动互联网主要呈现三个特点：第一，应用场景日趋丰富，以手机为中心的智能化设备，推动信息时代实现了"万物互联"，构筑了多种智能化的应用场景；第二，移动终端服务功能不断扩大，各类综合移动服务平台通过融合社交、金融、交通等功能，而不断扩大服务范围和影响领域；第三，移动数据量加速增长，通过与大数据处理技术相结合，创造出了许多新型的互联网产业②。特别是移动互联网方面的创新产品和技术，正迎合了猎奇心理比较重的未成年人。伴随着移动互联网特别是手机这种轻便互联设备的大力普及，未成年人采用手机上网也越来越普遍，手机上网在丰富了广大未成年人学习和生活的同时，也很容易使他们沉迷于基于移动互联网才能使用的手机功能，甚至出现了未成年人手机上网成瘾的现象③，如沉迷于手机网络游戏、手机网络电视剧等，这些都会对未成年人身心健康造成危害，进而影响到他们日常的学习和生活，因此防止未成年人过度依赖手机上网刻不容缓。

建议从多个层面改变未成年人移动互联网运用监管不力的情况，以指导城乡未成年人实现对移动互联网的合理运用。第一，在国家层面，通过立法手段加大对未成年人上网的监管力度，如我国可以在现有未成年人保护法律的基础上，出台专门的《未成年人网络保护法》，而且要专门针对未成年人

① 吴吉义、李文娟、黄剑平、章剑林、陈德人：《移动互联网研究综述》，《中国科学信息技术》2015年第1期。
② 中国互联网络信息中心：《中国互联网络发展状况统计报告》，2018，第22页。
③ 符明秋、校嘉柠：《未成年人手机成瘾的原因、危害与预防》，《成都理工大学学报》（社会科学版）2014年第2期。

移动互联网保护做出具体规定，实行未成年人上网实名制，同时提高对未成年人手机接入内容的过滤程度，同时还要明确移动互联网的服务提供商、通信运营商以及移动互联网监管部门等主体机构各自承担的法律责任。第二，在社会层面，加强移动互联网行业自律和社会监督，发挥移动互联网运营、服务等行业主体机构的行业自律作用，杜绝不良信息的制作、上传、复制；加大技术开发力度，如通过技术开发而建立移动互联网的分级管理机制，当未成年人通过手机接入网络时，运营商需要先验证其身份信息，再向未成年人提供适合其年龄的服务[1]。第三，在学校层面，积极开展有关未成年人网络素养的教育活动，网络素养主要指人们在认识网络、利用网络、参与网络等方面的基本能力，包括开发和利用网络积极功能的能力，认识和学习相关法律和行为规范的能力，防范和抵制网络消极作用的能力，分析和判断网络内容的能力[2]；教育部门尤其是面向小学生、中学生的教育机构，应将网络素养教育逐步提高到素质教育、公民教育的高度上来，并真正地将网络素养教育落到实处，即将这项教育作为十分重要的环节融入未成年人的教育体系中去。第四，在家庭层面，努力营造一个良好的家庭氛围，父母及其他未成年人的监护人，应当树立正确的家庭教育观念，应加强与未成年子女的交流与沟通，不仅要关心他们的学习情况，更应关心他们的生活状况，同时还要了解他们的思想意识、心理动态，关注他们的上网内容以及经常接触到的信息等。此外，家长还要积极主动地学习网络知识，从而更好地帮助未成年人正确使用移动互联网。

（二）明确家长承担引导城市未成年人上网的首要责任

城市未成年人的互联网运用，已经进入一个较为完善、极为普遍的状态。城市未成年人的互联网利用，更多地表现为以个人和家庭为单位，在较

---

[1] 梁文悦、黄燕银：《未成年人手机上网谁来规范监管》，《南方日报》2013 年 3 月 27 日第 A13 版。

[2] 吴庆：《未成年人网络问题的公共治理——世界的经验及对中国的启示》，《中国青年研究》2006 年第 8 期。

为封闭的环境中进行互联网运用①。因此，可以说城市未成年人主要是借助自己和父母的力量与社会经验，来选择、控制、约束自己的互联网运用行为，这样就会由家庭经济社会地位、父母接受教育程度、父母教育观念等方面的不同而造成未成年人互联网运用上的行为差异。同时，未成年人对网络功能、网络技术、网络安全等的了解十分有限，而且未成年人及其父母也很少会主动、经常地与他人交流网络运用的问题。从这一整体情况来看，可以说在保护城市未成年人身心健康、引导城市未成年人正确和合理运用互联网方面，父母扮演着最为重要的角色。因此，就城市未成年人而言，家长应该承担更多的上网引导和网络教育的责任。

第一，改变家长的网络教育观念。家长是未成年人首要的老师，不仅要在客观上制定合理的子女上网计划，更要从主观上进行积极引导、以身作则；家长不能指望未成年人能够很好地实现自我控制，也不能盲目地采取强硬打压的措施，而要采用合理的方式将爱子女的心情抒发出来，更要注重对未成年人上网的言传身教，同时要杜绝以延长上网时间为诱饵鼓励孩子搞好学习等不合理想法。第二，强化家长的网络防范意识。现在家长都为孩子配置了手机，其最主要的目的是加强与子女的联系，以便在遇到紧急情况时，在第一时间将预警信息告知自己的孩子，但是未成年人的年龄较小，自控力较差，更容易被手机网络内容吸引，甚至深陷其中不能自拔。第三，转变家长的上网干预方式。家长对未成年人上网的干预方式，主要可以划分为限制型干预和积极型干预，限制型干预意味着制定互联网利用的规则，例如限定未成年人利用网络的时间、限制他们对特定互联网应用的获取等；积极型干预如父母在子女身旁，观察其上网行为、与其讨论上网等。研究结果表明积极型干预效果更好②。因此，家长要更多地采用具有同步性质的积极型干预措施，而尽量少采用属于事前干预的限制型

---

① 王平、袁珍珍：《城市未成年人互联网利用行为差异：表现与关联——来自中国某中部城市的样本分析》，《图书情报工作》2017 年第 2 期。

② 王平：《国外未成年人互联网安全利用研究：进展与启示》，《情报资料工作》2018 年第 1 期。

干预措施。第四，制订家庭教育计划，从而更好地指导年幼未成年人的互联网活动。就年龄较小的孩子而言，应该针对他们加强专门的陪护与引导，包括和他们一起阅读电子书，教他们与亲戚朋友在网上视频聊天和交流，为孩子寻找一些互动性强、安全性高、趣味性浓的儿童网络活动项目，同时还要向他们普及如何辨别坏消息、如何保护个人与家庭隐私等网络安全知识。

（三）发挥多元主体对农村未成年人上网的引导作用

调查数据显示，在农村上网的未成年人中，约两成的人每次上网时间在 2 小时及以上。长时间上网给未成年人带来的最大影响，主要是危害他们的身体健康，这种不良影响表现在多个方面。其一，未成年人在玩手机时，眼睛会长时间盯着电子显示屏幕，这很容易导致视力的下降；其二，未成年人长时间低头玩手机的这一姿势，会对颈椎部位造成很大的压迫，损害颈椎健康；其三，沉迷于长时间上网，也会占用未成年人大量的体育锻炼时间，使得正处于长身体阶段的未成年人的健康成长受到威胁；第四，长期沉迷于上网，除了占用未成年人大量的时间，以及影响未成年人的身体健康外，更为严重的是阻碍了他们的学习进步、与人交流；假如未成年人接触到大量网络不良信息，则有可能走上违法犯罪的道路。

农村未成年人群体的生活和学习环境具有自身的特性。一方面，伴随着人们物质生活水平的提高，社会上的各种高科技产品层出不穷，很多家长希望通过购买电脑、手机等科技产品，帮助孩子学习更多知识；另一方面，很多家长外出谋生时将孩子寄养在祖父母家的状况，则造成农村未成年人家庭教育缺失的现实，而家庭教育的缺失以及祖父母监管的不到位，很容易使孩子养成我行我素、自由散漫、不服管教等不良习惯[1]。因此，建议外出打工的家长，在条件允许的情况下，尽量将未成年子女带在身边，即使不能带在身边也要加强与孩子的沟通与联系，以便对未成年人上网行为进行引导和监管。

---

[1] 迟英杰、费喜报：《农村留守儿童成长教育问题的研究》，《吉林教育》2017 年第 40 期。

目前，在农村未成年人上网监管方面除了家长缺位以外，农村未成年人互联网利用的社会支撑网络，也是相对欠缺和不完善的，学校、企业、媒体等关联者，并没有较多的参与痕迹。因此，建议社会更加关注农村未成年人的互联网运用行为。第一，建议农村学校通过开设指导未成年人上网课程的方式，正确引导农村未成年人合理运用互联网，重点关注那些留守儿童的上网情况，及时发现和纠正未成年人的不良上网习惯。第二，互联网企业要明确其在保护未成年人健康上网方面所应该承担和履行的社会责任，就如何规范网络内容、如何引导农村未成年人正确利用网络等问题，制订出具体合理的措施，为未成年人上网创造一个良好的网络环境。第三，新闻媒体可以通过关注和报道有关农村未成年人互联网运用的现状，以及个别具有代表性的案例等方式，呼吁社会各界关注农村未成年人上网问题，并号召全社会一起努力为农村未成年人互联网运用创造一个良好的社会环境。

（四）启发未成年人充分运用互联网的学习辅助功能

未成年人是利用互联网的新生力量，他们也是未来信息时代网络社会的主体。研究与解决未成年人互联网利用问题，不仅关乎未成年人的个体发展，更关乎当前社会的信息公平，以及未来社会的信息发展。无论是关心未成年人的信息行为还是关心其互联网利用，我们关心的都是同一个问题，即在信息与通信技术广泛应用的社会环境下，如何提升未成年人的行动自主权与能力[1]。但是从未成年人最常用的互联网功能来看，调查数据显示了未成年人对网络游戏、网络娱乐、网络社交的绝对偏好，而他们对互联网的辅助学习、查找资料、信息检索等功能的需求明显不足，同时运用网络进行扩展阅读、学习创新的概率则更小，由此可见，整体而言未成年人互联网运用呈现娱乐化特性，长此以往这很容易使未成年人产生认识偏差和行为失调[2]。

---

[1] 刘虹、周伶：《手机新媒体对未成年人思想道德建设的影响及对策》，《现代教育管理》2010年第1期。

[2] 毛振华：《未成年人使用互联网日趋低龄化》，《中国消费者报》2015年5月27日第B02版。

信息社会使得互联网成为人们日常生活、学习、工作所必不可少的一部分，人们不能再采用"堵"的方式强迫未成年人远离网络或者拒绝网络娱乐，而应该采用"疏"的方式引导未成年人正确运用互联网。更何况网络上的一些电子读物、网络公开课等内容，都在一定程度上为未成年人提供了丰富的学习资源，使得他们有更为开阔的视野，因此，家长不能强硬阻挡未成年人和网络世界的接轨。况且即使之前被视为洪水猛兽的网络游戏，在当今社会也在被逐渐认可和接纳，同时很多益智类网络小游戏，也深受家长和孩子欢迎。因此，在越来越重视全民学习、终身学习的时代，建议在整个社会环境中，不断引导未成年人更多地运用互联网的学习辅助功能。

第一，设立和完善未成年人专属网站，尤其是增加一些互动性的网络平台，提高网络版面的活泼性，进而提升未成年人对专属网站的关注程度和参与力度；也可以通过学校推荐、家长引导、媒体推介等方式，使未成年人专属网站能够经常性地进入未成年人网络运用的视野中。第二，建立少儿数字图书馆、数字图书馆服务终端 App 等，为未成年人提供量身定做的图书馆服务，向未成年人进行书目推荐，提供书评、点评与反馈的内容和渠道①。第三，积极开发互联网的学习辅助潜力，当前的网络在线课程，普遍具有内容前沿、形式多样、交互性强等特点，中小学教师可以通过网络课程与传统课堂相结合的方式，充分发挥网络的学习辅助功能。第四，在保持互联网休闲和娱乐功能的同时，将学习性知识融入其中，这种寓教于乐的网络学习形式，更符合未成年人的偏好，更能激发他们的学习兴趣。第五，充分发挥互联网的科普功能，未成年人是网络科普的主要对象②，因此倡导科普网络资源与科学课程有机结合，提升内容匹配度，教师应该成为未成年人合理利用网络科普资源的向导，引导未成年人充分利用网络学习，提升对科学的兴趣，使互联网成为帮助未成年人了解和认识世界的大舞台。

① 冯蕙儒：《"互联网＋"公共图书馆服务未成年人的探讨——构建为未成年人服务的个人互联网图书馆》，《河南图书馆学刊》2015 年第 12 期。
② 汤成霞：《网络科普现状及发展策略》，《科协论坛》2014 年第 11 期。

参考文献

迟英杰、费喜报：《农村留守儿童成长教育问题的研究》，《吉林教育》2017年第40期。

冯薏儒：《"互联网＋"公共图书馆服务未成年人的探讨——构建为未成年人服务的个人互联网图书馆》，《河南图书馆学刊》2015年第12期。

符明秋、校嘉柠：《未成年人手机成瘾的原因、危害与预防》，《成都理工大学学报》（社会科学版）2014年第2期。

何勇海：《未成年"屏奴"过亿的忧患》，《视野》，2014，第22页。

梁文悦、黄燕银：《未成年人手机上网谁来规范监管》，《南方日报》2013年3月27日第A13版。

李文革、沈杰、季为民：《中国未成年人互联网运用报告（2013～2014）》，社会科学文献出版社，2014。

刘虹、周伶：《手机新媒体对未成年人思想道德建设的影响及对策》，《现代教育管理》2010年第1期。

毛振华：《未成年人使用互联网日趋低龄化》，《中国消费者报》2015年5月27日第B02版。

汤成霞：《网络科普现状及发展策略》，《科协论坛》2014年第11期。

王平、袁珍珍：《城市未成年人互联网利用行为差异：表现与关联——来自中国某中部城市的样本分析》，《图书情报工作》2017年第2期。

王平：《国外未成年人互联网安全利用研究：进展与启示》，《情报资料工作》2018年第1期。

吴吉义、李文娟、黄剑平、章剑林、陈德人：《移动互联网研究综述》，《中国科学：信息技术》2015年第1期。

吴庆：《未成年人网络问题的公共治理——世界的经验及对中国的启示》，《中国青年研究》2006年第8期。

中国互联网络信息中心：第41次《中国互联网络发展状况统计报告》，http：//www.cnnic.net.cn/hlwfzyj/hlwxzbg/hlwtjbg/201803/t20180305_70249.htm，2018－1－31/2018－3－17。

中国互联网络信息中心：《中国互联网络发展状况统计报告》，2018。

中华人民共和国中央人民政府：《2016年全国城乡收入差距进一步缩小》，http：//www.gov.cn/shuju/2017－01/23/content_5162411.htm，2017－1－23/2018－3－17。

B.10
城乡未成年人互联网认知及态度比较

季芳芳*

摘　要：　基于调查发现，网络是城乡未成年人进行放松娱乐、在线学习以及社会交往的重要工具，在线学习成为城乡未成年人网络生活的重要部分，多数城乡未成年人在不同渠道曾遭遇负面信息或者被盗号等网络事件，相较城市未成年人，农村未成年人更容易遭遇被盗号、被网友骂等网络负面事件。相较农村学校，城市学校更倾向于提供网络教育课程。农村父母更倾向于向未成年人请教上网知识。建议：家长、学校以及政策制定者需要尊重未成年人对互联网的主动利用，并加以引导；需清楚认识互联网对城乡未成年人的负面影响，将新媒体教育纳入正规的学校课程；考虑到城乡差异，需重视农村未成年人网络教育，并采用在线课程、在线互助社群等措施，满足农村未成年人的认知需求，并助其规避网络风险。

关键词：　城乡未成年人　互联网　认知　态度

一　前言

互联网为未成年人的学习和发展提供了极好的机会，然而，互联网同样也是难以控制的，有可能使未成年人遭受危险。那么未成年人是如何认识互

＊　季芳芳，中国社会科学院新闻与传播研究所副研究员。

联网的利弊的？存在怎样的网络风险？家长、学校以及政策制定者在引导未成年人充分利用互联网完善自我的同时，又该采取怎样的措施避免互联网的负面影响呢？从认知与态度的研究路径出发研究未成年人与网络，可以规避技术决定论的思路，同时意味着从童年生活建构、家庭代际互动等视角，来研究网络之于未成年人的意义以及相应的应对方法。

中国未成年人对网络利弊的认识、网络安全意识以及未成年人父母、学校的网络引导等问题引起了研究者的兴趣。"中国未成年人互联网运用状况调查"结果为关于中国未成年人互联网认知和态度的相关疑问提供了答案。在未成年人网络研究这个领域，城乡作为一个变量也引起了研究者的关注。基于"中国未成年人互联网运用状况调查"，本研究将对以下问题进行探讨：城乡未成年人对网络的正、负面影响具有怎样的认知？对自身信息辨别能力有怎样的认知？对于可靠信息来源有着怎样的认知？本次调查将学校所在地分成省会城市、县区和乡镇，本文中关于"城"的数据对应的是学校所在地为省会城市以及县区的数据，而"乡"的数据则是指学校所在地为乡镇的数据。本文以引导未成年人更加有效地利用互联网提供的机会并且规避互联网的风险为目的，从若干方面对城乡未成年人对互联网的认知和态度进行比较分析，期望基于数据结果探究城乡未成年人网络态度，并就数据结果做出建议。

二　城乡未成年人对互联网认知与态度的总体特征

（一）城乡未成年人均以放松休息为主要上网目的，以完成学业为次要目的

如表1所示，从数据上来看，城乡未成年人关于上网目的的选择比较一致，居于前三位的依次是放松休息，完成作业/查资料和娱乐游戏。有57.4%的城市未成年人和56.3%的农村未成年人，上网主要是为了放松休息；50.2%的城市未成年人和49.7%的农村未成年人，上网是为了完成作业/查资料；39.6%的城市未成年人和农村未成年人，上网是为了娱乐游戏。

从卡方检验①来看，这三项差异不明显。对于城市未成年人而言，在利用互联网进行交友交流、扩大知识量以及了解时事等方面，占比分别是34.9%、32.8%和25.9%；对于农村未成年人而言，在扩大知识量、交友交流以及了解时事等方面，分别占比为36.9%、35.6%和23.7%，相比城市未成年人，农村未成年人更多地利用互联网扩大自己的知识量，这一选项农村未成年人比城市未成年人高出4.1个百分点，从卡方检验来看，比较显著。而在了解时事方面，城市未成年人比农村未成年人高2.2个百分点，从卡方检验来看，也是显著的。城乡未成年人较少利用互联网进行表达自我、获取各类生活服务以及参与网上讨论，所占百分比均不到5%。

表1 城乡未成年人上网目的比较（最多选三项）

单位：%

	类型	农村未成年人	城市未成年人	Total	chi2/p*
7	放松休息	995 56.28	2442 57.4	3437 57.07	0.647 0.421
4	完成作业/查资料	879 49.72	2136 50.21	3015 50.07	0.122 0.727
2	娱乐游戏	700 39.59	1683 39.56	2383 39.57	0.000 0.983
3	交友交流	629 35.58	1483 34.86	2112 35.07	0.281 0.596
6	扩大知识量	652 36.88	1394 32.77	2046 33.98	9.399 0.002***
1	了解时事	419 23.7	1100 25.86	1519 25.22	3.086 0.079*
10	网上课堂/网上上课	221 12.5	587 13.8	808 13.42	1.813 0.178
5	表达自我	64 3.62	179 4.21	243 4.04	1.115 0.291
8	获取各类生活服务	48 2.71	121 2.84	169 2.81	0.077 0.782

① 本研究以 stata 中的 mrtab 命令来处理多选题，以 p 值作为检验决策的依据。以 p<0.1 为存在统计学差异，p<0.05 为存在中度统计学差异，p<0.01 为存在高度统计学差异。此方法用于本研究所有多选题检验，故后文不再赘述。

	类型	农村未成年人	城市未成年人	Total	chi2/p*
9	参与网上讨论	48 2.71	112 2.63	160 2.66	0.033 0.857
11	其他	15 0.85	57 1.34	72 1.2	2.554 0.11
99	不清楚	2 0.11	7 0.16	9 0.15	0.221 0.638
	Total	4672 264.25	11301 265.66	15973 265.24	
	Cases	1768	4254	6022	

注：p<0.1，＊；p<0.05，＊＊；p<0.01，＊＊＊。

（二）获取知识的便利性成为最受城乡未成年人肯定的变化

如表2所示，对于被调查的城乡未成年人而言，就网络的正面效应而言，都认为网络带来好的变化最为明显的依次前三项是获取知识变得容易了（城市未成年人是54.6%，农村未成年人是51.2%）、与人交往变得方便了（城市未成年人是40.4%，农村未成年人是43.5%），以及学习方便了（城市未成年人是34.4%，农村未成年人是34%）。在获取知识这项，城市未成年人比农村未成年人高3.4个百分点，从卡方检验来看，结果是显著的。对于与人交往变得方便这项，农村未成年人高3.1个百分点，从卡方检验来看，结果是显著的。

对于城乡未成年人而言，互联网给他们带来的好影响也包括获得消息以及娱乐等。对于城市未成年人而言，互联网意味着随时知道社会上正在发生的事情、新的游戏和娱乐方式以及通过网络学习了很多新的技能，占比分别为30.5%、30.1%以及26.1%。对于农村未成年人而言，获得新的技能排名更加靠前，获得游戏相对排名靠后，随时知道社会上正在发生的事情以及通过网络学习了很多新的技能各占30.6%，而游戏则占26.8%。在获得技能方面，农村未成年人比城市未成年人的选择率高了4.5个百分点，从卡方检验来看，结果较为显著。而城市未成年人在游戏方面，选择率高了3.3个百分点。从卡方检验来看，结果显著。在与朋友和家人的沟通更多这一项，城市未成年人比农村未成年人低约 1.8 个百分点，从卡方检验来看，结果显著。

表2　互联网正面影响比较（可选三项）

单位：%

	类型	农村未成年人	城市未成年人	Total	chi2/p*
1	获取知识变得容易了	905 51.16	2319 54.56	3224 53.56	5.825 0.016 **
2	与人交往变得方便了	770 43.53	1717 40.4	2487 41.32	5.039 0.025 **
6	学习方便了，很多课程/作业可以在网上进行	601 33.97	1461 34.38	2062 34.26	0.09 0.764
4	随时知道社会上正在发生的事情	541 30.58	1295 30.47	1836 30.5	0.007 0.932
3	有了很多新的游戏和娱乐方式	474 26.79	1278 30.07	1752 29.11	6.496 0.011 **
9	通过网络学习了很多新的技能	542 30.64	1111 26.14	1653 27.46	12.684 0.000 ***
5	很多问题能自己解决，更少依赖大人	441 24.93	1111 26.14	1552 25.79	0.959 0.328
7	与朋友和家人的沟通更多了	337 19.05	733 17.25	1070 17.78	2.779 0.096 *
8	可以方便地表达自己的观点和意见	117 6.61	309 7.27	426 7.08	0.819 0.365
10	其他	13 0.73	31 0.73	44 0.73	0.001 0.982
	Total	4741 268	11365 267.41	16106 267.59	
	Cases	1769	4250	6019	

注：p<0.1，＊；p<0.05，＊＊；p<0.01，＊＊＊。

（三）城乡未成年人认为互联网带来的最不好的影响分别是视力下降和户外活动减少

如表3所示，在网络带来的不好的影响方面而言，对于被调查的城市未成年人而言，排在首位的是"用电脑和手机太多，视力下降很快"

（51.4%），其次是"比以前更爱待家里了，运动渐少了"（46.95%），和分走了不少学习时间（43.7%）；而对农村未成年人而言，首先是"比以前更爱待家里了，运动减少了"（52.7%），其次是"用电脑和手机太多，视力下降很快"（50.4%）和"分走了不少学习时间"（48.7%）。从卡方检验来看，差异比较显著的分别是：在运动渐少这一项，农村未成年人比城市未成年人高了5.7个百分点；在分走不少学习时间这项，城市未成年人比农村未成年人高了5个百分点。就其他选项而言，卡方检验比较显著的是：在依赖网络这项，农村未成年人比城市未成年人高了4.9个百分点；在更爱玩手机和玩游戏这项，农村未成年人比城市未成年人高了3.9个百分点，其他几项差距不明显。

表3 互联网负面影响比较（可选三项）

单位：%

	类型	农村未成年人	城市未成年人	Total	chi2/p *
7	用电脑和手机太多，视力下降很快	887	2179	3066	0.571
		50.37	51.44	51.13	0.45
2	比以前更爱待家里了，运动减少了	928	1989	2917	16.421
		52.7	46.95	48.64	0.000 ***
1	分走了不少学习时间	858	1852	2710	12.564
		48.72	43.72	45.19	0.000 ***
3	更懒了，依赖网络，懒得自己想、问	705	1487	2192	13.037
		40.03	35.1	36.55	0.000 ***
4	更爱玩手机、玩游戏了，难以自己控制	590	1253	1843	8.997
		33.5	29.58	30.73	0.003 ***
5	更孤独了，与人面对面接触减少了	240	524	764	1.772
		13.63	12.37	12.74	0.183
6	过早接触了太多成年人的信息，增加了一些烦恼	171	452	623	1.232
		9.71	10.67	10.39	0.267
8	其他	24	109	133	8.402
		1.36	2.57	2.22	0.004 ***
	Total	4403	9845	14248	
		250.03	232.41	237.59	
	Cases	1761	4236	5997	

注：p<0.1，*；p<0.05，**；p<0.01，***。

（四）城乡未成年人信息辨别能力自我评估较高，对网络信息具有一定的辨别能力

在辨别真假信息能力的自我评价方面，城市未成年人的自我评分平均是7.98分，农村未成年人是7.76分，城市未成年人高了0.22分，笔者对两者均值差异进行了T检验，p值是0，显示城市和农村未成年人两者具有明显差异。

如表4所示，在信息来源是否可信方面，被调查的城乡未成年人均认为可靠信息来源依次是：学校网站信息（城市未成年人是53.7%，农村未成年人是56.6%）、知名网站的信息（城市未成年人是46.2%，农村未成年人是46.7%）以及搜索到的信息（城市未成年人是24.6%，农村未成年人是29.1%）。从卡方检验来看，在学校网站方面差异显著，农村未成年人高于城市未成年人2.9个百分点。知名网站差异不显著，而搜索到的信息这一项差异显著，农村未成年人高于城市未成年人4.6个百分点。其他差异显著的选项包括：在微博信息可靠性方面，农村未成年人高于城市未成年人3.4个百分点。此外，城乡未成年人认为微信朋友圈、QQ群、个人空间、论坛等平台的信息可靠性较低。在QQ群信息、微信朋友圈信息、论坛信息等选项中，卡方检验差异不显著。而在个人空间信息这一选项上，农村未成年人高于城市未成年人1.6个百分点，卡方检验结果显著。

（五）网络安全意识有待提高，被盗号对于城乡未成年人最为常见

2015年，未成年人网络安全宣传教育成为第二届国家网络安全宣传周的重点内容。如表5所示，数据表明，如何保障未成年人网络安全是一项重要课题。从数据可以看出，在网上遇到过不良事件的城市未成年人占62.3%，而农村未成年人占68.5%，农村未成年人比城市未成年人高6.2个百分点。

表4　城乡未成年人信息来源可靠性判断比较（可选三项）

单位：%

	类型	农村未成年人	城市未成年人	Total	chi2/p*
9	学校网站的信息	998	2268	3266	4.206
		56.64	53.74	54.6	0.04**
1	知名网站的信息	822	1951	2773	0.088
		46.65	46.23	46.36	0.767
8	搜索到的信息	513	1036	1549	13.498
		29.11	24.55	25.89	0.000***
10	客户端（App）里的信息	348	779	1127	1.354
		19.75	18.46	18.84	0.245
7	微信、QQ好友发的信息	277	647	924	0.144
		15.72	15.33	15.45	0.704
5	微博上的信息	285	537	822	12.48
		16.17	12.73	13.74	0.000***
6	微信朋友圈里的信息	180	434	614	0.006
		10.22	10.28	10.26	0.936
3	QQ群里的信息	169	435	604	0.703
		9.59	10.31	10.1	0.402
4	个人空间里的信息	177	355	532	4.091
		10.05	8.41	8.89	0.043**
2	论坛里的信息	144	333	477	0.134
		8.17	7.89	7.97	0.714
99	不清楚	76	278	354	11.549
		4.31	6.59	5.92	0.001***
	Total	3989	9053	13042	
		226.39	214.53	218.02	
	Cases	1762	4220	5982	

注：$p < 0.1$，*；$p < 0.05$，**；$p < 0.01$，***。

最常见的是被人盗号（城市未成年人占比是32.6%，农村未成年人是40.9%），其次是假新闻（城市未成年人占比是29.9%，农村未成年人也是29.9%）和被网友骂（城市未成年人占比是19.9%，农村未成年人是24.1%）。从卡方检验来看，结果显著的选项是：被人盗号方面，农村未成年人比城市未成年人高出8.2个百分点；而在被网友骂这个选项上，农村未成年人比城市未成年人高出 4.2 个百分点；以及网友发暴力图片或视频，农村未成年人比城市未成年人高出 2.1 个百分点。值得注意的是，具有显著差异的这几项中，农村未成年人都要高于城市未成年人。

表5　城乡未成年人网络安全感知比较（可选三项）

	类型	农村未成年人	城市未成年人	Total	chi2/p*
11	以上事情都没遇到过	554 31.48	1589 37.72	2143 35.88	21.006 0.000***
4	被人盗号	719 40.85	1375 32.64	2094 35.06	36.799 0.000***
10	网络假新闻	526 29.89	1261 29.93	1787 29.92	0.001 0.972
3	被网友骂	424 24.09	840 19.94	1264 21.16	12.831 0.000***
7	网友给我发恐怖信息	234 13.3	521 12.37	755 12.64	0.97 0.325
5	网友给我发黄色图片或视频	190 10.8	517 12.27	707 11.84	2.592 0.107
9	网友给我假承诺	202 11.48	436 10.35	638 10.68	1.657 0.198
1	网购遇到骗子	171 9.72	397 9.42	568 9.51	0.124 0.725
8	陌生网友要求见面	158 8.98	362 8.59	520 8.71	0.231 0.631
6	网友给我发暴力图片或视频	170 9.66	321 7.62	491 8.22	6.846 0.009***
2	被网友骗钱	156 8.86	323 7.67	479 8.02	2.411 0.12
	Total	3504 199.09	7942 188.51	11446 191.63	
	Cases	1760	4213	5973	

注：p<0.1，*；p<0.05，**；p<0.01，***。

（六）网络语言和行为已经融入未成年人生活，城乡未成年人最喜欢学唱流行歌曲

在使用网络流行语方面，多数被调查的城乡未成年人会使用网络流行语。63.72%的城市未成年人使用网络流行语（有时以及经常），而农村未成年人（有时以及经常）则是65.95%，差距是2.2个百分点。如表6所示，从卡方检验结果来看，经常使用、有时使用网络流行语以及从不使用，结果都显著，在经常使用选项，城市未成年人高于农村未成年人，而在有时使用选项，农村未成年人高于城市未成年人，而在从不使用选项，城市未成年人则高于农村未成年人。

表6 城乡未成年人网络流行语使用情况比较

	类型	农村未成年人	城市未成年人	Total	chi2/p*
2	有时使用	888	1953	2841	9.554
		50.31	45.94	47.22	0.002***
3	很少使用	458	1129	1587	0.239
		25.95	26.56	26.38	0.625
1	经常使用	276	756	1032	4.044
		15.64	17.78	17.15	0.044**
4	从不使用	143	413	556	3.87
		8.1	9.72	9.24	0.049**
	Total	1765	4251	6016	
		100	100	100	
	Cases	1765	4251	6016	

注：$p < 0.1$，*；$p < 0.05$，**；$p < 0.01$，***。

如表7所示，大部分城乡未成年人都会模仿网上行为。其中学唱网上的流行歌曲是最为常见的模仿行为，比例分别达到56.93%以及57.75%，两者的差距仅有0.8个百分点，卡方检验不明显。从卡方检验显著的几项来看，除了模仿游戏中的人物、尝试网上流行的新玩法这两项农村未成年人占比较低外，农村未成年人在各选项的表现都好于城市未成年人：在模仿网络说话方式方面，高出 3.5 个百分点，而在模仿流行娱乐活动方面差异是 3.1 个百分点，而模仿穿衣打扮方面高出 2.5 个百分点。在从不模仿这一项，城市未成年人比农村未成年人高出 2.5 个百分点。

表 7　城乡未成年人网上行为模仿比较（可选三项）

	类型	农村未成年人	城市未成年人	Total	chi2/p *
6	学唱网上的流行歌曲	1021 57.75	2410 56.93	3431 57.17	0.339 0.561
99	从不模仿	433 24.49	1142 26.98	1575 26.25	3.987 0.046 **
2	模仿网络说话的方式	451 25.51	934 22.06	1385 23.08	8.334 0.004 ***
3	模仿网上流行的娱乐活动	322 18.21	639 15.1	961 16.01	9.009 0.003 ***
5	网上流行的东西,会去买	245 13.86	567 13.39	812 13.53	0.228 0.633
7	尝试网上流行的新玩法 （比如团购、直播等）	197 11.14	475 11.22	672 11.2	0.008 0.93
1	模仿穿衣打扮	211 11.93	398 9.4	609 10.15	8.769 0.003 ***
4	模仿游戏中的人物	139 7.86	394 9.31	533 8.88	3.221 0.073 *
	Total	3019 170.76	6959 164.4	9978 166.27	
	Cases	1768	4233	6001	

注：p<0.1，＊；p<0.05，＊＊；p<0.01，＊＊＊。

（七）对于城乡未成年人而言，在线学习是最为重要的功能

就互联网给未成年人提供的服务和功能哪项重要而言，如表 8 所示，在线学习是最为重要的功能（城市未成年人占 58.5%，农村未成年人占 61%），其次是在线知识答疑/辅导（城市未成年人占 36.9%，农村未成年人占 43.1%）。农村未成年人更重视在线教育功能，这两个选项的占比均高

青少年蓝皮书

于城市未成年人，差距分别是2.6个百分点和6.3个百分点，而卡方检验显示，差异都是显著的。

表8　城乡未成年人认为最重要的网络功能比较（可选三项）

	类型	农村未成年人	城市未成年人	Total	chi2/p*
5	在线学习	1077 61.02	2473 58.45	3550 59.21	3.407 0.065*
8	在线知识答疑/辅导	761 43.12	1559 36.85	2320 38.69	20.634 0.000***
2	聊天交友	582 32.97	1380 32.62	1962 32.72	0.073 0.788
12	网络阅读	582 32.97	1373 32.45	1955 32.61	0.155 0.693
9	网络音乐	479 27.14	1290 30.49	1769 29.5	6.722 0.01**
6	认识好友	256 14.5	625 14.77	881 14.69	0.071 0.79
1	网络游戏	255 14.45	618 14.61	873 14.56	0.025 0.874
7	校友论坛	237 13.43	547 12.93	784 13.08	0.273 0.601
3	个人主页/空间	121 6.86	342 8.08	463 7.72	2.634 0.105
10	网络视频	95 5.38	285 6.74	380 6.34	3.844 0.05*
4	免费邮箱	78 4.42	176 4.16	254 4.24	0.207 0.649
11	网络直播	39 2.21	108 2.55	147 2.45	0.613 0.434
99	不清楚	23 1.3	81 1.91	104 1.73	2.731 0.098*
13	其他	11 0.62	33 0.78	44 0.73	0.42 0.517
	Total	4596 260.4	10890 257.39	15486 258.27	
	Cases	1765	4231	5996	

注：p<0.1，*；p<0.05，**；p<0.01，***。

192

对于城市未成年人而言，聊天交友（占比是32.6%）排名第三，网络阅读（占比是32.5%）以及网络音乐（占比是30.5%）是第四和第五。对于农村未成年人而言，聊天交友、网络阅读则并列第三，占比是33%，而网络音乐（27.1%）居后。卡方检验来看，网络音乐和网络视频这两项比较显著，而且城市未成年人略高于农村未成年人。

（八）城乡未成年人基本都能感知父母对其上网的担心

被调查的城乡未成年人均能感知到父母对其上网的担心。98.1%的城市未成年人认为父母会担心上网带来的不良影响，而98.7%的农村未成年人认为父母担心上网带来的不良影响。

对于城乡未成年人而言，他们认为父母最为担心的选项依次是：上网耽误时间会影响学习；担心长时间上网眼睛近视，损害健康；担心玩游戏、聊天会上瘾。上网耽误时间会影响学习这一项，城市未成年人是65.7%，而农村未成年人是69.3%，农村未成年人高了3.6个百分点，卡方检验结果显著。在担心长时间上网眼睛近视、损害健康这一选项，城市未成年人是62.74%，而农村未成年人是59.55%，城市未成年人略高3.2个百分点，卡方检验结果显著。参考上文中，城市未成年人就网络不好影响这一题做出的首位选择是视力，可见城市未成年人与其父母的感知是一样的。在担心玩游戏、聊天会上瘾这一选项中，城市未成年人是54.7%，农村未成年人是59.38%，农村未成年人高了4.7个百分点，卡方检验结果显著。其他结果显著项还包括，担心在网上受到欺骗这一项，农村未成年人占比高于城市未成年人。在各个方面，城乡未成年人均能感知父母的担心。在卡方检验结果显著的各项中，除了担心长时间上网眼睛近视、损害健康这一选项城市未成年人占比略高之外，其他各项均是农村未成年人高于城市未成年人。

（九）大多城乡未成年人上网受到父母管理，也能得到来自父母的帮助

大多数城乡未成年人在上网方面受到父母某种形式的规定。83.2%的城

表9　城乡未成年人对父母态度的认知比较（可选三项）

	类型	农村未成年人	城市未成年人	Total	chi2/p*
2	担心上网耽误时间,影响学习	1223	2785	4008	7.37
		69.29	65.67	66.73	0.007***
4	担心长时间上网眼睛近视,损害健康	1051	2661	3712	5.399
		59.55	62.74	61.8	0.02**
3	担心玩游戏、聊天会上瘾	1048	2320	3368	11.048
		59.38	54.7	56.08	0.001***
1	担心在网上接触不良信息	606	1478	2084	0.146
		34.33	34.85	34.7	0.702
7	担心在网上受到欺骗	386	826	1212	4.431
		21.87	19.48	20.18	0.035**
5	担心在网上结交不好的朋友	327	757	1084	0.387
		18.53	17.85	18.05	0.534
6	担心上网久了,不懂现实生活了	82	172	254	1.072
		4.65	4.06	4.23	0.3
99	没有担心什么	23	81	104	2.697
		1.3	1.91	1.73	0.101
8	其他	4	35	39	6.923
		0.23	0.83	0.65	0.009***
	Total	4750	11115	15865	
		269.12	262.08	264.15	
	Cases	1765	4241	6006	

注：p<0.1，*；p<0.05，**；p<0.01，***。

市未成年人以某种方式受到管理，而85.2%的农村未成年人以某种方式受到管理。

在规定时间和内容这项，城市未成年人的选择率是49.5%，而农村未成年人是52%，农村未成年人高了2.5个百分点，卡方检验结果是显著的。而在规定时间、没有规定内容这项，城市未成年人是28.30%，而农村未成年人是27.2%，卡方检验不显著。也有3.9%的城市未成年人父母规定内容而没规定时间，而4.9%的农村未成年人规定内容而没规定时间，卡方检验结果显著。在结果显著的这两项，农村未成年人的选择率均高于城市未成年人。

在父母提供上网帮助方面，城乡未成年人并无显著差异，城乡未成年人打分均是7分。而在父母是否教授上网知识和技能方面，调查显示城乡父母都会教授，而且教授比例均达70%以上（包括有时会教和经常会教）。72.1%的城市未成年人父母会教授，而71.3%农村未成年人父母会教授，两者差异不大。

表10　城乡父母对未成年人上网管理的比较

	类型	农村未成年人	城市未成年人	Total	chi2/p*
2	规定时间,也规定内容	916	2099	3015	3.123
		52.05	49.54	50.28	0.077*
1	规定时间,没规定内容	479	1199	1678	0.723
		27.22	28.3	27.98	0.395
5	都没规定	247	660	907	2.306
		14.03	15.58	15.12	0.129
3	规定内容,没规定时间	87	167	254	3.076
		4.94	3.94	4.24	0.079*
4	规定上网费用	17	60	77	1.988
		0.97	1.42	1.28	0.159
6	其他	14	52	66	2.13
		0.8	1.23	1.1	0.144
	Total	1760	4237	5997	
		100	100	100	
	Cases	1760	4237	5997	

注：$p < 0.1$，*；$p < 0.05$，**；$p < 0.01$，***。

（十）网络技术的代际交流很普遍

不少研究也表明，在网络技能方面，父母会向子女请教网络技术。从数据来看，在网络技术方面，城乡未成年人父母向子女请教比例均达到80%以上。城市父母请教子女的比例是84.7%，而农村父母请教子女的比例是89.2%，农村父母请教子女的比例高于城市父母4.5个百分点。分项来看，经常请教子女的

城市父母是 23.8%，而农村父母是 25%，农村父母高了 1.2 个百分点，卡方检验不显著。而有时请教的城市父母占比是 60.7%，农村父母是 63.8%，农村父母高了 3.1 个百分点，卡方检验结果显著。在从不请教这一项，城市父母是 15.3%，而农村父母是 10.8%，城市父母高了 4.5 个百分点，卡方检验结果显著。

表11　城乡未成年人网络使用的代际交流比较

	类别	农村未成年人	城市未成年人	Total	chi2/p*
2	有时会教	1005	2445	3450	0.36
		57.33	58.17	57.92	0.548
1	从来没有	493	1149	1642	0.382
		28.12	27.34	27.57	0.536
3	经常会教	244	585	829	0
		13.92	13.92	13.92	1
99	他们不会上网	11	24	35	0.068
		0.63	0.57	0.59	0.795
	Total	1753	4203	5956	
		100	100	100	
	Cases	1753	4203	5956	

注：$p < 0.1$，*；$p < 0.05$，**；$p < 0.01$，***。

（十一）大多数学校都提供互联网或上网知识的专门课程，自学、同学和朋友是城乡未成年人获得网络知识和技能的主要来源

从数据上来看，大部分城乡学校都提供互联网相关课程（现在或者曾经）。92.4%的城市学校提供网络课程（现在或者曾经），而 85.7%的农村学校提供网络课程（现在或者曾经），城市学校高出农村学校 6.7 个百分点。从数据上看，69.3%的城市学校现在就提供课程，而 62%的农村学校现在就提供网络课程，城市学校高了农村学校 7.3 个百分点。而以前有过，现在没有专门网络课程的城市学校是 16.4%，而农村学校是 16.2%。在从来没有过这一选项中，城市学校是 7.6%，而农村学校是 14.3%，农村学校高了城市学校 6.7 个百分点。

如表 12 所示,城乡未成年人获得网络技能和网络知识的主要来源是自学以及同学朋友,占比高于来自老师和家长的比例。选择自学的城市未成年人占比是 64.7%,而农村未成年人是 60.1%,城市未成年人比农村未成年人略高 4.6 个百分点,卡方检验差异显著。而就同学朋友而言,城市未成年人是 55%,而农村未成年人是 59.9%,农村未成年人略高于城市未成年人,差距是 4.9 个百分点,卡方检验差异显著。

表 12　城乡未成年人获得网络技术来源比较（可选三项）

	类别	农村未成年人	城市未成年人	Total	chi2/p*
4	自学	1054	2711	3765	11.645
		60.06	64.73	63.35	0.001 ***
1	同学、朋友	1052	2305	3357	12.105
		59.94	55.04	56.49	0.001 ***
2	老师	618	1438	2056	0.421
		35.21	34.34	34.6	0.517
3	家长	569	1375	1944	0.095
		32.42	32.83	32.71	0.758
5	其他人	131	303	434	0.096
		7.46	7.23	7.3	0.756
	Total	3424	8132	11556	
		195.1	194.17	194.45	
	Cases	1755	4188	5943	

注:$p < 0.1$,*;$p < 0.05$,**;$p < 0.01$,***。

（十二）多数城乡未成年人遭遇过不良信息,广告为不良信息的主要来源

如表 13 所示,调查显示,多数城乡未成年人遭遇过不良信息。85.1% 的城市未成年人遭遇过不良信息,而 87% 的农村未成年人遭遇过不良信息,相差 1.9 个百分点。

对于城乡未成年人而言,不良信息来源依次是广告（城市未成年人占 62.2%、农村未成年人占 63.1%）、视频（城市未成年人占比是 25.8%,农

村未成年人占比是26.8%）以及游戏（城市未成年人占20.51%，农村未成年人占23.39%），其中广告占比要明显高于其他两项。从卡方检验来看，游戏、下载、聊天软件结果显著。

表13 城乡未成年人遭遇不良信息来源比较（可选三项）

	类别	农村未成年人	城市未成年人	Total	chi2/p*
2	广告	1109	2625	3734	0.415
		63.12	62.23	62.49	0.519
1	视频	471	1087	1558	0.691
		26.81	25.77	26.08	0.406
5	游戏	411	865	1276	6.146
		23.39	20.51	21.36	0.013**
4	下载	378	804	1182	4.702
		21.51	19.06	19.78	0.03**
3	搜索	312	800	1112	1.196
		17.76	18.97	18.61	0.274
99	没遇到过	229	630	859	3.647
		13.03	14.94	14.38	0.056*
7	聊天软件	224	374	598	20.756
		12.75	8.87	10.01	0.000***
10	贴吧	135	402	537	5.173
		7.68	9.53	8.99	0.023**
6	论坛	126	312	438	0.093
		7.17	7.4	7.33	0.761
11	微信群	96	215	311	0.338
		5.46	5.1	5.21	0.561
9	个人空间/博客	76	152	228	1.761
		4.33	3.6	3.82	0.184
8	电子邮件	41	82	123	0.933
		2.33	1.94	2.06	0.334
	Total	3608	8348	11956	
		205.35	197.91	200.1	
	Cases	1757	4218	5975	

注：$p < 0.1$，*；$p < 0.05$，**；$p < 0.01$，***。

三 问题分析

（一）互联网对于城乡未成年人而言，利弊共存

对于城乡未成年人而言，网络是他们放松娱乐、在线学习、社会交往等的重要工具。多数城乡未成年人也使用网络流行语，并且通过网络学唱流行歌曲等。网络使用存在正面影响，也存在损害其健康等诸多负面影响。值得注意的是，在线学习成为城乡未成年人网络生活的重要部分。从数据来看，城乡未成年人上网多为了放松，而完成学业也是次要目的。与此同时，对于城乡未成年人而言，网络带来的最好的变化是获取知识变得容易了。与此同时，城乡未成年人认为，互联网最为重要的功能是在线学习，其次是在线知识和辅导。

但网络使用是否影响、如何影响未成年人身心健康和学业是互联网与未成年人研究的重要课题。通过数据也可以发现，城乡未成年人能够感知互联网给他们带来的负面影响。这种负面影响包括城市未成年人感受到的视力问题，也包括农村未成年人感受到的户外运动减少等问题。其他负面影响也包括分走不少学习时间、依赖网络而不爱思考、更爱玩手机和玩游戏等。与此同时，大多数城乡未成年人都在不同渠道上遭遇过负面信息，或者被盗号这样的网络安全事件。范方等通过检验中学生互联网过度使用倾向（IOT）与学业成绩、心理困扰、家庭功能、管教方式等的关系，发现 IOT 组比对照组自评学业成绩等级低[1]。如何有效利用互联网并使其在学生学业中扮演正面角色是家庭、学校、社会以及政策制定者共同关心的事务。

（二）城乡未成年人在遭遇负面影响上存在的差异需要关注

事实上，我们可以看到城乡未成年人在上网目的、网络信息辨别自我评

---

[1] 范方、苏林雁、曹枫林、高雪屏、黄山、肖汉仕、王玉凤：《中学生互联网过度使用倾向与学业成绩、心理困扰及家庭功能》，《中国心理卫生杂志》2006 年第 10 期。

估、遭遇负面信息等方面是趋同的，但是在一些方面，我们也能够观察到差异。

首先，在遭遇网络安全事件中，我们可以通过数据观察到，对于城乡未成年人而言，最为常见的是被人盗号、其次是假新闻和被网友骂。从卡方检验来看，结果显著的选项是：被人盗号方面，农村未成年人比城市未成年人高出 8.2 个百分点。而在被网友骂这个问题上，农村未成年人比城市未成年人高出 4.2 个百分点。而在遭遇网友发暴力图片或视频这一项，农村未成年人比城市未成年人高出 2.1 个百分点，卡方检验，也是显著的。值得注意的是，具有显著差别的这几项中，农村未成年人选择率都要高于城市未成年人。

其次，城乡未成年人均能感知到父母对其上网行为的担心。对于城乡未成年人而言，他们认为父母最为担心的选项依次是：上网耽误时间会影响学习，担心长时间上网眼睛近视，损害健康；担心玩游戏、聊天会上瘾。在卡方检验结果显著的各项中，除了担心长时间上网眼睛近视、损害健康这一选项城市未成年人略高之外，其他几项，即上网耽误时间会影响学习，担心玩游戏、聊天会上瘾，上网受骗等几项，农村未成年人选择率均高于城市未成年人。

网络与城乡未成年人的身心健康问题一直是家长、学校以及社会共同关心的问题，如何趋利避害，引导城乡未成年人规避网络负面影响和网络风险，使家长对未成年人的网络信息行为有更强的信任是研究的重点，而农村未成年人在网络上遭遇的负面影响以及他们感知到的父母的担心与城市未成年人之间存在的差异，需要引起关注。

（三）家长与学校并不是城乡未成年人获得网络技术的主渠道

从数据来看，多数城乡未成年人在上网方面能够得到来自家长或者学校的支持。大多数城乡未成年人在上网方面能得到家长的帮助，大多数城乡未成年人在上网方面以某种方式受到父母的管理。83.2% 的城市未成年人以某种方式受到管理，而 85.2% 的农村未成年人以某种方式受到管理。从数据来看，大部分学校都提供互联网或上网知识的课程（现在或者曾经）。

92.4%城市学校提供网络课程，而85.7%农村学校提供网络课程。从数据上看，69.3%的城市学校现在就有网络课程，而62.0%的农村学校现在就有网络课程。

但从数据来看，对于城乡未成年人而言，获得网络技能和网络知识的主要来源是自学以及同学朋友，高于来自老师和家长的比例。城市未成年人自学的选择率是64.7%，而农村未成年人是60.1%。城市未成年人从同学朋友外获得网络技术的选择率是55%，而农村未成年人是59.9%。

数据表明，自学以及同伴是城乡未成年人获得网络技能和网络知识的主要来源。一方面，这说明未成年人在网络技能以及知识获得方面的主动性，另一方面，这可能也意味着学校需要提供更为全面的网络课程。数据也表明，在上网方面，父母请教子女的比例达到80%以上，城市父母请教子女的比例是84.7%，而农村未成年人父母是89.2%，差距是4.5个百分点，也就是农村父母更倾向于向未成年人请教。互联网时代的代际反哺现象已经引起不少学者的关注。在这个过程中，家长往往不一定有足够的能力给未成年人提供足够的指导。在这个意义上，在讨论学校的网络课程建设中，也要关注对农村未成年人网络技能的培养。学校的网络课程不仅应提供技术层面的培训，还应该包含儿童权益方面的内容，引导未成年人对互联网、社会以及自我有更加充分的认识，以更好地利用互联网发展自己。

四 思考和建议

（一）尊重未成年人对互联网的主动利用，并加以引导

事实上，未成年人也正在利用互联网形成他们的生活空间，并且享有一定的私密性，家长、学校并不能完全了解未成年人的网络活动。而且也有研究表明，未成年人也不一定愿意和家长或者学校完全分享他们的网络经历和遭遇。

本次调查数据表明，城乡未成年人认为，互联网带给他们的好的影响

中，其中有一项是很多问题依靠自己解决，更少依赖家长。我们也从数据中观察到，自学以及同伴是城乡未成年人获得网络技能和网络知识的主要来源。这说明未成年人在网络技能以及知识获得方面具有主动性。在可信来源中，城乡未成年人均认为可信信息来源依次是学校网站、知名网站以及搜索到的信息。换言之，搜索到的信息也被城乡未成年人在一定程度上认为具有可信性。而且通过数据我们也可以看到，未成年人现在掌握的网络技能有可能已经超过家长，有不少时候是家长在向未成年人请教关于网络的问题。

新媒介技术具有互动性，传统的受众理论在新媒介时代也在被学者重新审视。在这个新的媒介技术环境下，更应该尊重未成年人的主动性，引导其更好地使用互联网，以获得充分的成长。正如研究者所指出的，今天的孩子们是——或者希望"永远在线"，他们、他们的家庭以及他们的学校，依靠互联网获得和儿童生活（childhood）有关的任何方面信息。① 需要指出的是，城乡未成年人在对搜索到的信息有一定的信任度的同时，也认为搜索是不良信息来源之一。能够利用搜索引擎进行信息搜索，一方面显示了未成年网民的主动性；另一方面，搜索作为开放平台，信息类型不同，也需要未成年人进行信息辨别。

值得注意的是，有研究者曾经基于儿童的主体性将儿童的线上角色进行分类，这些角色包括将儿童视作内容的接受者、参与者或者行动者②，试图通过这种方式，反映互联网所包含的机遇和风险。这种分类对于研究互联网之于未成年人的机遇以及风险有一定的启发意义。

（二）清楚认识互联网对城乡未成年人的负面影响，将新媒体教育纳入正规的学校课程中

从数据上来看，城乡未成年人均能清楚感知网络的负面影响，遭遇过网

---

① Sonia Livingstone, Giovanna Mascheroni, and Elisabeth, Staksrud. European Research on Children's Internet Use：Assessing the Past and Anticipating the Future, *New Media & Society*, 2017 20：3, 1103 – 1122.

② Sonia Livingstone, Giovanna Mascheroni, and Elisabeth Staksrud. European Research on Children's Internet Use：Assessing the Past and Anticipating the Future, *New Media & Society*, 2017 20：3, 1103 – 1122.

络安全事件以及在各种平台上经历过负面消息。城乡未成年人也在使用网络流行语，并且模仿网络上的行为，比如唱歌。与此同时，城乡未成年人均能感受到父母的担心。

从数据来看，大多数城乡未成年人在上网方面能够得到来自父母的帮助，而且其父母也能以某种方式规定未成年人的网络生活。从数据来看，大部分学校都有互联网或上网知识的课程（现在或者曾经）。

但数据也表明，自学以及同伴是城乡未成年人获得网络技能和网络知识的主要来源。一方面，这说明未成年人在网络技能以及知识获得方面的主动性；另一方面，这可能也意味着学校需要提供更为全面的网络课程。而网络课程不仅提供技术层面的培训，还应该包含儿童权益与互联网等方面的内容，以引导未成年人对互联网、社会以及自我有更加充分的认识，培养责任心，为其网络行为负起责任，并且做出趋利避害的行为，以更好地利用互联网发展自己，这样也能让家长减少担心，并且更信任其子女的网络行为。

有学者曾研究5～8岁儿童对互联网相关危险的认识以及相应的应对策略，提出可以通过教导儿童认识风险以及应对策略降低网络风险，而学校必须将网络安全课程纳入正式课程。[①] 事实上，世界上很多国家已经将媒介素养（media literacy），即人们利用媒介获得信息并且运用媒介创造信息的能力列入了中小学课程，而数字时代的媒介素养教育随着网络成为未成年人与世界相联系的媒介，也成为中小学媒介素养课程的重点。

（三）正视网络教育对农村未成年人的重要意义

通过数据比较，我们也可以看出农村未成年人在遭遇网络负面影响方面与城市未成年人存在的差异。而通过城乡的比较中，我们也可以发现学校在城乡未成年人网络教育方面的差异。在学校教育中，92.4%的城市学校提供

---

① Lesley-Anne Ey and C. Glenn Cupit. Exploring Young Children's Understanding of Risks Associated with Internet Usage and Their Concepts of Management Strategies. *Journal of Early Childhood Research*，2011 9：1，53－65.

网络课程，而85.7%的农村学校提供网络课程。城市学校高出农村学校6.7个百分点。相比农村学校而言，城市学校更倾向于提供互联网教育课程。

与此同时，在父母请教方面，城市父母请教子女的比例是84.7%，而农村父母是89.2%，差距是4.5个百分点，也就是农村父母更倾向于向未成年人请教。从数据我们也可以看出，城市父母的学历水平高于农村未成年人父母。在这个意义上，相关的政策制定者、学校需要在未成年人网络教育中，更加重视农村未成年人的网络需求。

与此同时，在一些选项中，我们也可以看出，农村未成年人在通过上网以获得技能、通过上网扩展知识量等方面，与城市未成年人相比较而言，要更为显著。相应地，对于政策制定者以及学校而言，引导未成年人利用互联网以扩展知识、提高技能，同时提升未成年人的网络安全意识以及规避网络的负面影响和负面消息，是新技术环境下媒介教育的设计要点。

在线教育、在线学习互助小组等方式可以作为缩小城乡教育资源差距以及满足农村未成年人学习需求的一种方式。

参考文献

范方、苏林雁、曹枫林、高雪屏、黄山、肖汉仕、王玉凤：《中学生互联网过度使用倾向与学业成绩、心理困扰及家庭功能》，《中国心理卫生杂志》2006年第10期。

Lesley – Anne Ey and C. Glenn Cupit. Exploring Young Children's Understanding of Risks Associated with Internet Usage and Their Concepts of Management Strategies. *Journal of Early Childhood Research*. 2011 9：1, 53 – 65.

Sonia Livingstone, Giovanna Mascheroni, and Elisabeth Staksrud. European Research on Children's Internet Use：Assessing the Past and Anticipating the Future, *New Media & Society*. 2017 20：3, 1103 – 1122.

趋势分析篇

Trend Analysis

B.11
十年来未成年人互联网运用变化趋势

杨斌艳*

摘　要：　本文依据2006～2017年完成的九次"中国未成年人互联网运用
状况调查"的数据，分析十年间中国未成年人在互联网运用方
面发生的一系列变化。主要包括：①网络接触更容易、更便
利、更普及，触网年龄提前；②手机上网成为主流，网络使用
更为健康科学；③网络应用更加丰富多彩，学习助手效应凸
显；④未成年人网络学习和获取上网技能的能力增强，与父母
的交流和沟通更和谐；⑤未成年人追逐新潮应用，对于网络流
行文化反应敏感；⑥作者将这些变化置于中国互联网发展的整
体历史背景中进行考察和剖析，指出：十年来未成年人上网的
社会舆论环境发生了巨大变化。在新时代"网络强国"战略

---

* 杨斌艳，中国社会科学院新闻与传播研究所副研究员。

下，未成年人上网面临了新的问题，并提出促进未成年人互联网运用的对策建议：①保障网络知识的准确权威；②网络游戏防沉迷系统的有效性评估；③未成年人网络购物和数字支付的安全隐患，需尽快防范。

关键词：　未成年人　互联网运用　变化趋势　2006～2017

一　前言

　　未成年人互联网运用的调查研究是一个动态总体的观察，十年来在"未成年人"这个统称下，实际上的调查对象是动态变化的一个社会学概念群体。"中国未成年人互联网运用状况调查"（本报告下文简称为"本调查"）第一次实施是 2006 年，"2006 年 10 月 26 日至 12 月 19 日在全国进行实地调查，调查对象为 11～17 岁的未成年人"。[①] 2006 年的调查对象大多数生于 1988～1995 年，而 2006 年中国的互联网才刚刚开始民用和商用的推广；最近的第九次调查执行的时间是 2017 年 12 月，调查对象为 7～17 岁的未成年人，这次调查的对象大多数出生于 2000～2010 年间，此十年互联网在中国迅速普及并飞速发展。因此，尽管"未成年人"这个称谓没有变化，但是调查对象以及他们所面对的互联网发展环境已经发生巨大变化。同时，影响未成年人的最重要的成年人，即孩子的父母，不仅是不同年代的人，也是伴随着不同的互联网发展环境成长的，他们的互联网认知以及网络使用行为也发生了重要的变化。因此，考察十年间未成年人的互联网运用变化，不仅可以看见作为年龄、生理、心理上的"未成年人"的网络空间行为变化，而且能够反观整个社会和成年人对互联网和孩子上网的认知变化。

[①] 中国青少年社会服务中心等：《中国未成年人互联网运用状况调查报告（2006）》，2007 年 6 月，第 6 页。

二 重要变化及整体趋势

互联网接触：网络接触更容易、更便利、更普及。

1. 未成年人互联网接触率持续上升，远高于整体互联网普及率

随着中国网络建设的推进，互联网基础设施的完善大大促进了互联网的普及和使用，越来越多的人开始接触互联网，网民队伍日益壮大。截至 2006 年 12 月底，网民总人数为 13700 万人，18 岁以下网民占 17.2%。① 而"中国未成年人互联网运用状况"的第一次调查是在 2006 年 10～12 月份执行的，对当时 11～17 岁的中学生的调查显示，中学生群体互联网接触率（截至调查时，曾经使用过互联网的人）为 85.2%，高中生的触网率高达 88.98%，明显高于初中生（80.97%）。② 2006～2009 年间未成年人（13～17 岁为主）互联网触网率在 85%～90%，2010～2013 年未成年人（10～17 岁为主）互联网触网率稳定在 95% 以上，八次调查整体上呈现这种趋势。2017 年未成年人（10～17 岁为主）互联网触网率达到 98.1%。

表 1 未成年人触网率显著高于总体网民互联网普及率

单位：%

类别 ＼ 年份	2006	2012	2017
未成年人触网率	85.2	97.2	98.1
总体互联网普及率	10.5	42.1	54.3

注：CNNIC 每年调查对于网民的定义有一定的变化，因此，此数据只是一种参考。

---

① 中国互联网络信息中心（CNNIC）：第 19 次《中国互联网络发展状况统计报告》（2007/1）。

② 中国青少年社会服务中心等：《中国未成年人互联网运用状况调查报告（2006）》，2007 年 6 月，第 13 页。

2. 城乡未成年人触网率的差距逐步缩小

调查显示，城市未成年人互联网接触率高于农村未成年人在一段时期内持续，2007 年城市和农村的未成年人互联网接触率分别为 87.9% 和 68.8%；2013 年专门针对农村地区进行了调查，城市和农村未成年人的互联网接触率分别为 92.9%、80.2%；而这种城乡之间的差异随着时间的推移和学校互联网教育的普及逐渐变小；2017 年的调查中城乡已经看不出在互联网接触率上的太大差异。

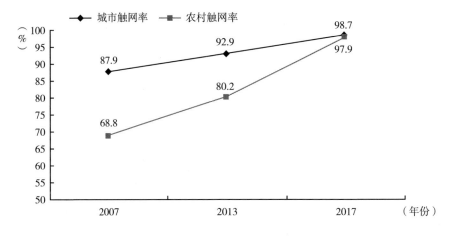

图 1　城乡触网率的差距逐渐缩小

3. 未成年人首次触网年龄低龄化趋势明显

在 2006、2007、2009 年的调查中，未成年人互联网接触率都持续稳定在 85% 以上，而且有不断升高的趋势。2010 年的第四次调查，增加了对首次触网年龄的调查，以 10 岁为测试点，选项给出了 3～10 岁的所有年龄，2010～2013 年连续四年的调查都显示"10 岁以后触网"是比例最高的选项，也就是说，未成年人首次触网年龄多为 10 岁以后。然而，每年"10 岁以后"的比例却在减少，每年"10 岁以前"的累计比例在持续增加。2013 年第 7 次调查显示，10 岁以前触网比例高达 72.0%，比 2010 年的 55.9% 显著增加。其中，6～8 岁首次触网所占的比例明显增长。

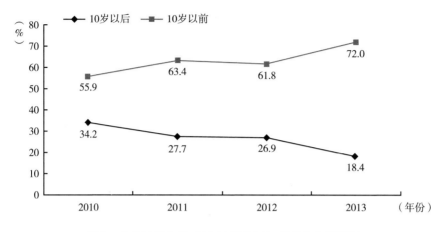

图2　首次触网年龄（以10岁为界）低龄化趋势明显

注：数据中还包括"不清楚"选项的比例，因此"10岁以后"＋"10岁以前"不等
于100%。而"10岁以前"是选项"3岁以前"到"10岁"9个选项的累计比例。

三　网络接入：手机主导下的多样化链接

1. 拨号—宽带—移动

　　2009年被视为中国3G元年，3G的发展和成熟带来了网络链接方式
的巨大变化，移动互联网时代已然到来。CNNIC的第19次《中国互联
网络发展状况统计报告》发布于2017年1月，这个报告首次出现手机上网
和手机网民的统计。而在此之前，网络接入方式一般分为：专线上网、
拨号上网、宽带上网。截至2006年12月底，手机上网网民数为1700万
人，远低于其他三种接入方式的网民数。[①]　CNNIC在第25次《中国互联
网络发展状况统计报告》中指出，截至2009年底，"中国手机网民规模
年增加1.2亿，达到2.33亿人，占整体网民的60.8%。其中只使用手
机上网的网民3070万，占整体网民的8%。手机上网成互联网用户新的

---

　　① 中国互联网络信息中心（CNNIC）：第18次《中国互联网络发展状况统计报告》，2006年7
　　月；第19次《中国互联网络发展状况统计报告》，2007年1月。

增长点。"① 与此同时，还有当年特别流行的 3G 上网本、3G 上网卡等等。未成年人上网的接入方式也随着整体互联网的发展进行着拨号—宽带—移动的变化。而自 2011 年起基本上是宽带和移动互联网的两种接入，但是多种上网终端接入也出现在未成年人的上网中，台式电脑、笔记本电脑、手机、iPad 成为最为主要的上网终端，他们同时拥有多种上网终端。2017 年的调查发现，移动设备的接入比例已经远远超过了台式电脑。

2. 网吧成为历史

十多年前，网吧成为未成年人上网方面一个特别有争议的事物，一方面网吧为没有网络接入的孩子提供了能够接触电脑和互联网的机会；另一方面网吧又成为未成年人网络游戏沉迷、事故多发地。尽管早在 2002 年我国就出台了《互联网上网服务营业场所管理条例》，规定上网服务营业场所不得接纳未成年人。然而，规定是规定，执行是执行。随着互联网的普及，尤其是手机上网的普及，网吧对于未成年人已经成为历史。2006 年未成年人互联网运用状况调查显示，23.8% 的人在网吧上网。2008 年该比例下降至16.3%。2010 年网吧作为一个话题在未成年人上网议题中基本上消失了。在网吧上网的人减少，在家庭上网的人增加。在 2011 年移动互联网发展后，家庭上网比例也开始降低。而特别值得关注的是，2018 年"手机网吧"成为媒体曝光的重点。《防不胜防黑网吧新变种：学校周边出现手机网吧》、《手机网吧实为"黑网吧"变种　未成年人沉迷如何治理?》② 等报道在媒体多次出现。

3. 手机变成上网主要终端

2009 年"中国未成年人互联网运用状况调查"第一次进行了关于手机

---

① 中国互联网络信息中心（CNNIC）：第 25 次《中国互联网络发展状况统计报告》，2010 年 1 月，第 3 页。

② 凤凰网：《防不胜防黑网吧新变种：学校周边出现手机网吧》，来源：http://news.ifeng. com/a/20180427/57933386_0.shtml，2018 年 04 月 27 日；新浪网：《"手机网吧"实为"黑网吧"变种　未成年人沉迷如何治理?》，http://news.sina.com.cn/c/2018 - 05 - 11/doc - ihamfahw0543032.shtml，2018 年 5 月 11 日。

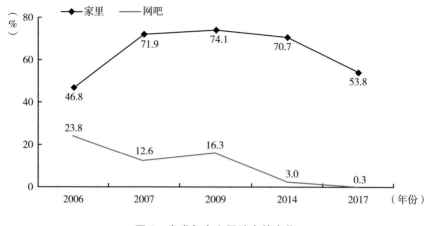

图 3　未成年人上网地点的变化

上网情况的调查，11～18 岁中学生手机上网比例为 38.3%。[①] 2010 年缓慢增长。2011 年是中国移动互联网的高速发展之年，各类移动终端数量和上网使用率都在不断增长，移动终端上网用户首次超过 PC，智能手机用户突破 1 亿。[②] 2011 年未成年人手机上网的比例也大幅度跳跃式增长，达到 80%

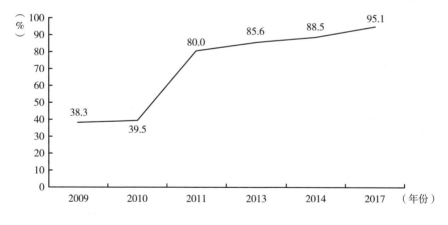

图 4　未成年人手机上网普及率的变化

---

① 中国青少年社会服务中心等：《我国中学生互联网运用状况及网络与校园暴力调查报告》，2009 年 12 月，第 100 页。
② 官建文主编《中国移动互联网发展报告（2012）》，社会科学文献出版社，2012。

的比例，而拥有自己手机的未成年人比例也达到了 27.2%。① 在智能手机越来越便宜的情况下，手机上网逐渐成为最主要的上网方式。2017 年未成年人手机上网比例达到 95.1%，略低于整体网民水平，而超过七成的未成年人都拥有自己的手机。

四 上网行为：健康科学上网、随时随地按需上网

1. 随时随地、一天多次上网成为现实

移动互联网的普及让未成年人随时随地多次上网成为现实。从上网频率来看，一周左右一次十年来都是最高比例。但是，十年来，未成年人"一天一次"和"一天多次"的上网频率逐年上升，"一天一次"的占比从 2006 年的 7.4% 上升为 2017 年的 21.1%。随着移动互联网的普及，一天多次的上网频率将有可能超越一周一次成为未成年人上网的主要频率。

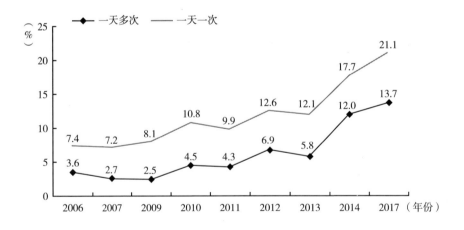

图 5　未成年人上网频率的变化

----

① 中国少先队事业发展中心：《2011 中国未成年人互联网/社交网络运用状况调查报告（县级）》。

2. 多次短时上网代替一次性长时间上网

十年来，不仅未成年人上网频率在发生变化，每次上网持续时长也在发生变化。整体来看，单次上网持续三个小时及以上的比例呈下降趋势，从2006年的21.9%降至2017年的11.3%；而单次上网时长在半个小时及以下的比例呈上升趋势。2006、2007年大约在16.5%，2009年是3G元年，半小时以下的单次上网比例迅猛增长，但是整体来看2009～2011年间，平均在23.4%的比例，而2012～2014年间明显上到新的台阶，比例约高出前三年10个百分点，平均为33.4%；而2017年比前三年又高出约10个百分点，增长到44.6%。

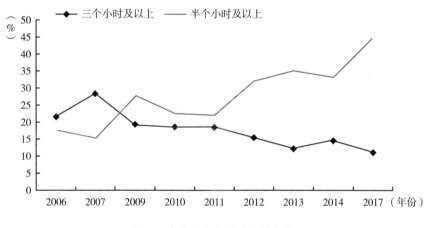

图6 未成年人上网时长的变化

3. 关注长时间上网对于视力和身体健康的影响

十年间，孩子及其父母双方对互联网对未成年人的负面影响的关注，有比较大的转变。早期双方都更多地担心"玩游戏/聊天会上瘾"和"上网耽误学习"，而对比2010～2017年的调查数据可以看到，孩子和父母双方开始更多地担心"长时间上网弄坏身体/眼睛"，并且这一担心逐渐成为最为主要的担心，以前关于网络上瘾和耽误学习的担心减轻了。从这个角度可以理解上文所述未成年人上网时长和频率的变化，短时多次上网代替了一次性的持续长时间上网，这中间不仅有网络链接方式、接入终端等的

影响，也有网络认知改变的影响，由此可见上网行为与网络认知之间的关系和相互影响。

图7　未成年人及家长对上网负面作用认知的变化

五　网络应用：从玩到学，从单一应用到丰富多样

1. 娱乐休息类一直是未成年人最为主要的网络应用

从 2006 年到 2017 年，调查数据显示，游戏、聊天①、音乐这三项一直是未成年人上网最为主要的应用，以明显高于其他应用的比例，排列在第一梯队。尽管十年间互联网应用、服务、产品不断地推陈出新，然而，游戏、聊天、音乐一直是未成年人高比例应用，九年持续调查的结果一致显示，在"您平时上网主要干什么"这一题目的调查结果中，聊天、游戏、音乐一直以明显领先于其他应用的高比例，排列在第一梯队，而这三项之间的比例则差异较小，偶尔在前三之间的排序有变化。发邮件、看新闻、购物这类的应用也持续多年排在上网应用的最后一个序列，未成年人使用比例一直极低。

---

①　网络聊天可以视为娱乐、交往、休息，当然聊天的内容也可以是学习等。但是，通过访谈和实际观察，我们更倾向于将未成年人的网络聊天归为以休息和娱乐为主要目的。

其他一些网络应用，整体上，泛学习类排在经常应用的第二梯队；其他类应用则根据每年互联网应用的整体流行趋势有所浮动。比如：2011 年、2012年的调查显示，微博成为未成年人重要的网上交往方式，而这也是微博最流行的时候，"微博已经上升为未成年人主要的网络社交平台之一，仅次于QQ 聊天和 QQ 空间"。①

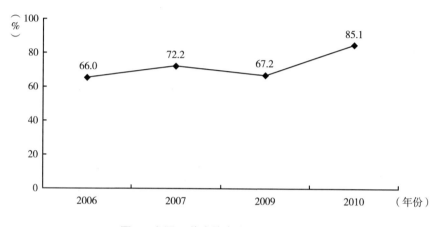

图 8　上网玩游戏的未成年人比例上升

2. 网络社交应用多样

未成年人的网络交往是以上网聊天为开始的，这也是十年来未成年人网络社交最为主要的方式。2006～2017 年的调查均显示"上网聊天"持续位于未成年人上网应用的前三位。而随着社交类游戏的多样化和"游戏＋社交"成为近些年网游发展的大趋势，"一起玩游戏"也成为未成年人网络社交的重要渠道。2007 年调查显示，在未成年人玩过的网络游戏中，"可以交很多朋友"已经是他们喜欢一款游戏的主要原因之一，在所给出的 10 个备选项中，位于第三位，而前两位则是"造型可爱"和"操作简单"。未成年人对网上新的应用和平台反应非常灵敏，十年来出现的社交相关的流行应用：MSN、Yahoo、个人空间、

---

① 中国少先队事业发展中心等：《2012 第六次中国未成年人互联网运用状况调查报告（县以上城镇地区）》，2013 年 7 月，第 60 页。

博客/微博、SNS 社交网站、陌陌等等，也都在未成年人的网络交往中被不同程度地使用，整体而言，与这些平台和工具的流行程度基本上是一致的。

网络交往是未成年人联络朋友和情感抒发的重要渠道，多年调查显示，未成年人对网络交往的评价整体倾向于积极正面。但是未成年人的网络交往也有一定的尺度，多次调查显示，未成年人在交往时有一定的个人信息保护意识，对于网上交往的朋友大多只是通过网络交往，网络交往中有自我保护的一些措施。

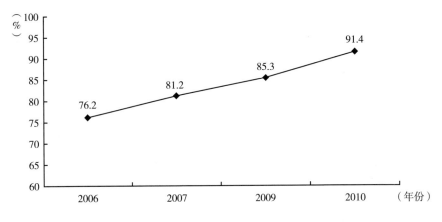

图9　上网聊天的未成年人（中学生）比例逐年增加

3. 网络学习方面的应用越来越多，已有网络学习内容和服务仍不能满足需求

利用互联网进行学习是未成年人群体网络使用中值得关注的一个方面。2006 年调查伊始，当时的中学生群体上网主要做的三件事依次为"聊天"、"玩游戏"和"查阅学习资料"，而查资料作为未成年人将互联网运用于学习的最重要和最直接的表现，一直有较高的比例，从调查数据来看仅次于聊天、游戏，排在未成年人上网主要干的事情的第二梯队。而提交作业、网络课堂、网络阅读、网上创作等，在 2007 年调查中已经有相当的表现。从2009 年调查中可以看到：95% 以上的中学生有"查阅资料"的应用，四成人已经经常在网上查资料；而网络课堂和网上交作业的只有不到四成人，仅

有 5.6% 的人经常使用；而网络制作（音乐、Flash 等）也只是少数人的尝试，不到一成的人经常使用。①

互联网的学习功能一部分是与课堂知识学习紧密相关的，如网上作业、网上课后辅导、网上课题答疑等等，还有一部分是与学校课堂知识学习不直接相关的，比如电子阅读、新闻时事浏览和讨论、网络创作、网上课题（课堂外补充学习）等等。随着互联网上提供的学习类内容、产品和服务的增加，以及学校将互联网应用于学习的培训辅导，通过互联网进行学习已经成为十年来极为明显的趋势。2017 年的调查显示，关于学习的应用不仅种类多而且使用频率也越来越高，互联网成为未成年人的学习助手已经成为现实。然而，从未成年人对网络服务的期望来看，课程辅导、在线答疑等内容和服务还不能满足他们的需要，仍然是未成年人的最强诉求。

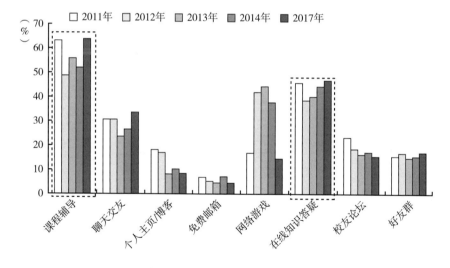

图 10　已有网络学习的内容和服务不能满足未成年人的需要

① 中国青少年社会服务中心等：《我国中学生互联网运用状况及网络与校园暴力调查报告》，2009 年 12 月，第 96 ~ 98 页。

六 上网技能的获取和增长：自主学习胜过父母/老师帮助

1. 主动学习能力很强，学校课程日渐普及和丰富

对于新事物的好奇，驱动未成年人在上网技能方面的自我学习和探索。而学校开设的互联网方面的相关课程也成为未成年人获取上网知识的重要渠道。2010～2012年的调查对于学校的互联网课程和其有用性进行了调查，调查发现，九成以上的未成年人在学校都上过互联网相关课程，但是他们对课程的有用性评价并不高。2010年调查显示，89.6%的未成年人上过学校的互联网课程，八成以上的人认为学校的互联网课程有帮助，而这种帮助的有用性得分仅为49.9分（百分制）。[①] 2011年调查显示，93.8%的未成年人在学校上过电脑课或教上网的课，他们对于相关课程有用性的评价分数为50.1分（百分制）。[②] 2012年虽然相关课程的普及率略有上升，但是对课程有用性的评价基本没有改变。

以手机上网为例，在2010～2011年手机上网普及流行最快的两年，调查组调查了未成年人手机上网技能的获取，"自己学"成为未成年人获取手机上网技能最为主要的途径，其次是同学朋友之间的交流，而且他们自我学习的能力不断增强。2011年"自己学的"的比例无论是12岁以下的小学生群体还是整体学生群体都较2010年有明显的增长。2017年调查显示，自学是未成年人获得上网知识和技能的最主要途径，其次是与同学和朋友交流。

2. 父母对未成年人的指导虽有改进，但是难有大的突破

十年来，父母对于未成年人上网不仅态度上有改变，而且也实际给予了指导和管理。从十年的调查可以看出，父母在对未成年人上网的指导方面有

---

① 中国少先队事业发展中心等：《中国未成年人互联网及手机运用状况调查报告》，2011年2月，第119～120页。

② 中国少先队事业发展中心等：《2012第六次中国未成年人互联网运用状况调查报告（县以上城镇地区）》，2013年7月。

表 2 学校互联网课程相关情况（2010 ~ 2012 年）

年份	2010	2011	2012
课程普及率(%)	89.6	93.8	95.0
课程有用性得分(百分制)	49.9	50.1	50.1

表 3 自己学习和与同学交流成为未成年人手机上网技能主要获取途径

单位：%

类别	2010 年小学	2010 年初中	2010 年高中	2011 年 （8 ~ 13 岁）	2011 年 学生整体
父母教的	21.5	8.5	9.9	11.7	7.7
同学、朋友传的	11.8	19.3	20.3	14.4	16.8
自己学的	59.6	65.9	64.5	67.5	71.1
看广告的	2.8	3.2	2.5	2.2	1.7
其他	4.3	3.2	2.9	4.3	2.8

很大的进步，从反对上网到指导上网，从粗犷的管理到更为细致的指导。从不许上网的规定，到怎么用的技术帮助；从规定每次上网时间，到指导哪些内容可以看；从孩子偷偷自学到孩子主动请教父母，以及到父母和孩子在上网技术和使用上的互相请教和学习，一种互动、和谐的互联网使用氛围开始形成。2017 年调查显示，超过七成未成年人（71.8%）表示父母（或者长期看护家长）教过自己一些上网的知识或技能。

然而，父母的指导也出现了难以突破的困局。从调查数据来看，父母对于未成年人上网有一定指导或规定的，2010 ~ 2017 年，整体上在七八成的水平上波动；这种趋势对比孩子对父母上网水平的评价，可以有另一角度的理解。2010 ~ 2013 年调查显示，多数未成年人认为父母的上网技术比自己差，这也是父母长期反映在指导未成年人上网时遇到的最大的问题，即孩子比自己在上网方面懂得多，想管也管不住，想指导却不知道怎么指导。

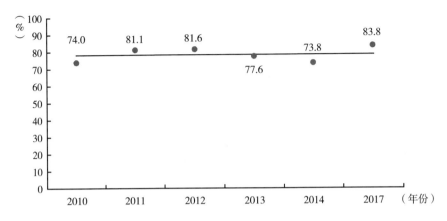

图 11　父母对未成年人互联网运用的指导（2010～2017 年）

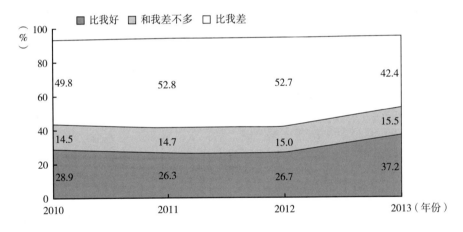

图 12　未成年人对父母上网技术的评价（2010～2013 年）

七　网络运用特征：追逐潮流下的坚持和钟爱

1. QQ 是持续的钟爱

追逐新潮是未成年人上网的一大特色，未成年人积极参与当年整个社会网络热点应用，而当某种应用不再流行或者被新的应用取代，未成年人也跟着转移。这一点在每年调查的互联网新的热点应用上表现得很突出。十年来，个人空间、音视频、网络文学、博客、微博、个人空间、SNS 社交网站（人人网、开心网、同学网）、贴吧、个人相册、直播网站等流行的热点应用，在流行当年都在未成年人的互联网使用中能够看到紧跟潮流的尝鲜。然而，对于未成年人而言，QQ 作为一种工具、一个平台，一个场域，一直是最常见的选择。

QQ 作为即时通信工具，是未成年人网络聊天的首选。在上网聊天工具中，QQ 以绝对优势屹立于各类提供聊天功能的平台和工具之中，而且持续保持压倒性优势。2012 年未成年人互联网运用的社交网络专题调查结果显示，"QQ 聊天"和"QQ 空间"以绝对优势居所列 12 个社交类网站的前两位，比例遥遥领先；而接近八成人（79.5%）常用的网络交往方式为网上聊天。[①] 而手机 QQ 也成为未成年人手机上网最经常的应用，2010 年手机上网专门调查显示，87% 的人用手机上 QQ；2012～2014 年调查显示同样的结果，QQ 聊天是未成年人手机上网的第一大应用。其实，十年来未成年人上网最经常的三大应用：聊天、游戏、音乐，在 QQ 平台上全部能够实现，而且 QQ 平台还不限于这三项功能。

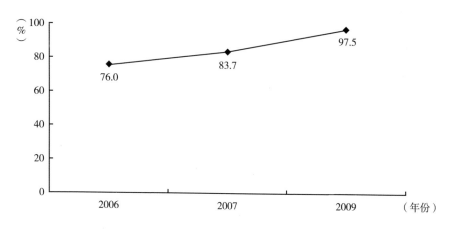

图 13　QQ 是未成年人主要的聊天工具

---

① 杨斌艳：《未成年人网络交往状况》，李文革等《中国未成年人新媒体运用报告（2011～2012）》，社会科学文献出版社，2012，第 106～123 页。

2. 微信迅速成新宠

2013年调查组将微信作为年度热点，首次进行了未成年人微信使用的调查，结果显示，47%的未成年人使用微信；而2017年调查显示，未成年人的微信使用率达到84.6%，而且85.6%的未成年人有自己的微信号。

微信是手机上网时代的产物，而微信的使用也更多基于手机端。从未成年人手机上网的整体应用来看，相较于聊天、游戏、听音乐、在线学习等，微信仍然在手机上网的整体应用中位居其次。然而，2017年调查显示：就手机最常用的App来看，微信已经仅次于QQ和音乐类，居第三位；最为突出的是，微信已经成为未成年人新闻获取最重要的渠道，超越电视、新闻网站、新闻客户端成为新闻获取的第一渠道；如果从年龄来看，可以看到小学生较中学生更多使用微信。

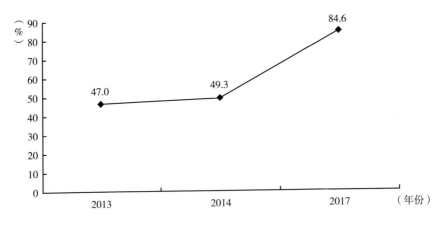

图14　未成年人使用微信的比例显著增长

3. 没法上网成为未成年人接触网络的最大阻碍

2011年调查显示，未成年人互联网普及率已经达到94.2%。在绝大部分未成年人都上网的情况下，我们通过调查了解了没有上网的未成年人不上网的原因。调查结果显示，"不会上网"的仅占6.3%，而没上网的主要原因是"家长不让上网"。2013年再次进行了不上网的原因调查，"家长不让上网"以及"学校或家里没法上网"成为未成年人没有上网最为主要的两大原因。而 2014 年的调查显示了同样的结论。需要关注的是，整体而言，"家长不让上网"和"没有兴趣"的比例明显下降，而没有上网条件和设备则成为阻碍未成年人上网最为重要的原因。2011 年调查中，当问及"你打算上网吗？"，最多的选择是"等我再大些，父母应该同意我上"以及"不知道，我决定不了"；而约有一半的人认为没上网还是给自己带来了些烦恼；约三分之一的人表示附近没有网吧，有一半的人回答"附近有网吧，但是自己没有去过"。① 2013 年农村地区调查显示，46.3% 的人表示附近没有网吧，42.1% 的人表示附近有网吧，但是没有去过。②

表 4　没有接触网络的条件成为不上网的主要原因

你为什么没有上网？（限选 1 项）				
类别	2011 年	2013 年（城市）	2013 年（农村）	2014 年
没有兴趣	28.4	15.1	13.4	14.9
不会上网	6.3	16.0	22.3	18.2
家长不让上网	38.4	24.9	31.2	24.5
学校或家里没法上网（无设备＋无网络链接）	—	30.3	26.2	29.3

八　被忽视的背景及问题反思

1. 未成年人触网率十年变化曲线的背后

"中国未成年人互联网运用状况调查"作为"中国未成年人网脉工程"的重要子项目之一，2006 年 10~12 月开始了第一次调查，受各方条件限制，调查主要针对的是教育部全日制在校学生。2006~2009 年的三次调查

---

① 中国少先队事业发展中心等：《中国未成年人互联网及手机运用状况调查报告（2010）》，2011 年 2 月，第 139~141 页。
② 中国少先队事业发展中心等：《第七次中国未成年人互联网运用状况调查报告（2013）》，2014 年 6 月，第 139~140 页。

主要是针对中学生，问卷以"你上过网吗？"为主提问，因此，是一个触及率的概念。2006 年调查结果显示，85.2% 的人上过网，但是其中一半（52.9%）网龄不足一年。① 而且调查实际到达的一般是城市学校，包括少许县城和城市郊区学校。因此，这些调查数据基本代表了我国中学生互联网运用高水平群体的情况。当然，这也是中国互联网发展的一个现实，学生群体一直在中国网民中占比很高。

在这种情况下，2010 年开始首次把小学生也作为调查对象，但是重点调查小学高年级学生（四、五年级）。2010 年，小学生互联网触及率为85.2%。以城市为主的调查进行六次后，2013 年首次专门针对农村地区的学校进行了调研，② 明显能够看出城市和农村之间的差异。2014 年的调查首次涉及部分留守儿童，可以明显看出"城市—农村—留守儿童"触网率依次降低。而由于农村学生样本的加入，整体的触网率有下降。2017 年调查并没有专门针对农村的调查，而是按照学生家庭居住地进行城乡划分，因此城乡之间的触网率差异已经很难看到了。

十年调查总结如下：整体上，未成年人互联网接触率在不断上升。高年级触网率高于低年级，而随着触网年龄的走低，小学生的触网率也越来高，触网率在年级之间的差异缩小；随着手机上网的发展，城乡未成年人之间的触网率差异也越来越小。

2. 调查和问卷变革的背后是互联网发展的现实

2006 年是互联网在中国商用的第一个十年，本调查主要是在互联网飞速发展的第二个十年进行的，十年来中国互联网的发展以及互联网给中国社会带来的变革，可谓极大。这种变化不仅仅表现在互联网运用层面，更表现在整个社会对于互联网的认知上。这些实践的发展，要求调查和问卷必须变革。调查问卷的整体结构含基本数据 + 当年热点应用 + 专题调查三个部分。

---

① 中国青少年社会服务中心等：《中国未成年人互联网及手机运用状况调查报告（2006）》，2007 年 6 月，第 2 页。
② 没有做农村地区调查的年份，农村和城市的划分，是根据调查后的数据处理，划分城乡的数据指标是：被调查学生的家庭所在地，县城及以上为城市。

图15　十年未成年人触网率变化（2006～2017 年）

在持续进行基本行为、认知观察的同时，每年进行热点应用调查，并通过专题调查深入了解未成年人网络应用的某一个热点。十多年来专题调查的聚焦和变化，就是未成年人互联网运用变化的一种体现，也是社会对未成年人互联网运用焦点问题的判断。2006、2007 年价值观做专项调查以及关注网瘾、网游、聊天；2009 年做网络与校园暴力的专项调查；2010 年做手机运用、手机上网状况专项调查；2011 年做社交网络运用状况专项调查；2012 年做网络社交、微博、微信调查；2013 年增加专门对农村的调查，对社交、微信进行持续关注；2014 年首次出现留守儿童数据，再次关注价值观；2017年关注代际互动、自我表达。

除了专题外，调查的题目、调查对象等也根据之前调查的反馈和评估进行调整。比如：在未成年人触网率已经维持在 90% 以上后，开始对首次触网年龄的调查；当父母对于孩子上网的负面评价转为正面时，开始对两代人技术能力的关注；当互联网已经成为必备工具时，开始对网络使用与学习成绩的关注；从对亲子关系与网络使用的关注，到对留守儿童网络运用状况的首次调查。

3. 未成年人上网社会舆论环境的变化

从十年的趋势变化来看，社会公众对于未成年人上网的负面标签在减少，媒体在报道青少年互联网运用时不仅谨慎使用"网瘾少年"、"青少年网络犯罪"等负面标签，而且注意对此方面报道的整体平衡和把握，而不是给所有公众以"青少年＋互联网＝网瘾/沉迷/犯罪/逃学"等的负面联想和联系。2010年课题组提出，可以把未成年人上网相关问题概括为如何解决"网好上，好上网，上好网，上网好"这四个问题。[①] 对应四个问题提出：①要建设好的网络基础，尤其是农村地区、落后地区；②要进一步提高未成年人互联网普及率；③要建设好的互联网内容，为未成年人提供优质的互联网信息资源；④正视互联网时代的到来，让社会和广大未成年人都认可和感受到"上网好"。

因此，这种调查研究本身对于被调查者（学生、家长、教师/辅导员）的影响和导向作用，也是调查问卷设计和完善中考虑的一个重要问题；调查结果及对策建议对于媒体和社会公众的影响也是重要考虑因素之一；也要通过调查和发布推进社会倡导活动。这些都成为社会舆论大环境变化的重要部分，这些变化同时又影响了调查结果。整个社会和成年人（尤其是家长、教师/辅导员）对于未成年人的互联网使用要有科学的态度，并为他们创造好的舆论环境，这些都直接作用于未成年人的用网行为和态度。

九　对策建议

2017年4月20～21日，习近平总书记在全国网络安全和信息化工作会议的讲话中系统阐述了"网络强国"战略思想。而"青年兴则国兴，青年强则国强"，未成年人的互联网运用不仅涉及如何应用一个先进工具或者新技术的培训，还涉及未成年人的成长、教育和社会化，更涉及青年一代网络强国的责任担当。因此，需要在"网络强国"战略下认识未成年人互联网运用与青年一代的强国担当和作为。

[①] 中国少先队事业发展中心等：《中国未成年人互联网及手机运用状况调查报告（2010）》，2011年2月，第14页。

"发展是解决问题的关键和基础",未成年人互联网运用中的问题也应该从发展的视角加以认识并寻找解决方案。在全社会促进和保障未成年人互联网运用,鼓励并倡导未成年人通过互联网学习和创新创造;全社会支持未成年人更好地、积极地使用互联网,全社会为未成年人的互联网使用创造更好的条件,应该成为对待未成年人上网的基本态度。

就当前我国互联网整体发展以及未成年人上网行为的整体情况来看,比较有针对性地解决紧迫问题的建议如下。

1. 保障网上所获知识类信息的可靠性、科学性

通过互联网检索进行自我知识学习和辅助完成作业已经成为未成年人群体中非常多见和普遍的现象。多次调查显示,未成年人使用的搜索入口以及经常使用的网站都是最流行的网站和工具,比如腾讯、百度、微信、QQ。那么这些网上检索所返回给未成年人的所谓"知识"是否科学、正确就至关重要。因此,建立网上知识的科学权威认证,并在检索到的页面对于有权威认证的知识进行明确、显著标识就非常必要和必需。近两年来,在中央网信办的指导下,百度等大的搜索平台已经和中国科学院等机构合作进行相关科学技术方面知识的认证工作。然而,这样的工作还需要进一步拓展和完善。

第一,对于知识领域的扩充和划定。党史、国史、历史等知识可能需要特定的专业机构进行校对校准并加显著的权威认证标识;对于社会科学类知识的评估和认证,怎么推进,如何去做,也需要尽快探索和实验;对不会进入课堂的流行知识、前沿知识、新创词汇等如何进行评估,要给未成年人一个有益的反馈。第二,从一个平台到全网搜索的保障。要把已经经过校审和认证的权威网上知识,作为全网知识搜索的首要反馈和推荐信息,使得无论未成年人从哪个入口检索,都能够首先获得已经认证的权威信息。而且应该指导未成年人学习鉴别已认证的正确权威信息。第三,国家层面需要进行相关网络知识认证的组织和规划,保证相关知识认证审核机构的权威性、可靠性、持续性,并应该与相关机构共同探讨建立网络知识制作、发布、审核、认证的长效机制。

2. 网络游戏防沉迷系统的有效性评估

网络游戏沉迷一直是未成年人互联网使用中长期存在、比较让人头疼的事。近几年还出现了因为游戏沉迷以及个别游戏场景设置，造成未成年人人身安全等事故。而我国第一部网络游戏管理的部门规章《网络游戏管理暂行办法》（文化部令第49号，以下简称《办法》）已经于2010年8月1日正式施行，《办法》对网络游戏的娱乐内容、市场主体、经营活动、运营行为、管理监督和法律责任做出明确规定。2010年各界都希望建立起一套"政府监管、行业自律、家长参与、舆论监督"的综合保护体系。不少的网站平台和游戏商家也开发了多种防止网络游戏沉迷的软件和系统。然而，游戏沉迷仍然成为未成年人上网过程中最为严重和突出的问题，除了长时间网游沉迷造成的身体伤害、耽误学习、浪费钱财之外，网络游戏中不适合未成年人的不良信息和内容，也对未成年人的行为习惯养成和价值观形成等极为不利。有些专家和家长认为"网游几乎成为一种精神鸦片"①。

关于未成年人的网络游戏沉迷的对策主要有：网络游戏分级，实名制的落实，素养教育，媒体/社会监督，家长监督，防沉迷系统开发，等等。防止未成年人的网络游戏沉迷确实需要全社会的关注和参与，然而，政府监管和企业责任应该是最为主要的，其中企业应该为此担负应有责任。当前政府和企业可以在以下方面加强和改进：①评估相关管理制度和规章的有效性和可操作性；②夯实企业主体责任，避免阳奉阴违和变相逃避管制；③评估相关防沉迷系统的有效性，避免通过技术欺骗来吸引更多用户或者变相推广游戏；④借助国家相关科研力量进行技术、算法、人工智能层面的未成年人游戏防沉迷系统的研发和推广。

3. 对网络交往中针对未成年人犯罪的专门打击

社交是未成年人互联网使用的又一大目的，比如：十多年来，持续排在未成年人网络应用前三位的网络聊天。虽然调查显示，未成年人在网络交往

---

① 专家：《明确网络游戏分级制　落实游戏注册实名制》，来自：http://www.xinhuanet.com/politics/2018－06/05/c_1122938759.htm。

中有一定的自我保护意识,在社交平台对于个人信息的真实暴露有一定的技巧,而且对于网络上新认识的朋友,绝大多数仅限于网络上的交流,基本没有线下见面。然而,媒体上关于利用网络社交平台进行未成年人群体网络犯罪引诱的新闻也屡见不鲜。比如:近两年来直播平台下的未成年人不良视频、图片,有些是未成年人无知的自我暴露,然而,还有很多是出于成年人的无知,不仅不知道保护未成年人,反而引诱或者诱导孩子做一些不健康、低俗甚至是有害健康的行为,然后上传视频。也不免有一些别有用心的人专门通过直播平台、社交平台等引诱青少年犯罪,比如网络上的未成年人色情聊天、表演等。虽然,每年都有对网络淫秽色情的专门整治,然而随着传播技术的发展以及传播平台的增加,这是现象屡禁不止。因此,加强对网络社交中针对未成年人犯罪的专门打击很有必要。另外,也要通过电视、广播等大众媒体对成年人进行教育和宣传,保护孩子,应该是全社会的责任和义务。对于家长群体,尤其是农村看管孩子的祖父母群体,则需要进行一些专门的培训,教会他们如何在网络时代保护孩子、如何指导孩子避免受不良信息侵害、如何监管孩子上网等基础知识和技能。整体而言,互联网企业作为产品、内容、技术和服务的主要研发者、提供者,若不履行应有的基本社会责任,靠低俗内容吸引眼球、刷流量,通过所谓的算法、智能等持续推送低俗内容,应该被整个社会谴责;监管不力造成的重大社会影响,平台和企业方必须承担应有的责任。

4. 未成年人网络购物和数字支付的安全隐患,需尽快防范

当前,微信支付已经成为中学生群体重要的应用,网上购物的未成年人的比例也在增长。2017 年底阿里研究院以天猫"双十一"数据为基础,发布了用户观察报告,报告指出:95 后的 Z 世代,参与"双十一"的人数占比为 21%,Z 世代消费金额占比为 11.3%,他们的消费以动漫、游戏和泛二次元文化为主。[①] 2018 年"六一"前夕,腾讯研究院发布

① 杨健:《阿里研究院发布〈进击,Z 世代〉报告》,2017 - 11 - 16,来源:http://www.cnr.cn/chanjing/zhuanti/lt/zs/xf/20171116/t20171116_ 524027932. shtml。

《腾讯00后研究报告》也将消费趋势作为重要内容，可见，各大互联网公司都已经将未成年人纳入网络消费的重要目标群体。毫无疑问，新生代必然会网络购物和数字支付，而在网络购物和数字支付领域已经长期存在的顽疾和弊病，对于未成年人来说，他们是否更容易跌入陷阱和上当受骗？

未成年人的互联网使用塑造网络社会。在电商"买、买、买"无处不在的广告包围下，年轻一代的价值观、消费观会怎样？在用户行为大数据和用户行为追踪方面的技术越来越先进、越来越智能，未成年人的个人信息和隐私保护靠什么？未成年人花的都是父母、祖父母辈的钱，他们能够自由支付后，家长、家庭的负担如何？未成年人网络沉迷后，若通过数字支付产生了过量债务，谁来还？未成年人数字支付的信用是否要跟家长绑定？一个人的金融信用是否从未成年时期的网络购物和数字支付就已经开始了？……总之，一切面临的和即将面临的都是新问题。那么对于这些，我们整个社会，在能够预见和想到的时候，就应该开始研究和探索，社会预警就是未雨绸缪的开始。

笔者倾向于将互联网视为当代以及今后很长一段时期里未成年人生活中的必备工具，"工具远不仅仅是使任务更容易完成的某种东西。工具可以改变我们的思维方式、改变完成任务的方式（甚至是任务本身的性质），甚至能够引发我们未曾想象到的广泛的社会变化"①。未成年人当前已经是网络文化的感受者和参与者、网络内容的获取者和贡献者、网络社会的影响者和创造者、网络强国的接力者和践行者。如果网络社会是未来社会，风险社会是全球趋势，那么，关注和关心未成年人的互联网使用，监测和观察未成年人的互联网行为，就是启发关于未来社会思考和研究的基础。而笔者更相信，中国是世界第一网民大国，中国未成年人的互联网运用作为新兴网络社会研究的范本具有深刻的意义。

---

① 〔英〕亚当·乔伊森著《网络行为心理学——虚拟世界与真实生活》，任衍具等译，商务印书馆，2010。

参考文献

中国未成年人互联网运用调查课题组：近十年来的"中国未成年人互联网运用状况调查"的共九次调查报告、数据。

李文革等主编《中国未成年人互联网运用报告（2009～2010）》，社会科学文献出版社，2010。

李文革等主编《中国未成年人新媒体运用报告（2011～2012）》，社会科学文献出版社，2012。

李文革等主编《中国未成年人互联网运用报告（2013～2014）》，社会科学文献出版社，2014。

〔英〕亚当·乔伊森著《网络行为心理学——虚拟世界与真实生活》，任衍具、魏玲译，商务印书馆，2010。

B.12
十年来未成年人对互联网的
认知及态度变化趋势

陈晶环[*]

摘　要：　通过梳理 2006 年至 2017 年中国未成年人互联网运用状况
调查的数据，本文从未成年人上网的主要目的、对网络信
息的信任度、网络运用利弊、专门网站的建设需求、对父
母态度的认知以及父母的指导行为等方面，分析了未成年
人对互联网认知及态度的演变现状与发展趋势；从不良信
息源、对不良信息的认知、模仿行为、网络语言的使用，
以及父母技术认知等方面探讨了未成年人在网络认知与态
度上存在的问题。未成年人认知问题产生于宏观背景下信
息化社会和消费社会的引导，以及微观层面的网络不良信
息的转型和技术遮蔽。应该增加线下互动，强化学校与父
母的社会化主体作用；满足未成年人阅读需求，发挥纸质
书籍的影响力；增加对未成年人主流网站趣味性学习内容
的开发。

关键词：　未成年人　互联网　认知　态度

---

* 陈晶环，西南财经大学人文学院社会学系讲师。

一 未成年人对互联网认知的总体特征

（一）未成年人以放松休息与完成作业为上网目的的趋势增强（2010～2017年）

在2010年的问卷中增加了"你上网的最重要目的是什么"一题，对未成年人上网目的调查，是对未成年人关于互联网运用的主观认识与具体定位的调查。整体上来看，娱乐、完成作业、放松休息这三个选项在十年的调查结果中一直占据前三位，这意味着未成年人将上网视为生活的一部分，并且上网不再是一种可有可无的生活内容，运用网络来完成学业也成为一种趋势。

调查显示，2010～2011年，娱乐与放松休息是未成年人上网的主要目的，分别占据着所有选项中的第一位和第二位，完成作业与这两个选项间存在较大差距。在2010年，有49%的未成年人认为上网"是放松娱乐的工具"，有25.1%的人认为是"是学习的好帮手"。在2011年，这两个选项所占比例分别下降到36.6%和21.5%，"是生活的一部分"和"是了解社会的重要窗口"两个选项的比重大幅度增加，分别为13.9%和13.5%。2012～2014年，娱乐与放松休息这两个选项在第一位和第二位之间波动，而"完成作业"与这两个选项之间的差距不断缩小。"放松休息"在2014年和2017年成为未成年人上网的重要目的，所占百分比分别为29.8%和57.40%（城市）、56.30%（农村）。2018年，"完成作业，查找资料"的百分比首次超过"娱乐"这一选项，过半数的未成年人上网主要目的是"完成作业，查找资料"，不到四成的未成年人上网目的是娱乐，并且2017年城乡未成年人在上网目的上表现出了非常强的一致性（见图1）。由此可以确定，上网不仅是成人生活的一部分，对于未成年人来说也是如此。因此可以推断，在未来的一段时间内，网络成为未成年人生活、学习中的重要内容，其重要性可能随着社会的发展而日益凸显。

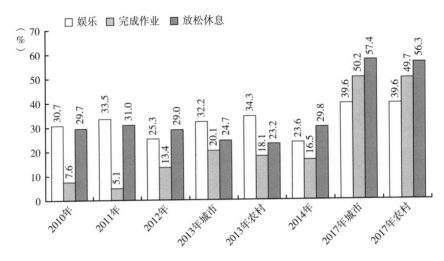

图1 未成年人以放松休息与完成作业为上网目的趋势增强

（二）未成年人对网络信息的信任度先升后降（2006～2010年），对主流媒体信息的信任趋势增强（2011～2017年）

对网络信息的信任度和安全度的调查，是这十年问卷调查中一直关注的。在2006年至2010年的问卷中设计了"您对网络上信息在总体上的真实可信度如何看？"一题，整体上来看，未成年人对网络信息的信任先升后降，这意味着未成年人对网络信息不再盲从，具有一定的警惕性与反思性，并对主流媒体上的信息表现出较高的信任度，这表明具有较强亚文化特质的未成年人对主流媒体与信息的认同度有上升的趋势。

调查显示，2006～2009年，未成年人对网络信息的信任程度逐渐下降，2006年有21%的未成年人认为网络信息绝大部分和大部分不真实，这一数据在2009年增加到30%，这意味着只有七成未成年人认为网络信息是可信的，是2006～2010年网络信息信任度调查中信任度最低的一年。到2010年后，有八成的未成年人认为网络信息有不同程度的可信度。虽然与2009年相比，2010年对网络信息信任的程度有所下降，但整体看在升高，并且认为"绝大部分不真实可信"的百分比由2006年的9.39%增长到2010年的

12.8%（见图2）。在2011年后，将此题细化为"你认为以下哪些网上信息
是比较可信的"，其中"知名网站的信息"、"搜索到的信息"、"学校网站
的信息"在2011～2017年的调查中处于可信网站的前三位，"知名网站的
信息"认可度由29.7%（2011年）上升至46.7%（2017年农村）、43.2%
（2017年城市），"学校网站的信息"成为目前最被信任的网站，在2018年
所占百分比分别为53.70%（城市）和56.6%（农村）。这意味着具有亚文
化特质的未成年群体在网络信息这一维度上，更倾向于信赖主流媒体的信
息，2011～2018年的数据显示这一趋势正在加强。

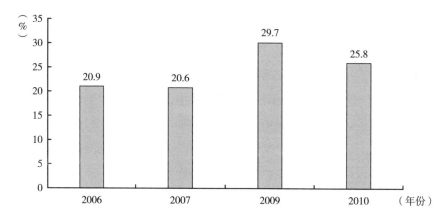

图2　2006～2010年未成年人对网络信息的信任度先升后降

（三）未成年人对互联网整体持肯定态度的趋势增强（2006～2017年）

对网络带给未成年人利弊的调查，意在了解未成年人对网络影响的判
断。在2006年至2010年的问卷中设计了"上网对于您个人的学习和生活带
来了什么样的影响?"一题。整体上来看，未成年人认为网络带来的利大于
和等于弊的情况呈上升趋势，并对网络带来的利弊有明确认识，这意味着网
络带来的利弊在未来可能以更加明显、对立的状态存在。

调查显示，2006～2010年，未成年人对网络带来的利弊的认知存在两

个阶段：以 2007 年为节点，在 2006～2007 年中认为网络利大于等于弊的未成年人百分比由七成增加到九成，这一情况在 2010 年又下降到不到七成。其中认为利弊相当的百分比在这四年中一直是最高选项（见表1）。2011～2013 年，此题更改为"上网给你带来的变化是什么？（最多选三项）"，由利弊比较改为对网络带来利弊具体方面的认知。2011～2013 年的调查数据显示，历年占比最多的前三项为"学习知识变得容易了"、"与人交往变得方便了"、"有了全新的娱乐方式"，由此可见，未成年人认为网络带来的变化主要是积极方面的。2018 年，将关于网络带来的利弊影响拆分为两个问题："上网给你带来了哪些好的变化？"和"上网给你带来了哪些不好的变化？"上网带来好的变化占比前三位的选项为"获取知识变得容易了"、"与人交往变得方便了"、"有了很多新的游戏和娱乐方式"，上网带来不好变化占比前三位的选项为"用电脑和手机太多，视力下降很快"、"分走了不少学习时间"、"比以前更爱待家里了，运动减少了"。由此可见，未成年人对网络带来的积极影响和消极影响有明确的认知，这意味着未成年人能更加理性地看待网络。随着网络和网络知识的普及，必然会出现网络的去魅化，这也会使得未来未成年人对网络的认知更加清晰、明确。

表1　2006～2010 年未成年人对网络利弊的评价

单位：%

评价	2006 年	2007 年	2009 年	2010 年
利大于弊	34.1	44.1	36.8	32.4
利弊相当	35.9	44.9	40.1	33.2
弊大于利	11.1	10.9	13.5	15.4
不清楚	18.9	0.1	9.7	19.0

（四）未成年人对专门网站的建设需求增加（2010～2012 年），并对专门网站的在线课程学习与辅导的需求增加（2010～2017 年）

随着网络的普及，以及网络与教育结合的增多，未成年人更加倾向于使用专门网站，主要表现为对网站的课程、学习功能需求增加。在2010～2012年的问卷中，设计了"你觉得有必要给学生建设一些专门的网站吗？"一题。调查结果显示，在2010年，分别有36.7%和27.9%的未成年人认为"极有必要"和"较有必要"建立专门网站。2011年，有39.6%和18.9%的未成年人选择"我希望有专门为青少年设立的网站，这样我们上网更安全"和"如果有内容丰富的青少年的网站，我愿意上专门的青少年网站"，而2012年选择这两个选项者的占比为41.8%和18.0%（见图3）。

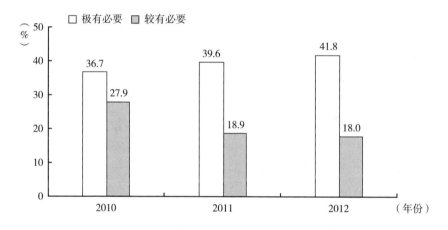

图3　未成年人对专门网站的建设需求增加

对于未成年人专门网站的具体功能，2010～2017年问卷中关于此题的选项每年均有所调整，占比较多的选项主要集中在娱乐与学习两个功能上，调查结果显示2017年未成年人对网络阅读功能的需求强烈。具体来说，2010年"能帮助学习"和"功能全面"两个选项占比占据前两位，分别为31.9%和23.7%。2011年对专门网站的学习功能有更高的需求，"课程辅导"和"在线知识答疑"的选项占比占据前两位，分别为63.3%和46.0%。2012年未成年人对专门网站的学习和娱乐功能更加青睐，"课程辅导"和"益智游戏"两个选项所占百分比占据前两位，分别为49.0%和42.2%。2013年的数据显示，"课程辅导"和"益智游戏"选项的占比依旧位于前两位。2014年，"课程辅导"和"在线知识答疑"成为未成年人

最为看重的功能，从这一年开始未成年人对专门网站的娱乐需求下降。2018年，未成年人认为专门网站最重要的前三个功能分别为"在线学习"、"在线知识答疑/辅导"和"网络阅读"。因此，未成年人对专门网站有强烈需求，并对专门网站的功能要求从学习和娱乐兼顾，转向以学习为主、放松为辅。这意味着未成年人将专门网站视为完成学业和拓展非课堂知识的窗口。随着网络教育的普及，未来未成年人对专门网站的学习功能和休闲功能的需求会增强。

（五）父母对未成年人上网行为有所规定的趋势增强，农村父母比城市父母对未成年人有更严格的规定（2010～2017年）

父母在对未成年人上网态度明确的同时，对未成年人的上网也给予了较多控制。从整体上看，父母对未成年人的必要指导呈现曲线特征，但对未成年人上网行为的规定所占百分比一直较高，规定时间也规定内容的百分比先降后增。

若从问题的一致性上进行阶段划分，2006～2009年间，设置了"父母和老师对于未成年人上网的担心有必要吗？"一题，认为父母应给予自己不同程度必要指导的未成年人百分比先增后降。2010～2013年中，设置了"父母对你上网是否有指导？"一题，要么有规定，要么有指导，或者两者皆有的百分比逐渐上升，由2010年的74%增长到2013年的82.5%（城市）、76.1%（农村），城市和乡村存在着较大差异。2014年和2017年，分别有82.2%和85.5%的未成年人认为父母或是在时间上，或是在内容上，或是在这两者上都做了明确规定。其中，在这两年中"既规定了时间，也规定了内容"的选项所占百分比最高，分别为37.8%和50.3%。2017年，"既规定了时间，也规定了内容"的农村父母的百分比比城市父母高出三个百分点，这表明在一定程度上农村父母比城市父母在未成年人上网行为上有着更为严格的规定（见图4）。从图4中可以看出，在实践中已经在时间上或是内容上进行限制的父母百分比逐渐增加。伴随着网络对未成年人带来的负面影响，父母对未成年人上网行为进行限制有增强的趋势。

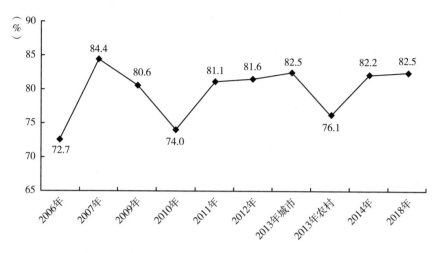

图4 父母对未成年人上网行为有所规定的趋势增强

二 未成年人关于网络认知与态度存在的问题与原因

（一）问题

1. 遇到不良信息的未成年人百分比先升后降（2010～2017年），广告为不良信息的主要来源

2010年后，问卷将网络不良信息纳入调查范围，整体来看，从没有遇到过网络不良信息的未成年人所占百分比先降后升。具体来说，2010～2014年间，从来没有遇到过不良信息的未成年人百分比逐渐下降，由2010年的21%下降到2014年的6.6%，意味着这一时段中，未成年人遇到网络不良信息的百分比大大增加。到2017年，从没有遇到过网络不良信息的未成年人百分比增加，城市和乡村分别为37.7%和31.5%。虽然百分比大大增加，但就2017年的调查结果来看，仍有近七成的未成年人遇到过网络上的不良信息（见图5）。其中，不良信息在2011年主要表现为"不雅图片"和"自拍暴露视频"，所占百分比分别为63.5%和38.2%；2012年百分比最高的前两项为"不雅图片"和"暴露视频"，所占百分比分别为66.5%和

44.8%；2013 年百分比最高的前两项为"不雅图片"和"广告推销"，所占百分比分别为 45.92%（城市）、42.54%（农村）和 46.95%（城市）、45.16%（农村）；在 2014 年百分比最高的前两项为"广告推销"和"骚扰信息"，所占百分比分别为 63.4% 和 42.2%。在 2011～2014 年的调查结果中发现，不良信息的主要来源，主要是广告、视频和游戏，其中选择广告的百分比由 2011 年 60.4% 下降到 2014 年的 52.0%，视频和游戏的百分比由 2011 年的 30.6% 和 23.6% 分别增长到 2014 年的 32.9% 和 30.3%，不良信息最主要的来源依旧是广告。

2017 年，有近八成的未成年人遇到过不良信息，在使用网络过程中经历过网络负向越轨行为的百分比也逐渐增加，并且有越来越多的未成年人感受到不舒服。调查显示，面对不良信息，"有极多不舒服的感觉"所占百分比由 2010 年的 28.4% 增长到 2012 年的 38.8%，"没有不舒服的感觉"所占百分比由 2010 年的 11.3% 下降到 2012 年的 7.0%。这意味着未成年人对不良信息的敏感性增强，同时在一定程度上说明网络上不良信息的不良程度有所加深。

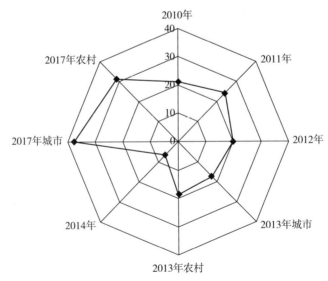

图 5　2010～2018 年未遇到不良信息的未成年人百分比

2. 模仿网络行为的未成年人百分比增加，以模仿娱乐行为和网络语言为主
（2010～2017年）

在这十年的调查中发现，未成年人对网络行为的模仿逐渐增加，并以模仿娱乐行为为主，使用网络语言的人也在增加。调查显示，2010年，从没有模仿行为的未成年人百分比为30.1%，到2017年这一选项的百分比约为25%，这意味着模仿网络行为的未成年人百分比由七成增加到近八成。这种模仿行为主要表现为"学唱网上的流行歌曲"，此选项的占比由2011年的37.0%增加到2018年的56.9%（城市）和57.7%（农村）。农村未成年人从不模仿的百分比在2013年与2017年均低于城市未成年人，这意味着具有模仿行为的农村未成年人数量多于城市未成年人（见图6）。

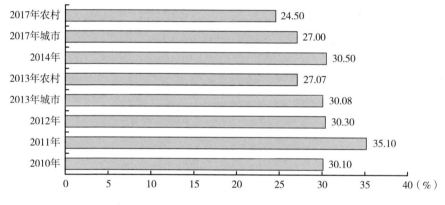

图6　从未模仿网络行为的未成年人百分比

除了对网上行为的模仿外，未成年人使用网络语言的倾向也愈加明显。在2011年，分别有53.5%和10.0%的未成年人"有时使用，觉得有趣"和"总是使用"，而"从不使用，觉得不规范"的未成年人占15.7%。到2017年，分别有47.2%和17.2%的未成年人"有时使用，觉得有趣"和"总是使用"，9.2%的未成年人"从不使用，觉得不规范"。因此，网络对未成年人行为的影响日益增加，并呈现普遍性和日常化特征，有可能为未成年人带来负面社会化内容。

3. 半数未成年人认为父母的上网技术不如自己（2010～2013年）

从上文的分析可知，父母对未成年人上网时间和上网内容都做了规定，

并呈现加强的趋势，但多数未成年人认为父母的上网技术并不如自己。
2010～2013 年的调查结果显示，2010 年有 24.4% 和 25.4% 的未成年人认为
父母的上网技术"比我差一些"和"绝对比我差"。2011 年和 2012 年有五
成多的未成年人认为父母上网技术比自己差。2013 年分别有 21.1%（城
市）、21.3%（城市）和 25.6%（农村）、33.5%（农村）的未成年人认为
父母的上网技术"比我差一些"和"绝对比我差"，城乡之间有较大差异
（见图 7）。2017 的调查结果显示，有 83.5% 的学校开设有关互联网或上网
知识的课程，但未成年人的上网技术和网络知识主要是通过朋友和自学来获
得的，所对应的百分比分别为 55.0%（城市）、64.7%（农村）和 59.9%
（城市）、60.1%（农村）。因此，父母和学校对未成年人上网知识的传授和
上网内容的引导作用远远小于未成年人的个人力量，因此父母和学校对未成
年人的网络行为的影响力和控制力大大降低，这也为未成年人不良上网行为
的形成和不良网络知识的传播提供了空间。

图 7　半数未成年人认为父母的上网技术不如自己

（二）原因

通过对 2006 年至 2017 年未成年人网络认知与态度调查的分析，可以发
现，未成年人对网络行为与网络信息的认知愈加明确，并表现出互联网运用
的常态化，网络已经成为未成年人学习和休闲的重要工具。但不可避免的

是，网络运用也给未成年人的身心健康带来一定的负面影响，甚至对父母权威产生了挑战。这些认知问题的产生有多方面的原因。

1. 信息化时代的到来对未成年人社会化进程和方式的冲击

从宏观层面上看，互联网诞生于20世纪，在21世纪融入生活。在这一背景下，互联网颠覆了未成年人社会化的传统秩序"家庭－学校－同辈群体－大众传媒"，成为未成年人社会化不可或缺的、首要的载体。与成人相比，未成年人受到了同样的甚至更强烈的信息化感染与冲击。在微观层面上，未成年人正处于社会化的关键时期。在埃里克森看来，7~12岁的未成年人的社会化任务是消除自卑感，12~18岁的未成年人的社会化任务是获得认同感，而互联网通过可视性、趣味性、多元性、通俗性形式，满足未成年人的多元社会化需求。因此，在信息化背景下与社会化的发展需求下，未成年人通过互联网获得知识、满足好奇心，以及得到同辈群体之间的认同。处在社会化过程中的未成年人容易受到不良信息和网络行为、语言的影响。从另一方面来看，与父辈见证互联网的成长不同，未成年人是在互联网环境下成长起来的一代，这一代自诞生之初便与互联网形成了关联，在其成长过程中教育技术、互动平台、购物方式的变化与互联网的联系更加紧密。因此，容易对互联网形成依赖，甚至形成将网络视为生活的一部分的认知偏差。

2. 不良信息多元化和模仿行为的增加与消费社会的到来有关

鲍德里亚与鲍曼提出，从20世纪末到21世纪，我们进入了一个消费社会。在鲍德里亚看来，消费社会中人对物质的向往，不再仅仅是人们对物和商品的纯粹追求，而更多的是用符号价值满足自己的欲望，而社会阶层则通过符号消费来象征性区分，人对自己身份的认同最终是通过符号价值来认可。即消费社会来临后，消费者本身已经成为最重要的消费目标。在鲍曼看来，消费与经济、政治、文化紧密相关，每个个体都是消费者，买卖着技能、形象、地位等。这意味着在消费社会的条件下，消费不仅成为生活主旋律，人们的需求在不断地被制造出来，更表现为文化、信息、方式，甚至消费者本身都成为消费对象。消费社会的这两种特征在互联网中有两种表现：

一是广告增多，无论是电脑终端上的网页、杀毒软件、视频、游戏中弹出的各种信息，还是手机 App 打开时的广告，在制造使用网络者娱乐与购买需求的同时，也有可能隐藏着暴力、黄色、虚假等信息，对未成年人的身心健康产生负面影响。二是网络中的人、语言、行为都成为消费对象，直播平台、短视频软件的发展使得视频中可视主体的面貌、语言、隐私、行为模式都成为消费对象，网红、热门主播成为未成年人的热捧对象，他们对这些人的语言、行为进行模仿，以致产生偏差行为。

3. 不良信息的转型和网络技术的完善增加了监管难度

在互联网发展早期，网络上的不良信息主要表现为黄色图片、暴露视频、暴力游戏。随着互联网不断发展，网络不良信息主要表现为虚假广告、虚假新闻。前者是以一种单一形式存在的，以直接的、明显的内容呈现，对信息观看者和接收者的影响较为直接，而后者是以半公开、多元的形式出现在各种平台上，虽公开出现，但与真实信息混淆在一起，其不良内容呈现具有间接性、隐蔽性，增加了甄别与控制难度，对信息观看者和接收者的影响也更加隐蔽。同时，网络技术的完善，促使各种 App、网络自制视频蓬勃发展，形成了多元信息源，也导致这些信息脱离制度、政策的监管范围。而短视频、弹幕、评论等交流互动方式的多元化，不仅促使网络语言广泛应用，也为不良信息的产生提供了温床，增加了学校与父母对未成年人网络运用的监管难度。

三　思考与建议

（一）增加线下互动，强化学校与父母的社会化主体作用

通过调查可以发现，大部分未成年人将上网视为休闲放松的一种方式，父母对未成年人使用网络的担忧由耽误学习和认识不良朋友转向对未成年人健康和视力的担心。因此，在学校层面，首先，要增加班级与校级集体活动，为未成年人在课外的互动提供平台，进而形成同辈群体的社会化影响与自我认同；其次，在推广网络技术教育途径的同时，要关注课堂与课下的互

动，针对低龄未成年人增加适量的纸质作业，在一定程度上减少网络教学与完成作业的百分比；再次，在学校层面定期对未成年人网络运用与网络认知进行调查，即在计算机课堂上不仅进行专业知识的教授，也了解未成年人运用网络的动态，以及网络认知的变化，以便及时发现与干预。在家庭层面，家庭作为未成年人社会化的第一场所，对未成年人的自我认同与行为规范有极为重要的形塑和导向作用。因此，父母应首先以身作则，减少手机使用时间，尤其是在子代面前减少使用手机的时间和频率，纠正未成年人对网络认知的偏差；其次，父母应增加与未成年人的相处时间，保持常态化的沟通与互动，了解未成年人网络使用偏好和网络认知；再次，父母在督促未成年人进行社会化的同时，也应顺应时代潮流不断进行继续社会化，了解网络信息和技术，以形成对未成年人网络运用的指导与引导。

（二）满足未成年人阅读需求，发挥纸质书刊的影响力

在专门网站功能的调查中发现，网络阅读逐渐成为未成年人所青睐的功能。伴随着网络小说、电子书与电子阅读媒介的发展，网络阅读不仅是成人的偏好，也成为未成年人的偏好。然而，网络小说的质量参差不齐，网络小说中与小说平台上的不良信息难以被纳入监控范围，对未成年人的身心健康发展带来挑战。在网络阅读蓬勃发展的同时，纸质书与实体书店却在不断萎缩，公共图书馆在未成年人中的使用率也受到较大影响。因此，通过读书会、交流会等多种形式增加未成年人对校、市县、省级图书馆的使用率，通过纸质书对未成年人的行为产生引导。同时，通过多种形式，例如捐书赠书卡、书籍演绎等方式来吸引未成年人对实体书店和纸质书的关注，并满足未成年人的阅读需求。应采用线下交流、竞赛的方式引导未成年人形成多读书、读好书的习惯。通过线下活动实现对未成年人语言习惯和行为方式的引导。

（三）建立未成年人的分级专门网站，加强对未成年人主流网站趣味性学习内容的开发

未成年人正处在社会化的过程中，在不同的年龄段具有不同的社会化需

求与角色需求。因此，对未成年人专门网站的建设，应依据未成年人的年龄段和年级提供相应的在线辅导和课堂知识，打造幼儿、小学生、中学生等分级的网站特色板块。与未成年人相关的主流媒体上多为新闻性和事务性的内容，难以吸引未成年人。这就需要在页面设计上，采用适合未成年人审美特点和浏览习惯的设计手法，目前的益智游戏有很多类型与软件，可以学习这些软件页面的设计风格，运用卡通、动画等形式，增强对未成年人的吸引力；在频道设置上，建设游戏、动漫、音乐、视频等公共频道；在内容上，将具有正能量、具有鼓励性的热门视频、热门歌手的音乐，以及具有良好社会形象的视频引入以增强社会、偶像对未成年人的正向引导作用。

（四）完善相关法规，控制不良信息的生产和传播

首先，找到不良信息的源头，通过立法、执法等手段控制不良信息的生产，通过经济制裁对不良信息的传播者或是网站进行处罚，严重者可追究其刑事责任。以防、控、惩等多重手段打击不良信息的生产者和散布者。其次，对不良信息的传播，建立严格的内容审核制度，建立举报制度，发动网民力量进行监督和举报。再次，控制对不良信息的访问，针对一些非未成年人专门网站，应在可以接触到互联网的场所与终端上，加装网页过滤软件与产品，对不良信息进行封堵、过滤甚至是追查。

参考文献

乐国安、沈杰：《社会心理学理论》，兰州大学出版社，1997。

刘易斯·芒福德：《技术与文明》，陈允明、王克仁、李华山译，中国建筑工业出版社，2009。

皮亚杰：《发生认识论原理》，王宪钿译，商务印书馆，2011。

齐格蒙特·鲍曼：《工作、消费、新穷人》，仇子明、李兰译，吉林出版集团有限公司，2010。

让·鲍德里亚：《消费社会》，刘成富等译，南京大学出版社，2001。

B.13
未成年人手机上网与微信运用
状况的变化趋势

刘朝霞　郭　莎*

摘　要：　在对比分析 2006 年至 2017 年中国未成年人互联网运用状况
调查数据的基础上，重点对未成年人手机上网和微信使用相
关数据进行分析，发现：未成年人手机上网已经普及，手机
上网频率总体下降，社交和娱乐是未成年人手机上网的主要
功能，微信支付悄然兴起，同学是未成年人微信好友的重要
组成部分；微信深度嵌入未成年人生活，手机上网定义新社
交，网络存在不良信息诱导。基于以上发现，应重视借助意
见领袖引领正确价值观，推进媒介素养教育，完善未成年人
隐私数据保护以及加强网络监管。

关键词：　未成年人　手机上网　微信运用

前　言

在中国，未成年人是指未满 18 岁的公民，即 0～18 岁的公民。到
2018 年，我们所说的未成年人，恰恰是 2000 年以后出生的这一代，即我
们日常所说的 00 后。00 后是在互联网大环境下生长的一代，是互联网的

---

* 刘朝霞，中国社会科学院大学讲师；郭莎，中国社会科学院大学硕士研究生。

原住民，对于网络环境具有强烈的好奇心，已经成为手机上网的重要人群。

微信是腾讯在 2011 年推出的社交软件，主要提供即时通信服务，从最开始的通知工具到移动社交平台，到社会化网络和微信公众平台的开放，再到微信支付和小程序的开发，微信已经形成自己独特的开放生态。根据腾讯的《2017 年微信数据报告》，微信的日登录用户已有 9.02 亿，较上年增长 17%。① 微信作为社交媒体已经充分进入未成年人的日常生活。未成年人是国家和民族的未来，其手机上网状况及使用变化趋势需要得到广泛关注。本文在 2006 年到 2017 年中国未成年人互联网运用状况调查数据的基础上，结合 CNNIC 的《中国互联网发展状况统计报告》，对十余年来未成年人手机上网和微信使用变化整体情况、基本变化趋势进行详细的分析与探讨，从而对未成年人手机上网和微信使用中凸显的问题进行归纳总结，并结合实际进一步提出相应的对策和建议。

一 未成年人手机上网和微信运用变化情况

（一）未成年人手机上网变化情况

1. 手机上网已经普及，手机逐渐成为未成年人上网的主要途径

从 2009 年至 2017 年未成年人互联网运用调查数据来看，未成年人手机上网比例总体呈现上升趋势，2009 年的调查中，有 38.3% 的未成年人使用手机上网，到 2017 年，使用手机上网的未成年人占 95.5%（见图 1）。可以看出，未成年人手机上网已经普及，手机上网普及率接近 100%。关于未成年人上网途径的调查数据也从侧面印证了这一变化趋势。数据显示，未成年人主要通过家里、学校、网吧的电脑和手机等移动设备以及其他途径上网。从 2012 年到 2014 年，家里是未成年人上

---

① 腾讯：《2017 年微信数据报告》，http://www.sohu.com/a/213431553_ 667510。

网的主要地点。2012 年，在家里上网的比例甚至高达 80%。2014 年后在家里上网的比例大幅下降，到 2017 年更是降到了 34.6%。通过学校、网吧和其他途径上网的比例同样缓慢下降，而使用手机等移动设备上网的比例则是大幅攀升，由 2012 年的 7.6% 逐渐上升，2017 年达到了 62.4%（见图 2）。可见，手机上网逐渐成为未成年人上网的主要途径。

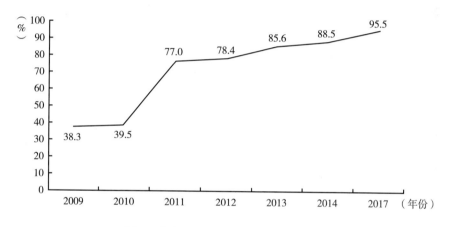

图 1　未成年人手机上网比例变化趋势

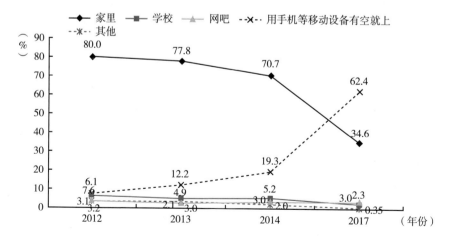

图 2　未成年人上网途径变化趋势

近年来随着网络技术和媒介技术的不断发展，4G 以及 WiFi 基础设施日渐普及，智能手机逐渐成为人们接入网络的重要工具。比起电脑等设备，手机的便携性、灵活性更加受到广大网民尤其青年一代的欢迎。随着手机的发展，手机软件更为多样化，例如微信及 QQ 等社交软件、游戏软件蓬勃发展，音乐类软件广泛使用，都吸引着未成年人使用手机上网。而随着移动支付的兴起，支付宝、微信支付等支付方式逐渐向移动端渗透，用户通过手机支付便可在网上消费。这些在一定程度上都为用户提供了极大的便利。因此，未成年人上网逐渐从传统的固定场所向移动设备转移，实现了从固定到移动的跨越。

然而，问题随之而来：未成年人的手机源自何方？是否独立拥有手机？在"第九次中国未成年人互联网运用状况调查（2017）"数据中，近3/4受调查的未成年人拥有自己的手机（见图3）。同时，未成年人拥有手机的情况呈现年龄差异，拥有比例随年级增长而增长。小学生拥有手机的比例为64.2%，初中生这一比例提高到 71.3%，高中生的该比例则高达 86.9%（见图4）。这足以证明，未成年人拥有手机已经相当普遍。但是，与此相对，另一组数据显示，未成年人上网却不一定使用自己的手机。只有43.2%的未成年人用自己的手机上网，还有 19.2% 的用家人的手机上网，出现这两种情况的原因很可能在于未成年人的经济基础较弱。上网费用制约了未成年人使用自己的手机上网。

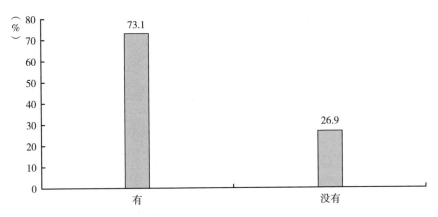

图3　未成年人拥有自己手机的比例（2017）

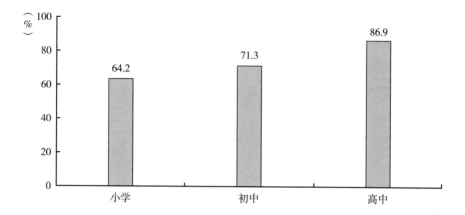

图 4 不同年级未成年人拥有自己手机的比例（2017）

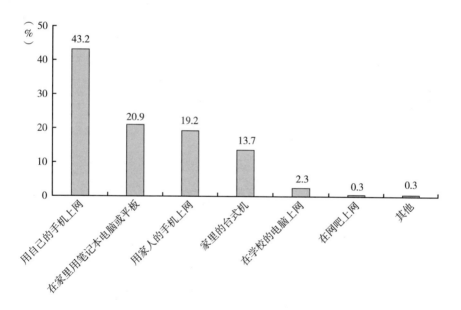

图 5 未成年人上网途径（2017）

2. 手机上网频率总体下降

整体上看，从 2014 年到 2017 年，"一周一次""半周一次"的频率呈上升趋势，"一周一次"的频率从 2012 年到 2014 年逐年下降，到 2017 年猛然上升到 40.7%，"半周一次"的频率也是如此，到 2017 年上升到 20.8%。

"一天一次""一天多次"呈下降趋势,在2017年分别下降到20.1%和18.4%。从每年的数据来看,2012、2013和2017年"一周一次"的频率最高,分别为35%、28.9%、40.7%,而2014年一天多次的频率最高,为36.2%(见图6)。可以看到,未成年人手机上网频率总体下降,"一周一次""半周一次"比例较大。

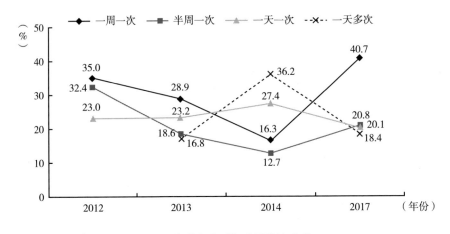

图6　未成年人手机上网频率变化

3. 社交和娱乐是未成年人手机上网的主要功能

2009~2017年的手机上网功能调查结果显示,社交和娱乐一直是手机上网的两大主要功能。2009年,社交功能占比为92.6%,占主要部分,其次是信息获取(44.7%)和娱乐功能(29.8%)。2010年,娱乐功能占比为42.2%,其次是社交功能,比例为31%。2011年社交功能占比为36.5%,娱乐功能占比41.7%。2012年社交功能占比为82.1%,娱乐功能比为71.7%。2013年社交类功能占比为33.1%。2014年社交功能占比为36.4%,娱乐功能占比为42.3%。2017年社交功能占比为76.9%,其次是娱乐功能(9.2%)。由此看出,社交和娱乐是未成年人手机上网的主要功能。微信、微博等社交媒体的迅速崛起,为未成年人的网络社交提供了广阔的平台,而网络视频、网络音乐、网络游戏等新娱乐方式的日益成熟也使得未成年人越来越倾向于通过手机上网进行娱乐。

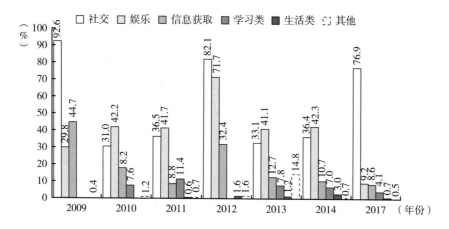

图7 未成年人手机上网功能使用（多选项）

在手机上网功能的调查中，听音乐和看新闻两种功能的占比尤为突出。2009～2014 年以及 2017 年"听音乐"的比例分别为 11.2%、14.6%、14.0%、42.1%、21.6%、23.8%、4.4%。在每年的数据统计中，听音乐一直位居前五。看新闻的比例分别为 44.7%、9.1%、8.8%、7.3%、5.5%、3.2%（2012 年无此选项，故无数据），整体呈现下滑趋势。未成年人使用手机看新闻的比例越来越少。

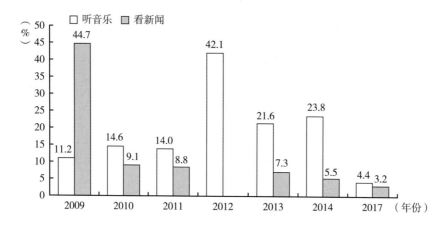

图8 未成年人用手机上网听音乐、看新闻的比例变化

（二）微信运用变化情况

1. 微信运用比例大幅上升

分析 2013 年至 2017 年的调查数据发现，未成年人的微信运用比例有明显增长。2013 年使用微信的未成年人比例为 47.5%；2014 年小幅度上升，使用比例为 49.3%；2017 年，使用微信的人数占比有大幅度增长，为 84.6%（见图 9）。

微信自 2011 年上线以来，已经获得 9 亿多注册用户，从最开始的消息通知到逐步成为社交平台，其"摇一摇"、"漂流瓶"、朋友圈，逐渐满足用户的社交需求。随着微信公众平台的开放、微信游戏的开发以及微信支付功能的日渐成熟，以及近两年的微信小视频、微信小程序等的推出，逐渐成为全方位多层次的用户产品。

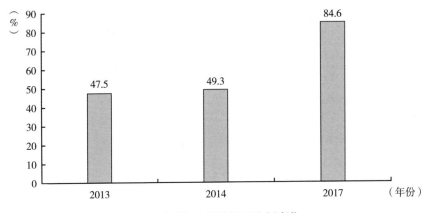

图 9　未成年人微信运用比例变化

尽管微信运用日渐普及，但是比较而言，QQ 运用率更高。在 2017 年关于"你最经常用的社交软件/平台是什么"的调查中，有 59.7% 的人表示最常使用 QQ，30.4% 的人最常使用微信，3.5% 的人最常使用微博（见图 10）。而对于"QQ 使用多还是微信使用多"这一问题，58.2% 的未成年人表示使用 QQ 较多，32.1% 的人表示使用微信较多。QQ 运用率明显高于微信（见图 11）。

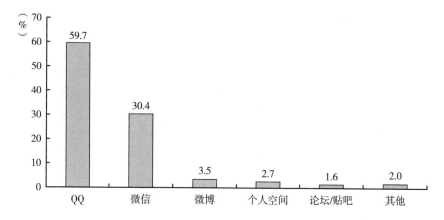

图 10　未成年人社交软件/平台运用状况（2017）

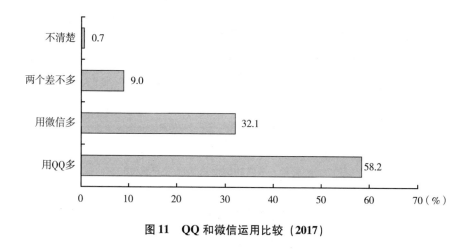

图 11　QQ 和微信运用比较（2017）

2. 发语音、朋友圈和群聊是未成年人微信运用的主要功能，微信支付悄然兴起

从 2013～2017 年的数据中可以看到，微信三大功能仍然占据主要位置（发语音、朋友圈和群聊）。2013 年微信功能使用中发语音占 19%，朋友圈占 16.5%，群聊占 11%，占据微信功能使用的前三位。2014 年发语音、群聊和朋友圈依然是微信功能中的主要部分，分别占 23.2%、18.8% 和 16%。2017 年，发语音、朋友圈和沟通学习是微信功能使用的主要部分，分别占 38.6%、22.5% 和 12.6%，群聊功能居第四位，占 10.5%。总体来看，微信三大功能仍然是未成年人使用的主要功能。

除此之外，在 2017 年，微信支付悄然兴起，运用比例为 9.4%，居第五位，成为未成年人微信使用的重要功能。

近两年随着移动支付的发展，支付宝、微信、百度钱包等一系列软件纷纷推出移动支付功能。移动支付以其移动性、及时性、便利性改变了人们的消费方式，越来越多的人选择通过手机移动支付进行消费。微信支付成为未成年人微信使用的重要功能。

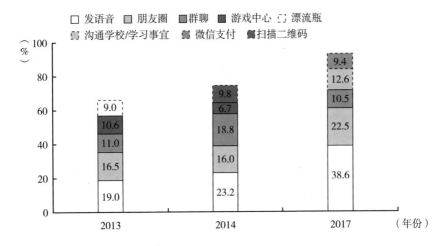

图 12　未成年人微信功能使用状况（前五位）

3. 未成年人倾向于只看、不发微信朋友圈

在 2013 年的调查数据中，有 46.9% 的未成年人表示不论什么事都不会发到网上去，占最大比例；有 41.6% 表示与自己或周围人息息相关的事件会发到网上，只有 5.8% 的人表示不论什么事都会发到网上（见图 13）。2017 年，56.5% 的人表示几乎不会在朋友圈发（或转发）信息，只有 3.8% 的人表示每天都会发（或转发）信息（见图 14）。在未成年人微信功能使用中，看朋友圈则是未成年人使用的主要功能。这说明，未成年人越来越倾向于不发朋友圈，更喜欢看朋友圈。

微信朋友圈作为社交网络的窗口，能够帮助我们维系人际关系，为交流互动提供一个开放的窗口。可越来越多的未成年人倾向于只看不发。究其原因有两点。首先，在微信的"熟人社交"背景下，未成年人隐私保护的意识强于自我表露的欲望。微信是一个强关系的社交平台，熟人社交是未成年人微信社交的主要特征。无论是家人、朋友还是同学，都存在于未成年人的微信朋友圈中。这种"强关系"的熟人社交使得未成年人对自我表露有所保留，而更倾向于在其他社交平台表露自我。未成年人发朋友圈，会引发家人、同学、朋友的过度关心或是过度吐槽，极易产生未成年人与微信"熟人社交"之间的心理冲突，尤其是父母，他们与未成年人之间普遍存在代沟问题，容易给未成年人带来心理负担。

其次，大量社交平台的出现为未成年人提供了自我表达的新平台。"弱关系"的社交平台会使未成年人产生一种"没有人认识我"的想法，未成年人处在身心发展的成长期，更希望在一个崭新的平台表现自我，摆脱微信熟人社交带来的烦扰，如抖音、快手等短视频平台，微博、QQ等社交平台。

当然，只看不发这种状态长期发展下去会给未成年人带来一定的影响。"熟人社交"状态下未成年人缺乏自我表露，导致父母对未成年人的了解存在偏差，长此以往会对家庭关系产生不良影响，也不利于未成年人的身心健康成长。

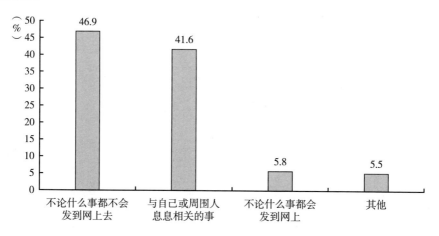

图13　未成年人微信发（转发）信息状况（2013）

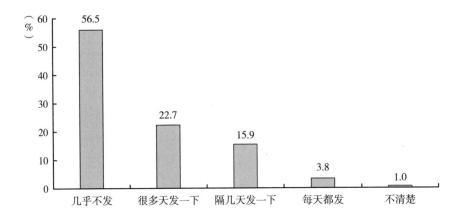

图14 未成年人微信朋友圈发（转发）信息状况（2017）

4. 同学是未成年人微信好友的主要组成部分

在2013年的调查数据中，未成年人微信好友组成中，同学的比例最大，为38.5%，其次是家人和朋友，分别占29.2%和28.3%。2014年，未成年人微信好友中同学的比例仍然最高，为37%，其次是家人和朋友，分别是33.9%和26.3%（见图15）。2017年，在关于微信群组成的调查中，同班同学群占据了主要部分，占67.7%（见图16）。

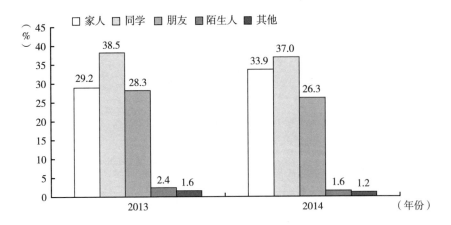

图15 未成年人微信好友组成情况

从这些数据可以看出，同学是未成年人微信好友的主要组成部分。未成年人身处校园，接触人群相对单一，"熟人社交"是他们社交的主要方式。而同学是未成年人接触最多的人群，自然成为未成年人社交的主要人群。而家人和朋友也是熟人社交的重要部分，未成年人利用微信的最主要目的是与同学、家人和朋友进行联系，将现实中的人际关系带入虚拟的网络世界。

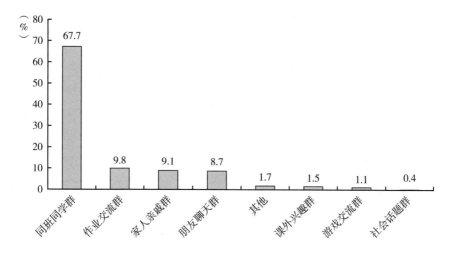

图16　未成年人微信群组成情况（2017）

5. 微信日渐成为未成年人获取信息的主要途径，但获取源相对集中

在 2013 年的调查数据中，通过电视和 QQ 来获取新闻信息的未成年人比例最高，分别占 41.7% 和 18.4%，而微信仅占 4%。到 2017 年，微信成为未成年人获取新闻信息的主要渠道，通过微信获取新闻信息的占到49.2%；其次是新闻客户端（App）和新闻网站，分别占 13.9% 和 12.1%；而通过电视获取新闻信息的比例仅为 11.5%。从 2013 年到 2017 年，通过微信获取新闻信息的比例大幅提升（见图 17）。

从微信获取新闻的方式主要有公众号订阅和浏览微信朋友圈信息等。从2013～2017 年未成年人微信公众账号关注数据中可以发现，未成年人公众号关注数量总体上呈增长趋势。关注 0 个公众号的比例在不断下降。尽管如此，未成年人关注的微信公众号仍然集中在 1～5 个，2013 年关注 1～5 个

的比例为41.8%，2014年为41.3%，2017年该比例为50.4%。未成年人微信公众号关注数量相对较少，新闻获取来源相对单一。

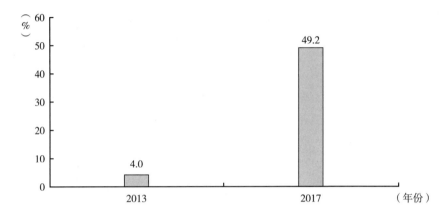

图17　未成年人使用微信获取新闻信息的比例变化

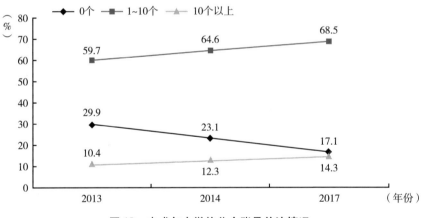

图18　未成年人微信公众账号关注情况

二　未成年人手机上网和微信运用变化中呈现的问题

（一）睡觉前玩手机影响身心健康

从近几年的数据可以明显看出，未成年人在睡觉前使用手机的比例一直居高不下。睡前玩手机会严重影响睡眠质量。手机发出的光会抑制褪黑素的分泌，褪黑素分泌不足会造成失眠，睡眠不足又会导致白天注意力不集中、焦虑、免疫力下降等问题。另外，接触手机辐射时间过长会对人体皮肤产生一定的负面影响，同时也会影响视力、造成近视等问题。未成年人处于身体发育阶段，在睡觉前使用手机会严重影响身心健康。因此，要养成良好的作息习惯、保证充足的睡眠，才能保证身心的健康。

（二）对未成年人做作业时使用手机需加以关注

调查数据显示，未成年人在做作业时使用手机的比例在不断上升，2017年上升到了 33.4%，该比例仅次于睡觉前使用手机的比例。随着教育与互联网技术的结合，学习类 App 成为软件中的一大分类，发展迅猛，为未成年人的学习提供了崭新的帮助方式。未成年人在手机上网的同时可获得学习知识的乐趣。但是学习类软件在辅助未成年人学习的同时，也不可避免地会影响未成年人独立思考和解决问题的能力，遇到不会的问题就拍照搜一搜等方式虽然让未成年人获得了问题的答案，但是忽略了自我求知和独立解决问题能力的培养，不利于未成年人学习主动性的发挥。而频繁爆出的学习类软件涉黄的消息也让家长对学习类软件产生担忧。家长和学校应对这一情况加以关注，引导未成年人合理使用学习类软件，培养未成年人学习的自我能动性。

（三）微信深度嵌入未成年人生活引发一定问题

微信使用人数不断攀升，微信的三大功能依旧盛行，微信支付悄然兴起，同学是未成年人朋友圈的重要组成部分，微信成为获取新闻信息的主要途径，这些微信使用情况反映出微信已经深度嵌入未成年人的生活。微信作为社交媒体不断发展，目前已经成为一个开放多元的信息平台。从社交到生活，再到信息获取，微信的功能在不断强大。但微信在深度嵌入生活的同时也暴露出一系列问题，如用户隐私数据保护、信息获取渠道狭隘等等。调查显示，未成年人更依赖于通过微信获取新闻信息。通过微信获取新闻信息有

两种来源，一是朋友圈信息，二是微信公众号。自媒体时代，微信信息来源不明确、信息真实度难以辨别、表达自由和个人主义泛滥等问题层出不穷，对未成年人的新闻信息获取造成很大影响。调查数据显示，尽管未成年人主要从微信上获取新闻信息，但是未成年人关注 1~5 个微信公众号的占大部分，新闻信息的获取源相对单一，极容易造成未成年人的信息接收片面化、看问题的方式相对单一。因此对微信的深度嵌入需要辩证看待。

（四）线上社交逐步代替线下交往不利于适应现实

未成年人作为互联网的原住民，对一切新奇的事物都有着强烈的好奇心和尝试欲。手机的普及为未成年人的网络社交提供了便利。无论身处何地，未成年人都可以拿出手机，与社交平台上的好友进行联系。社交媒体的广泛使用将未成年人的线下社交扩展到线上，广阔的网络空间为未成年人的自我表达和自我求知提供了平台。以微信为代表的"熟人社交"，通过语音聊天、朋友圈点赞及评论等形成强有力的关系网，新兴的短视频平台扩大了未成年人的社交圈。通过 15s 的短视频进行自我展示，可获得他人的关注和评论、满足自身的表达需求。在以新浪微博为代表的社交媒体上，通过点赞、关注和评论，人们可获取自己感兴趣的信息内容，并分享交流自己的看法。可以说，手机上网定义了新的社交方式。在线下的日常交往中，人们对手机的依赖越来越强，聚会时看手机，走路时看手机。"手机依赖症"严重影响未成年人在现实生活中的人际关系，不利于未成年人心理健康成长和现实社会中社交关系的维持发展。

（五）网络不良信息带来负面影响

互联网的飞速发展在方便人们获取知识、掌握技能、增强沟通交流的同时，也混杂着许多暴力、色情、迷信、虚假等不良信息。近几年的数据中，未成年人普遍表示在上网时接收过不良信息。2017 年最新的调查数据显示，仅有 14.4% 的未成年人表示未在网上遇到不良信息。DCCI & 未来智库发布的《2017 年中国青少年移动网络安全蓝皮书》中也表示超过七成的青少年接触过不良信息。[①] 其中，诈骗是青少年接触最多的不良信息，其次是色情类信息。这足以说明，未成年人在使用手机上网时普遍受到不良信息影响。未成年人生理和心理都处在发育的过程中，对事物有着强烈的好奇心，极易在好奇心驱使下浏览不良信息。色情、暴力等不良信息，会影响未成年人的身心健康发展，增长未成年人的非理性情绪，严重时会引发未成年人犯罪等行为。因此，要警惕网络不良信息给未成年人带来的负面影响，加强对手机网站的信息过滤和建设监管，减少未成年人对不良信息的接触。未成年人自身也应增强对信息的辨别能力，正确选择网络信息来源，健康文明上网。至于家长和学校，更要努力引导未成年人健康上网，确保未成年人身心健康发展。

三 对策和建议

（一）借助意见领袖引领正确价值观

拉扎斯菲尔德在两级传播的假设中曾提出"意见领袖"这个概念，认为大众传播在传播的过程中并不是直接面向受众，而要通过意见领袖这个中间环节。意见领袖在大众传播过程中起着过滤和中介作用，将信息扩散给受众。这里所说的意见领袖是指在网络上通过自身话语和信息传播能够对受众产生一定影响的群体或个人。社交媒体的发展带动了一批意见领袖的出现。网络信息形形色色，其中存在一系列与社会主义价值观相违背的信息，但因为未成年人缺乏一定的信息辨别能力，往往争相跟随效仿。以快手为例，"未成年人早孕生子"的直播视频在抖音火爆，引发一系列未成年少女争相效仿，纷纷在社交平台上晒出自己的孩子、怀孕照片等等，她们以此为荣，甚至将此当成潮流。未成年人的价值观尚在形成过程中，亟须社会各方加以

---

① DCCI 未来智库：《2017 年中国青少年移动网络安全蓝皮书》，http：//mp. weixin. qq. com/s/ySPkk5EK9ggB8ikF9Kk8sw。

正确引导。因此，可以培养一系列深入未成年人生活实际、了解未成年人生活现状的意见领袖，通过各种未成年人喜闻乐见的方式引导未成年人树立正确的价值观。可以借鉴"共青团中央"官方微博的模式，通过青年人喜闻乐见的表现形式，在引领他们树立社会主义核心价值观的同时获得了他们的广泛喜爱。例如，"共青团中央"以"团团"命名，用诙谐幽默的传播语言拉近与青年人的距离；紧随时代热点，通过短视频、图文等可视化形式观照现实；借助微博超级话题，发起新时代青年说、青年大学习、传播正能量等有利于青少年成长的健康向上的话题。除此之外，共青团中央还入驻知乎、B站、网易云音乐等青年人聚居的社区，深入青年人生活。政府或其他有关部门可以借鉴"共青团中央"的运营模式，借助微博等社交媒体，改变自身的传播语言和传播方式，采用未成年人喜爱的方式，拉近与未成年人的距离，引领未成年人树立正确的价值观。

（二）多方面有效推进媒介素养教育

网络环境复杂多变、不良信息的广泛存在恰恰证明了推进手机素养教育的重要性。未成年人生活在网络大环境下，不可避免会受到周围环境的影响。推进媒介素养教育变得越来越重要。

学校是未成年人活动的主要场所，学校的教育和环境对未成年人的成长具有重要影响。首先，学校应该加强对未成年人手机使用的管理工作。开展未成年人手机使用的宣传工作，促使未成年人正确认识手机上网，呼吁广大未成年人合理使用手机。其次，加强网络知识的教育和普及，借鉴西方经验，将媒介素养教育纳入学校课程体系之中，提高未成年人对网络信息的辨别能力和加深其对网络环境的认识。再次，学校应该多组织丰富的课余文化活动，给未成年人提供广大的活动空间，避免长时间使用手机带来的一系列不良影响。最重要的是，加强未成年人的手机素养教育，提高其辨别是非的能力，引导未成年人合理健康地使用手机上网。

家长作为未成年人的监护人，对于未成年人成长具有重要影响。一方面，家长自身要提高媒介素养，合理利用互联网，以身作则，引导未成年人合理使用手机；另一方面，家长要与未成年人多沟通交流，了解未成年人的手机使用情况，同时及时与学校沟通，引导未成年人健康上网，帮助未成年人养成良好的手机上网习惯。

从未成年人个人角度来说，首先要有合理的目标，端正自己的行为意识，提升自我的管理能力和控制能力，合理控制手机上网的时间，养成健康的手机上网习惯，避免手机成瘾现象。其次要提升自身的媒介素养，提高自己对于网络信息的辨别能力，抵制网络上的不良信息。再者要合理安排时间，丰富自己的课余活动，保证良好的作息。

（三）未成年人隐私保护机制亟待完善

随着网络的日渐普及和发展，网络空间成为未成年人社会交往的重要空间，未成年人的隐私保护问题也逐渐浮现出来。互联网的共通共享性加大了网民隐私暴露的风险，信息传播速度快也加大了隐私泄露的风险。不少软件都有私自获取网民信息的行为。而未成年人年纪尚小，缺乏一定的网络媒介素养，极容易泄露隐私。在社交平台上发布与自己相关的信息、移动支付以及使用自己的账号在网络上登录、分享、浏览信息时都会遇到隐私泄露的问题，例如 Facebook 用户数据泄露的事件，为用户隐私保护敲响了警钟。在国外已经有不少国家就未成年人的网络安全和隐私保护做出努力。美国早先出台了《儿童互联网保护法》《儿童在线隐私保护法》，提出以网络过滤技术来防止未成年人接触到不良信息，以及网络收集 13 岁以下儿童个人信息需经过父母同意等等。德国出台了《青少年媒体保护洲际协议》以保护青少年不受到电子媒体中的不良信息的影响。欧盟在 2018 年 5 月出台了《通用数据保护条例》，针对用户数据保护和隐私保护进行了再规范，其中明确对儿童数据进行特殊化的保护。除此之外，国外还通过技术手段引导未成年人安全上网，如通过软件过滤不良信息、开通"家长网上监控"服务等。在课堂教学方面，德国巴登－符腾堡州将媒体教育纳入小学五年级课程，包括网上自我保护和信息辨别等内容。

在国内，尽管目前已经有《未成年人保护法》《侵权责任法》《关于加

强网络信息保护的决定》等有关法律规范保护公民隐私权，但国内未成年人隐私权保护体系仍然存在很多漏洞，需要完善和规范。可以借鉴国外的课堂教学经验，早早地将网络安全教育纳入学校课程体系中，促使未成年人树立网络安全意识，培养信息鉴别的能力。除此之外，应对相关的网络平台和网络服务运营商进行有效规制，引导他们自觉承担保护未成年人隐私的责任，指导他们进行行业自律。网络平台和网络服务运营商也应加强对自身的监督和管理，从技术上、源头上防止泄露用户隐私，采取各种有效的措施保护未成年人的隐私。至于未成年人自己，要提升自己的网络媒介素养，树立隐私意识，并尊重他人隐私；在使用网络时加强自身的网络安全意识和隐私保护意识，不轻易泄露自己的信息。

（四）完善网络管理机制，加大网络监管力度

互联网信息形形色色，未成年人因年龄较小、缺乏信息鉴别能力，极易受到互联网不良信息的诱惑，因此营造绿色健康的网络环境成为迫切需要。首先要完善未成年人网络保护法规。尽管国内有《互联网直播服务管理规定》《互联网信息服务管理办法》等相关法律法规，但因为互联网信息海量且庞杂，如短视频平台乱象问题、自媒体信息真假难辨，网络管理体制存在很多漏洞，网络相关立法仍然刻不容缓。

其次，网络监管部门应加大网络监管力度。以快手、抖音为代表的短视频平台作为未成年人社交的重要平台，存在着一系列低俗信息和不良信息，对未成年人的价值观形成和身心健康发展具有不良影响。因此，要加强对相关网络运营商和服务者的监管，促使其完善企业内部规范。加强对网络信息的过滤和筛选，对不良信息发布者加以严惩，加大对手机软件和用户上网行为的监控力度，尤其是未成年人使用较多的网站和手机软件，以确保未成年人获得积极健康的信息。至于企业自身，要加强行业自律，自主召开青少年保护座谈会议，探讨青少年保护规范和措施，保证在合法运营的情况下为未成年人营造绿色健康的网络环境。

总之，随着互联网技术的发展，未成年人手机上网现象需要更多地引起

重视。要充分认识到手机上网给未成年人带来的积极与消极影响，借力意见领袖引导未成年人树立正确价值观、养成健康的手机使用习惯。对于以微信为代表的社交媒体的使用要格外留意，警惕社交媒体给未成年人带来不良影响，加强未成年人的媒介素养教育，促使未成年人健康成长。

参考文献

李文革等：《中国未成年人互联网运用报告（2009～2010）》，社会科学文献出版社，2010。

王利明：《中国未成年人网络保护立法的成就与展望》，央广网，2017 年 12 月 4 日。

陈映：《手机不良内容的规制路径、框架和手段——英国的经验及启示》，《新闻界》2014 年第 13 期。

王国珍：《青少年的网瘾问题与网络素养教育》，《现代传播（中国传媒大学学报）》2015 年第 2 期。

谷楠：《未成年人微信、微博运用状况》，《北京青年研究》2016 年第 2 期。

吴江华：《手机上网对青少年的异化及应对措施》，《河北青年管理干部学院学报》2010 年第 5 期。

Eun-Mee Kim：《社交媒体与青少年：从政策与制度到媒介素养》，朴之贤、金义献译，崔波涛校，《全球传媒学刊》2017 年第 2 期。

B.14
互联网对未成年人学习和
生活影响的变化趋势

杜涛 彭楠*

摘 要： 本报告在分析我国2006~2017年互联网影响未成年人学习和
生活的调查数据后发现：在线学习、互动学习逐渐成为未成
年人学习的重要方式；未成年人对互联网学习的认知渐趋理
性，对互联网学习的需求呈现增长趋势。同时，模仿成为未
成年人自我表达的重要方式；网络熟人社交成为未成年人重
要的交往方式；"游戏"、"音乐"和"视频"成为未成年人
主要的网络娱乐方式；未成年人的网络消费呈现增长趋势；
未成年人对专属网站的熟悉度总体偏低。本报告建议：出台
针对未成年人网络保护的法律法规；政府、社会、学校和家
庭应加强监管，对未成年人互联网使用进行指导；统一规划，
加强互联网内容建设。

关键词： 互联网运用 未成年人 学习生活 变化趋势

一 前言

未成年人作为网民中最年轻的一代，一出生便同时生活在现实世界和网

---

* 杜涛，中国社会科学院大学新闻传播学院副教授；彭楠，中国社会科学院大学新闻传播学院
硕士研究生。

络世界当中，被称为"网络原住民"或"数字土著"。一方面，他们为互联网的发展注入了新鲜的血液，在网络世界中表现出与父辈截然不同的特点；另一方面，互联网的发展也给未成年人的学习和生活带来了巨大变化，其中既有乐观积极的影响，也有令人担忧的消极影响。十九大报告强调"网络强国""数字中国"战略，依法加强网络空间治理和网络内容建设。[①] 这是形成健康网络生态的重大举措，对未成年人文明健康上网具有重要意义。为深入了解未成年人互联网运用状况，本课题组自 2006 年启动了"中国未成年人互联网运用状况调查"，至今已有九次调查。本报告通过对历次调查数据进行比较分析，从互联网给未成年人学习和生活分别带来的积极和消极影响四个维度，阐述和探讨 2006 ~ 2017 年影响的发展与变化趋势，并针对存在的问题提出对策建议。

二 互联网对未成年人学习和生活影响的变化趋势

从短时段来考察，互联网对未成年人学习和生活的影响是潜隐且令人习焉不察的；而从较长时段来考察，互联网的影响则是外显且变化巨大的。近年来，互联网从 Web 1.0 阶段逐渐走向 Web 2.0 阶段，信息呈现多样化和个性化，未成年人的参与性大大增强；上网工具从 PC 端走向以智能手机等多种形式为接入设备的移动端，为未成年人提供了多元化的学习和生活平台。调查显示，随着时间的推移，在线学习、互动学习的重要性上升；未成年人对互联网学习的态度逐渐理性；学习需求有所增长。同时，十余年来互联网生态的不断变化大大改变了未成年人的生活方式：模仿成为未成年人自我表达的重要方式；熟人社交成为重要的交往方式；游戏、音乐和视频成为重要的娱乐方式；网络消费呈现增加趋势；未成年人对专属网站的熟悉度总体偏低。

（一）在线学习、互动学习逐渐成为未成年人学习的重要方式

在 2006 年的调查中，在回答"从您开始上网那天起，直到现在，

---

① 十九大报告全文，中国政府网，http://www.gov.cn/zhuanti/19thcpc/baogao.htm.

您使用过网络的哪些功能"时，未成年人选择"参加网络教育"的比例仅为23.8%（多选），排名第19位（排在前列的为"在线音乐收听和下载"、"使用即时通信"、"玩网上游戏"和"浏览新闻"等）；而在2017年的调查中，"在线学习"成为未成年人使用最多的网络功能，占比33.9%（单选），远高于排名第二位的"网络音乐"（27.5%）和第三位的"网络新闻"（17.7%）。从数据可以看出，在线学习对未成年人的重要性有了巨大提升。同时，CNNIC的统计调查显示，近几年来接受"在线教育"的用户呈现不断增长的趋势：2016年我国在线教育用户规模为13764万人，网民使用率为18.8%；2017年在线教育用户规模为15518万人，网民使用率为20.1%；到2018年，接受在线教育的用户达17186万人，网民使用率为21.4%。在线教育成为互联网应用的重要方面。① 据此可以推断：未成年人在线教育用户规模也在逐年上升。

"使用过的网络功能"调查数据显示，2006～2011年，未成年人主要使用"浏览新闻""查阅资料""博客和个人主页""网络制作""在线试听"等网络功能。2012年社交媒体兴起后，"社区讨论""校友论坛""网络直播""在线知识问答"等互动性功能的使用频率明显增加。这种互动学习与传统的"接受式"学习模式不同，在网络空间内知识的获取需要未成年人发挥自主学习的能动性，培养辩证思维和探索创新的意识，使网络资源的使用价值增大。2017年，在回答"你主要使用微信做什么"时，答复"沟通学校、学习事宜"的占比为37.4%，排名第二，仅次于语音聊天（38.6%）；"经常浏览和交流的微信群"中，同班同学群占比最高，达67.7%，其次是作业交流群，占9.8%。

这种在线学习、知识分享的新型学习方式逐渐成为未成年人学习的主流，也构成了未成年人学习方式多元化的趋势。

---

① 以上数据来自CNNIC第37次《中国互联网发展状况统计报告》和2018年第42次《中国互联网发展状况统计报告》。

（二）未成年人对互联网学习的认知渐趋理性

随着 Web 2.0 时代的到来，网络学习重要性提升，未成年人对互联网学习的积极影响和消极影响的认识都有所深入，总体认知渐趋理性。调查数据显示，未成年人在回答"你认为上网给你带来了哪些变化"时，认同"获得知识变得容易了"的比例和认同"分走了不少学习时间"的比例均呈现增长趋势（见图1）。

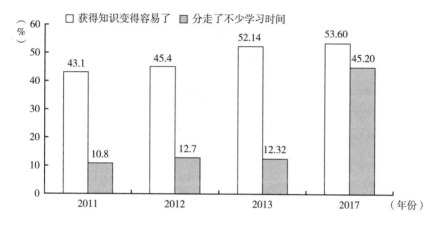

图1 未成年人对"上网给自己带来了哪些变化"的认知趋势

从"你认为当前青少年上网最严重的问题"调查数据来看，"耽误学习"一直保持着最高比例。2011 年，26.8% 的受调查未成年人认为"上网耽误学习"，其次是"玩游戏/聊天上瘾"（24.3%）；2013 年，认为"耽误学习"的未成年人占比增加至 30.0%，其次是"眼睛近视，健康受影响"（22.9%）；2017 年，28.9% 的未成年人认为"太耗时间，耽误学习"，其后有"个人信息泄露"（20.7%）、"整天宅着，运动变少"（12.4%）等。总体看来，未成年人对互联网学习的态度渐趋理性，既能看到互联网对学习的帮助，也能看到技术所带来的弊端。

此外，未成年人对互联网上的不良信息及其影响的认识有所提高。据调查，在 2007 年，75.5% 的未成年人认为"经常上网可能使未成年人接触到一些不良信息，从而产生出一些不健康的思想"；到了2009年，赞同这种观点的未成年人增长至76.9%；2010年则增长至87.3%。此外，根据调查数据，不良信息主要通过"广告""视频"和"游戏"三类渠道，以"不雅图片""自拍暴露视频""虚假广告""暴力游戏""虚假新闻"等表现形式来传播（见表1）。在"后真相"时代，社交媒体逐渐成为互联网不良信息传播的主要途径之一，调查发现不良信息在社交媒体，如"QQ""微博""微信"中的传播呈现逐渐增加的趋势。2017年的调查中，20.8%的未成年人认为网络交往最大的坏处是"不良信息太多"，排名第二位。

表1　未成年人上网遇到不良信息渠道的变化趋势

单位：%

来源	2011年	2012年	2013年	2014年	2017年
广告	60.4	63.2	57.5	52.0	62.5
视频	30.6	28.0	22.9	32.9	26.1
游戏	23.6	24.5	21.8	30.3	21.4
QQ	—	10.7	11.6	23.0	—
微博	—	4.5	3.6	9.1	—
微信	—	3.0	3.6	8.3	5.2
贴吧	11.0	10.2	6.6	12.6	9.00

注："—"表明该年未对该选项进行调查。

（三）未成年人互联网学习的需求呈现增长趋势

根据对历次调查数据的分析，学习、求知在未成年人的网络应用中占有重要位置。2006年上网主要目的是"学习、求知"的占比15.7%；2007年上网主要目的是"学习"的占比11.9%；2017年调查中，在回答"你觉得网上给青少年提供的服务和功能，哪些最重要"时，38.8%（单选）的未成年人选择"在线学习"，排名第一，远高于排名第二位的"聊天交友"（26.0%）。根据历次调查数据，上网的主要目的是"完成作业、查资料"的比例呈现显著增长趋势（见图2）。

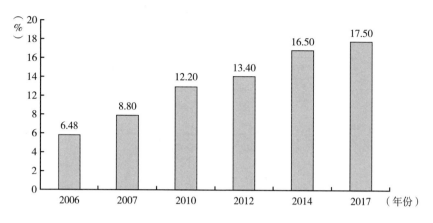

图2　上网主要以"完成作业、查资料"为目的的变化趋势

　　随着社交媒体和人工智能的不断发展，各种教育类公开课、App层出不穷。教育部教育管理信息中心等部门发布的《2016年中国互联网学习白皮书》指出，孩子常使用的互联网学习产品有百度文库（6.0%）、作业帮（5.0%）、纳米盒（4.0%）等；一些网络企业提供大量学习资源，如网易公开课截至2016年9月已有4300万移动用户，拥有10万多集视频；作业帮累计激活用户数1.7亿，接受累计超过100亿次学习请求；洋葱数学提供数学全版本系统化、动画式"微课"资源，用户达500万学生和10多万名教师。[①]

　　此外，根据"你觉得给青少年建的网站，哪些功能是最重要的"数据分析，未成年人对"能帮助学习"功能的需求增长较快——2010年，"能帮助学习"占比38.4%，其次是"功能全面"（26.4%）和"内容健康"（18.5%）；到了2011年之后，"课程辅导"占比最高，其次是"在线知识答疑"和"益智/网络游戏"（见表2）。

　　近年来，未成年人已形成在微信群、QQ群里讨论功课，在学校网站上查询成绩以及上网查找资料等学习习惯。未成年人互联网学习需求的不断增

---

① 《2016年中国互联网学习白皮书》编委会：《2016年中国互联网学习白皮书》，《中国教育信息化》2016年12月增刊。

表2　未成年人对青少年网站最重要功能看法的变化趋势

单位：%

功能	2011 年	2012 年	2013 年	2014 年	2017 年
课程辅导	63.3	49.0	56.1	52.4	—
益智/网络游戏	16.9	42.2	44.5	37.8	14.6
在线知识答疑	46.0	38.8	40.1	44.5	38.7

注：少数年份调查选项有细微差别，2017年课程辅导选项缺失。

加，一方面反映了互联网学习功能重要性的提升，另一方面也反映了这一学习渠道具有便捷性。

（四）模仿成为未成年人自我表达的重要方式

自我表现是个体自我认知的需要，也是社会互动的基础，自我表现一般分为三个方面："自我表达"、"自我形象管理"和"自我情绪调节"。[①] 互联网时代未成年人的自我表现，主要体现为未成年人通过网络媒体以文字、图片、视频等形式来表达自己的情感、态度和价值观等。根据自我表现的三个方面，对"上网主要的目的"数据进行分析，2010、2011、2012、2013、2014和2017年，以"表达自我"为上网主要目的的未成年人数分别占比1.0%、1.2%、1.4%、0.4%、0.6%和0.5%，所占比例较低，反映了自我表达并非未成年人上网的主要目的。

"模仿行为"是通过有意或无意地观察和学习其他个体的言语、行为，进而改变已有的行为方式以及获取新技能的学习形式。"模仿"也是自我表现的方式之一，但通常风险低、娱乐性强、参与度高，在个体未成年阶段表现明显。调查数据显示，从不模仿网上行为或语言的未成年人人数呈现下降趋势。2010年，选择"从不模仿网上的行为或语言"的未成年人占比40.0%；2012年，这一比例减少至30.5%；到2017年，这一比例进一步减少至26.2%。在具体的模仿行为中，各行为方式的模仿人数差异不大，但

---

① 彭兰：《社会化媒体理论与实践解析》，中国人民大学出版社，2015，第73页。

总体呈上升趋势，其中"学唱网上的流行歌曲"和"模仿网络/明星说话的方式"的未成年人人数较多。在2012年，"学唱网上的流行歌曲"的未成年人占比达到51.2%；到2017年，这一比例增加至57.2%，反映了未成年人对流行文化的追求。2012年"模仿网络/明星说话的方式"的未成年人占比20.6%；到了2017年，这一比例增加至23.1%，成为未成年人模仿网上言行的重要方面（见图3）。

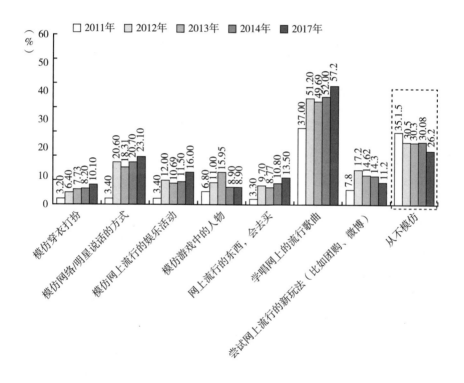

图3 未成年人模仿网上行为的变化趋势

社交媒体的兴起使未成年人拥有更广阔的表达空间和自由，得以展现自身的个性、思想和能力。从传播的角度来看，模仿也是个体寻求身份认同的一种方式，主体在模仿的过程中，可以通过一些娱乐化、低风险的表达方式来传播自己的想法，有助于产生共鸣，从而找到一种归属感。未成年人的自我表达既是未成年人自我认知的体现，也反映了互联网为未成年人的生活赋

予了更多的表达权。然而，互联网具有匿名性和无组织力量，未成年人在互联网中容易失去社会责任感和自我控制能力，产生群体模仿行为，甚至是模仿一些暴力、侮辱等不健康内容。这需要互联网建设者构建一个健康的网络生态，也需要互联网未成年使用者保持谨慎理性的态度。

（五）网络熟人社交成为未成年人重要的交往方式

社交媒体用户基数大、信息传播快、互动功能强，是未成年人社交的重要场域，从社交工具、交流主体和交流方式三个方面来看，网络熟人社交逐渐成为未成年人重要的交往方式。

在回答"上网的主要目的"时，选择"交友"的未成年人占比呈现递增趋势（见图4）。

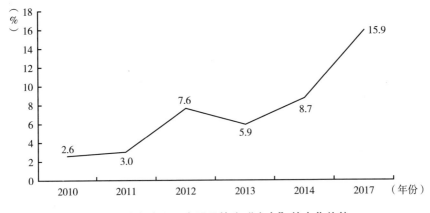

图4　未成年人上网主要目的为"交友"的变化趋势

从2006年到2017年，未成年人的社交工具随着流行应用软件的变化而变化，总体上呈现多样化的趋势。调查显示，2006～2009年，未成年人主要通过QQ工具聊天，使用QQ的未成年人分别占比76.0%、81.2%、97.5%（2008年缺数据）；此外，未成年人还通过聊天室、E-mail、MSN等方式进行聊天。从2010年开始，社区类网站发展迅速，越来越多的未成年人加入社区类网站。在2010年，使用QQ空间的未成年人占比59.7%，其次是"摩尔庄园"（35.2%）、"开心网"（26.5%）、淘宝社区（16.3%）、新浪博客（14.8%）。2011 年，微博社交逐渐受到推崇，使用腾讯微博和新浪微博的未成年人人数分别占比 18.8% 和 11.4%。从 2012 年开始，部分未成年人开始使用微信。2012～2014 年，使用微信的人数分别占 11.8%、21.67%、25.7%，在 2017 年，这一比例增加到 30.4%。同时，未成年人还使用个人空间、新浪微博、论坛贴吧等社区类网站。根据 2017 年的调查，目前使用 QQ 的未成年人占比减少至 59.7%，但仍占据首位，QQ 是未成年人使用最广泛的社交工具。近几年来，随着游戏、直播、短视频等的发展，社交媒体与这些功能相结合，呈现娱乐化的趋势，受到未成年人的喜爱。

从网络交往的主体来看，未成年人在互联网上更倾向于熟人社交。2011 年，70.3% 的未成年人网络交流好友大多是现实生活中认识的人；2013 年，这一比例增加至 80.6%；根据 2017 年调查，88.7% 的未成年人选择这种熟人社交的方式（见图 5）。相比而言，陌生人社交则呈现越来越少的趋势，这在一定程度上体现了未成年人网络安全意识的提升。

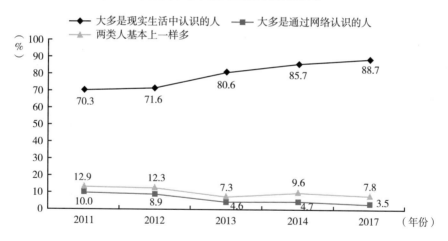

图 5　未成年人"网上交流的好友主要是哪些人"

调查显示，"一起聊天"、"一起玩游戏"和"朋友的朋友"一直是未成年人结交新朋友的三种主要方式（见表 3）。此外，未成年人还通过"在网上有互动（互相评论、送礼物、投票等）"、"网络自动推荐"等方式结交新朋友。

表3 "主要是通过什么方式在网上认识新朋友"的变化趋势

单位：%

类别	2011 年	2012 年	2013 年	2014 年	2017 年
一起聊天	24.3	21.6	23.6	45.1	38.3
一起玩游戏	23.2	21.3	21.1	39.2	30.7
朋友的朋友	12.3	12.5	14.7	34.5	45.1

（六）游戏、音乐和视频成为未成年人主要的网络娱乐方式

随着市场经济和网络技术的发展，文娱产业发展迅猛。网络游戏、视频、音乐、网络文学、网络直播等娱乐方式和场景丰富了未成年人的娱乐生活。近年来，以视觉场景和直播形式主导的"时空一体化"场景丰富了未成年人的娱乐生活。调查显示，在回答"上网的主要目的"时，"娱乐"的比例一直保持在前列。具体的娱乐方式则呈现多元化的趋势：2007 年，未成年人在互联网上以"玩网络游戏"（18.4%）、"在线试听"（14.0%）为主要娱乐方式；2010 年，选择"听音乐"（63.0%）的人数超过"玩游戏"（47.2%）的人数，之后是"看视频"（占比 37.0%）；2013 年，"玩游戏"的未成年人占比 52.4%，"听音乐"和"看视频"分别占比 45.1% 和 34.2%（见表 4）。多年来，"玩网络游戏"、"听音乐"和"看视频"一直是未成年人的主要娱乐方式。

表4 未成年人上网活动中娱乐方面的变化趋势

单位：%

类别	2006 年	2007 年	2009 年	2010 年	2011 年	2012 年	2013 年	2014 年
玩网络游戏	42.0	18.4	38.5	47.2	47.0	45.2	52.4	42.6
听音乐	—	—	—	63.0	47.4	53.7	45.1	53.0
看视频	—	—	—	37.0	27.5	33.3	34.2	35.8

注："—"表明该年未对该选项做调查。

随着网络直播的兴起，游戏直播、户外直播、个人秀场等直播方式成为互联网用户新的娱乐方式。2017 年，在回答"上网使用的网络功能主要有哪些"时，49.1%的未成年人回答使用"网络音乐"，29.9%回答使用"网络游戏"，18.7%回答使用"网络视频"，3.0%回答使用"网络直播"的娱乐功能。

（七）未成年人网络消费呈现增长趋势

调查显示，关于"你上网的时候主要在干什么"的回答中，选择"购物"的未成年人越来越多，呈现增长趋势。2007年，在上网时主要在购物的未成年人占比1.1%，网上购物100元以下者占比最高，达47.1%；2012年网上购物的未成年人比例增加至3.9%，其中有9.7%的未成年人表示"网上流行的东西，会去买"；到了2017年，上网时主要在购物的未成年人占比6.4%（见图6）。

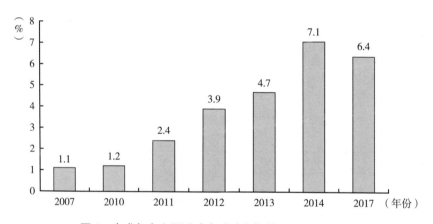

图6　未成年人上网活动中"购物"情况的变化趋势

另外，根据CNNIC的《中国青少年上网行为调查报告》，2013年，41.3%的未成年人使用手机网络购物和手机网上支付应用；2014年，使用这些应用的人数比例增长至64.3%；2015年，80.8%的未成年人使用手机网上购物和网上支付应用，增长趋势明显。再者，互联网技术的发展必然带来消费模式的变革，近年来未成年人网络消费有了一些以往没有的新渠道，如未成年人"打赏"网络直播的现象屡见不鲜。未成年人网络消费的增加也带来了更多的潜在风险。在2017年的调查中，9.4%的未成年人曾经在网购中遇到骗子，7.9%的未成年人曾经被网友骗钱，10.6%的未成年人选择"网友给我假承诺"。

（八）未成年人对专属网站的熟悉度总体偏低

为加强未成年人思想道德建设，引导未成年人文明上网，防止网络沉迷等不良现象的发生，我国很早就建立了未成年人专属网站，为未成年人提供丰富的网络资源，传播社会主义核心价值观。调查显示（见表5），带有政府性质的未成年人专属网站，如未来网、中国未成年人网、雏鹰网、中少在线等网站，相比于商业门户网站或媒体网站（如腾讯、新浪和央视）的少儿频道，未成年人的总体熟悉度偏低；如果相比于儿童益智游戏类网站（如洛克王国、奥比岛和摩尔庄园），未成年人对这些专属网站的熟悉度相差更远。再者，专属网站在未成年人熟悉度上的稳定性较差，部分未成年人对专属网站的熟悉度有较大幅度下滑。据了解，有些政府性质的未成年人专属网站已出于各种原因而停办。总体来看，这些未成年人专属网站还未能发挥其应有的引导作用。

表5 "您熟悉下列哪些网站"历次调查数据

单位：%

类别	2007 年	2009 年	2010 年	2011 年	2012 年	2013 年	2014 年
未来网	—	—	—	—	2.8	4.8	6.7
中国未成年人网	—	—	—	9.8	7.0	8.9	11.9
雏鹰网	21.0	20.1	3.8	9.1	3.4	3.6	4.2
中少在线	—	—	—	1.5	1.0	2.1	4.0
少年先锋网	19.8	23.6	6.9	5.1	4.5	—	—
腾讯网儿童频道	—	20.1	3.8	9.1	3.4	11.2	11.0
新浪少儿	—	—	—	9.8	4.6	8.6	9.1
央视少儿	—	—	—	10	6.7	14.0	29.9
洛克王国	—	—	—	36.0	31.8	42.5	43.5
奥比岛	—	—	—	25.4	17.5	25.3	24.4
摩尔庄园	—	—	—	38.2	24.0	17.6	31.5

注："—"表明该年未对该选项做调查。

从时间维度来分析，2007～2009年，未成年人对其专属网站熟悉度较高，达20%左右。随着社交网络的兴起和网络游戏平台的增多，从2010年开始，未成年人对专属网站的熟悉度有所下降，而更倾向于网络益智游戏和网络社交网站。如2010年，有"偷菜"游戏功能的社交网站"开心网"受到未成年人的热烈追捧，其熟悉度高达42.5%，成为当年未成年人最熟悉的网站。同时，"摩尔庄园""洛克王国"等儿童益智游戏网站通过打造神奇魔幻社区而受到未成年人的喜爱。

在快速更新的互联网生态中，对未成年人来说，内容更加丰富的商业门户网站或媒体网站更易成为上网入口，他们也更容易受到富有娱乐性的游戏类网站的吸引。未成年人对其专属网站的熟悉度下降，从侧面也反映了未成年人专属网站存在的发展困境。笔者认为，未成年人专属网站应当坚持创新发展，适应网络生态的变化，逐渐提高未成年人的熟悉度和使用率。

三 互联网对未成年人学习和生活影响趋势分析

（一）互联网学习逐渐重构传统的教育系统，但消极影响不容忽视

在2006～2017年十余年的发展过程中，互联网学习在未成年人学习中扮演着越来越重要的角色，从补充和辅助的角色逐渐转变为学习中不可缺少的重要工具。网络通过信息的分享、交流与互动，最大限度地实现资源共享，打破了时间、空间和社会阶层等现实因素的限制，逐渐形塑了一种新型的未成年人学习方式，具有极大的社会进步意义；互联网学习需求的增长，可能成为未来未成年人互联网应用中最令人欣喜的"增长点"。但是，需要注意的是，这种学习方式的变革也会带来一定的负面影响。美国教授鲍尔莱恩曾以大量数据说明，当代青少年并未由于网络媒体的发达而获取更多知识，美国青少年整体素质反而下降：语言能力减弱，知识贫乏，恐惧读书，在线学习效率低下。[①] 国外学者的忧患意识值得我们思考。

---

① 马克·鲍尔莱恩：《最愚蠢的一代》，杨蕾译，天津社会科学院出版社，2011，第13～15页。

从历年调查数据来看，互联网对学习的不利影响主要集中在耽误时间、玩游戏/聊天上瘾等。"娱乐"是未成年人上网的主要目的之一，"玩网络游戏"是未成年人娱乐的主要方式之一。相关学者通过访谈发现，未成年人互联网成瘾多数属于网络游戏成瘾，而搏杀枪战类的网络游戏内容充满血腥、暴力，影响未成年人的思维模式和行为方式，容易诱发违法犯罪行为。① 除此之外，"社交成瘾"是近几年未成年人互联网沉迷现象之一，集聊天、讨论、游戏等功能于一体的社交媒体在未成年人中的使用率越来越高，未成年人对社交媒体的依赖逐渐增强。未成年人网络沉迷会弱化其在现实生活中的行为能力。在 2017 年的调查当中，不少未成年人表示"网络交往使现实交往减少，性格变孤僻""更懒了，依赖网络，懒得自己想问题"等，这些问题对未成年人的社会交往和身心健康造成不良影响。此外，在互联网学习方式的变化上，青少年通过现实经验和主观思考获取知识的重要性被贬低；在思维方式的变化上，互联网有可能造成青少年的碎片化思维和历史感断裂。② 这些问题有可能对未成年人的成长产生负面影响。

（二）未成年人网络素养亟待提高

网络素养是"一种基于媒介素养、数字素养、信息素养等，再叠加社会性、交互性、开放性等网络物质，最终构成的一个相对独立的概念范畴"。③ 由北京师范大学新闻传播学院、《光明日报》智库研究与发布中心联合发布的《2017 青少年网络素养调查报告》显示，中国青少年网络素养总体得分不高，有待进一步提升。而提升青少年网络素养需个人、家庭、学校、政府等多主体共同努力。④

---

① 中国青少年研究中心课题组：《关于未成年人网络成瘾状况及对策的调查研究》，《中国青年研究》2010 年第 6 期。

② 杜涛、王欢：《"进步"的幻象：社交媒体对青少年的消极影响》，《中国青年社会科学》2015 年第 1 期。

③ 喻国明、赵睿：《网络素养：概念演进、基本内涵及养成的操作性逻辑》，《新闻战线》2017 年第 2 期（上）。

④ http：//edu. gmw. cn/2017 – 06/28/content_ 24924409. htm。

我国有关政府部门为未成年人建立了专属网站，这些网站有利于提高未成年人的网络素养。然而调查结果显示，未成年人对其专属网站的熟悉度较低，而对以在线教育、游戏和社交为主要功能的商业网站熟悉度更高。这些商业网站功能定位明确、受众意识较强、推广力度较大，在未成年人群体中使用率较高。但商业网站追求利润最大化，很难平衡经济效益和社会效益，需谨防其为了利润而本末倒置。此外，学校为未成年人开设了专门的互联网课程，但教学效果不佳；未成年人对互联网的运用主要通过自学或同学、朋友的帮助，导致未成年人对互联网不良信息的辨别能力较弱，在互联网上被骗的情况也层出不穷。未成年人网络素养整体不高，如存在盲目消费等问题。在互联网上，未成年人除了购买日常学习和生活用品外，"给游戏人物买装备"、"为游戏主播投金币"、"向网络主播打赏"等消费行为越来越多。很多未成年人受电商平台推送的"抽奖中奖"、"退款退票"、"虚假优惠"等信息诱导遭网络诈骗情况也屡见不鲜。此外，未成年人对网络绿色产品、隐私保护知识、网络基本规范等认知较弱，这些都是未成年人网络素养不够的体现，需要引起教育部门和家长的重视。

（三）警惕未成年人在互联网上的失范行为

在互联网中，未成年人主要通过娱乐性强、风险性弱的"模仿"行为来表现自我。据笔者分析，原因可能在于以下三点：一是近年来网络应用从 Web 1.0 转向 Web 2.0 阶段，未成年人使用的社交工具中，亲人、同学和朋友占据大多数，匿名效应减弱，使他们表达想法的欲望减弱；二是未成年人的知识、阅历有限，"原创"观点的能力不强；三是未成年人在网络使用中保护个人隐私的意识有所增强，导致他们会防范表达风险。但盲目模仿容易导致未成年人为"高点击量""高点赞量"而表现出扭曲心理。例如近年来"抖音""快手"等 App 快速发展，各种视频内容成为未成年人的效仿对象，而"未成年人直播怀孕""未成年人直播私奔"等乱象层出不穷，给未成年人的身心健康造成不良影响。调查显示，互联网上的不良信息主要通过"广告"、"视频"和"游戏"三类渠道，以"不雅图片"

"自拍暴露视频""虚假广告""暴力游戏""虚假新闻"等视觉形式来传播，刺激未成年人的好奇心理，严重影响他们的学习兴趣，而未成年人模仿能力强，不良信息的泛滥将对未成年人正常的学习生活构成威胁。

此外，互联网的熟人社交性质使未成年人在现实生活中的问题有可能迁移到互联网上，形成网络围攻、谩骂等网络暴力事件；同时，互联网上的暴力事件又可能在现实生活中爆发，从而使虚拟世界的矛盾向线下延伸，甚至构成违法犯罪行为。

四 对未成年人互联网运用中存在问题的对策建议

（一）完善立法，尽快出台针对未成年人网络保护的法律法规

在互联网技术快速发展的今天，出台完善未成年人网络空间保护方面的专门法律势在必行。我国可以借鉴西方国家专门出台未成年人网络保护法律的措施。如 2013 年，美国加州通过了"橡皮擦"法，要求 Facebook、Twitter、Google 等社交媒体巨头允许未成年人擦掉自己的上网痕迹，防止他们因曾经说过的不当言论而受到困扰；欧盟 2016 年通过、2018 年生效的《一般数据保护法案》规定，16 岁以下的未成年人必须获得家长或监护人的同意签约才能在社交媒体网站上注册。互联网的每一步发展都对未成年人产生深远影响，党和政府应当加强未成年人网络保护，加强立法监督，通过详细具体的规定来保障未成年人在互联网中的隐私与安全，维护未成年人合法权益，为未成年人文明健康上网创造良好条件。目前，我国《未成年人网络保护条例》已进入征求意见阶段，我们期待随着立法的完善和相关法律法规的正式出台，一个有利于保护未成年人的清朗的网络空间尽快成为现实。

（二）加强监管，指导未成年人合理使用互联网

互联网对未成年人的学习和生活的影响是巨大的，由于未成年人思想、

心智尚不成熟，有必要引入适当的干预机制。在国外，2018 年初美国近百家非营利团体及心理学家给扎克伯格写信，要求撤下 Messenger Kids，不允许 12 岁以下儿童使用社交媒体；许多美国大学和中学给学生家长写信，对家长如何监管青少年使用网络给予指导。① 我国对未成年人的保护应当由政府、社会组织、学校、家庭等多主体相互合作，联动形成安全网。政府有关部门应当加强对互联网产品的把关、对网吧等场所的监管，同时，采取政策支持、资金扶持等方式鼓励相关企业组织提供有益于未成年人身心健康的网络服务。社会组织应结合政府政策，在法律的框架内，以保护、尊重未成年人权利为前提，采取科学的方式开展未成年人网络教育活动。学校可通过设立专门课程、培训等多种方式，创新网络素养教育，采取科学有效的办法发挥未成年人的主观能动性，提高未成年人对健康文明上网的认知能力。家长应发挥家庭教育的巨大作用，相应地提高家长自我的网络素养水平，增强引导未成年子女的能力与意识，并为其树立良好榜样；注重有效监护，积极了解被监护人互联网使用情况，了解未成年人使用互联网的场景、方式、内容等，与未成年人平等地学习、交流和讨论，引导未成年人合理使用互联网。

（三）统一规划，加强互联网内容建设

党的十九大报告指出，要 "加强互联网内容建设，建立网络综合治理体系，营造清朗的网络空间"。② 政府可以统一规划，传播积极向上的健康网络内容，以优质内容占领互联网阵地。要加强对未成年人专属网站的建设和推广。调查数据显示，未成年人对其专属网站的认知度和使用率还比较低，没有发挥出其应有的作用。相反，以在线教育、益智游戏、社会交往等功能为主的网站受到未成年人的青睐。就目前以未成年人为目标用户的网站来看，商业性网站的使用率高，而政府性网站运营效果不佳，在此情况下，两类网站应当进行优势互补。首先，在运营方面，政府性网站应当坚持以政

---

① Gregory K. Fritz. *Social Media Use and Adolescents*：*A Guide for Parents.* The Brown University Child and Adolescent Behavior Letter，2014.

② 十九大报告全文：http：//www. gov. cn/zhuanti/19thcpc/baogao. htm。

策为导向，借鉴商业性网站的成功经验，加强创新，利用大数据等技术推动网站的个性化和精准化发展，同时加大网站推广力度，以未成年人喜闻乐见的方式传播优秀文化；在内容建设方面，商业性网站应当提高思想内容建设水平，增强公共服务意识，为未成年人提供一个纯净安全的网络环境。其次，针对网络学习容易造成未成年人思维方式的碎片化和历史感断裂等问题，国家可以组织有关力量逐步将历史经典文献和优秀知识产品数字化和网络化，设立公益性网络图书馆等知识平台和教育平台，为未成年人的网络学习提供优质的内容。

参考文献

中国互联网络信息中心（CNNIC）：历次《中国互联网络发展状况统计报告》，来自 http：//www. cnnic. net. cn/hlwfzyj/hlwxzbg/。

李文革、沈杰、季为民主编《中国未成年人互联网运用报告（2013～2014）》，社会科学文献出版社，2014。

彭兰：《社会化媒体：理论与实践解析》，中国人民大学出版社，2015。

Gregory K. Fritz. *Social Media Use and Adolescents*：*A Guide for Parents.* The Brown University Child and Adolescent Behavior Letter，2014.

喻国明、赵睿：《网络素养：概念演进、基本内涵及养成的操作性逻辑》，《新闻战线》2017 年第 2 期（上）。

杜涛、王欢：《"进步"的幻象：社交媒体对青少年的消极影响》，《中国青年社会科学》2015 年第 1 期。

马克·鲍尔莱恩：《最愚蠢的一代》，杨蕾译，天津社会科学院出版社，2011。

中国青少年研究中心课题组：《关于未成年人网络成瘾状况及对策的调查研究》，《中国青年研究》2010 年第 6 期。

《2016 年中国互联网学习白皮书》编委会：《2016 年中国互联网学习白皮书》，《中国教育信息化》2016 年 12 月增刊。

B.15
父母对孩子互联网运用
态度的变化趋势

党生翠*

摘　要： 通过分析近年来父母对孩子互联网运用态度的变化趋势发现：父母对孩子上网的实际接受度提升了，其对多样化网络使用的态度趋于理性化，采取积极干预措施的比例提高，反向社会化接受度提高及家庭结构和家庭关系持续影响上网管理行为。同时，尽管父母对孩子互联网运用的态度渐趋理性，但还存在上网管理的意愿与能力失衡等问题。建议父母提升上网认知水平，提高技术监管水准，提高卷入式管理水平，为未成年人健康上网发挥示范作用。

关键词： 未成年人　父母　上网管理

我国自 1994 年接入国际互联网，至今已有 20 余年的历史。随着 2008 年新浪微博的开通，我国开始迈入社交媒体时代。2008～2017 年的十年是互联网应用日益普及的十年，是社交媒体快速发展的十年。本文选取其作为观察父母对孩子互联网使用态度变化的时段，具有典型意义。

一　前言

未成年人已经成为我国最大的网络用户群体之一。截至 2017 年 6 月，

＊ 党生翠，北京师范大学社会学院/中国社会管理研究院副教授。感谢周倜为文献收集提供帮助。

我国 19 岁以下的网民人数达到 1.71 亿，未成年人互联网普及率保持在 90% 以上。家庭是孩子上网的主要场所，父母是孩子上网的第一监护人。父母在未成年人的互联网使用上具有重要影响。父母对未成年人的互联网应用的关注和担心是世界各国的共同研究主题。父母对孩子上网的态度受到多变量影响，如父母监督意识、亲子交流水平、网络监控水平等。同时，父母对孩子上网态度的变化也受到诸多外界因素（如互联网环境的改善）及自身因素（如上网经验等）的影响。总的来看，父母常用的监控手段包括检查孩子访问网站，检查孩子社交媒体个人资料，查看孩子电话和短信记录，以及使用父母控制软件来屏蔽、过滤和监视孩子的在线活动，使用父母控制软件来限制孩子的电话使用，使用电话监控软件来追踪孩子的地理位置等。但随着媒介多样化及孩子上网行为的复杂化，父母监管难度不断增加，监管效率也受到影响。

本文采用了 2007～2014 年"中国未成年人互联网运用状况调查"的数据及其他替代样本数据。采用文献研究法、数据分析法、比较法及政策研究等方法进行历时性考察，通过纵向比较，探究父母对孩子上网的认知度、接受度，对未成年人互联网使用的监控与指导的专业性及孩子在网络使用方面对父母的反向社会化的发展趋势等。

二 十年来父母对孩子上网态度的纵向比较

十年来，父母对孩子上网的态度渐趋理性，理解基础上的监管与指导成为主旋律。总体而言，未成年人中越来越高的网络普及率及家庭作为首选的上网场所等数据，都证明家庭对孩子的上网实际支持度上升。同时，摈弃了将网络拒之门外的"一刀切"，在敞开大门迎进网络的同时，父母也将重心放在了如何实现有效监管上。数据证明，父母对孩子从之前的依赖宏观网络环境的改善和技术过滤，逐渐转向参与式的积极干预。同时，在积极干预的过程中，亲子之间的知识流向发生了逆转。孩子对父母的反向社会化的趋势逐渐显著，在改善亲子信息和情感交流的同时，父母的信息垄断与权威地位也开始被撼动，未成年人在网络领域的话语权逐渐增强。人的态度分为三个区域——拒绝区域、接受区域、态度不明朗区域。父母对孩子上网的态度已经从拒绝为主转变为接受区域所占比重不断提高。父母对孩子上网的宽容度和认可度都大幅提升，重点从"让不让孩子上网"转移到了"如何帮助孩子更加合理地使用网络资源"上。换句话说，父母对孩子上网态度从认知到行为的转变，体现为从"是否接受上网"转向"如何监护上网"。

（一）父母对孩子上网的实际接受度提升

比起父母对孩子上网的情感态度，父母对孩子上网的实际支持度更具有意义。实际支持度是指父母为孩子上网提供硬件保障、情感支持和宽松环境的倾向。家庭上网普及化、孩子自有通信设备和上网设备占比上升、上网年龄前移认同度提高及未成年人实际上网人数的持续增加，都说明父母对孩子上网的实际支持度有增无减。事实上，家庭已经成为上网的主要场所，未成年人在家上网比例不断提升。父母对孩子拥有手机的接受度较高。孩子自有（具备上网功能的）手机率提高，表明父母对孩子接入移动互联网的支持度提高。

1. 未成年人上网人数不断增加

2011～2017 年间，我国网民总数不断增加，未成年网民的用户总数呈现类似的趋势。虽然增幅并不如总体网民规模明显，但总体而言，也保持了缓慢增长的势头（见图1）。截至 2018 年6 月，在我国，19 岁以下的网民人数达到 1.75 亿，[①] 未成年人互联网普及率保持在90% 以上。

2. 10岁以下低龄儿童上网人数逐渐增加

在我国，6 岁为小学入学年龄。10 岁以下儿童上网比例不断提升（见图2），意味着小学低年级及以下的儿童上网人数的增加。这也从一个侧面反映出父母对低龄孩子上网的实际容忍度提高。

---

① 中国互联网络信息中心（CNNIC）：《中国互联网络发展状况统计报告》2018 年8 月，来自：http://www.cnnic.net.cn/hlwfzyj/hlwxzbg/201808/t20180820.70488.htm.

图1 我国未成年网民规模趋势

数据来源：CNNIC 2011~2017年《中国互联网络发展状况统计报告》。

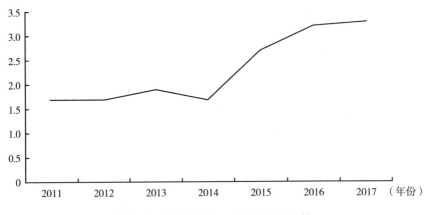

图2 10岁以下儿童上网比例发展趋势

数据来源：CNNIC 2011~2017年《中国互联网络发展状况统计报告》。

3. 孩子首次触网的低龄化趋势明显

2008年，儿童首次触网年龄为初一（11岁左右）。2010年时，50%以上的未成年人首次触网年龄为10岁。2013年，这个年龄变成了8岁。2015年i-Research发布的《中国青少年及儿童互联网使用现状研究报告》指出，超过一半的孩子在学龄前已经接触互联网。2016年，《儿童安全上网指引报告》显示，我国10岁以下网民约为2300万人，其中超过56%的儿童在5

岁前已经开始接触互联网。2017 年，课题组调查数据显示，55% 的未成年人首次触网年龄为 9 岁之前。首次触网低龄化趋势严重，代表父母对儿童使用互联网的容忍度提高。

4. 父母认同初中及以前上网的比例增加

父母认同的上网年龄也在逐渐下降。事实上，父母支持未成年人在初中时及初中前上网的比例也在逐步上升（见图 3）。

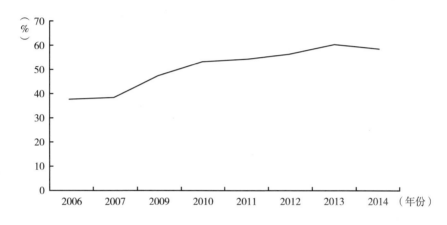

图 3　父母支持未成年人在初中时及初中前上网的比例

5. 孩子自有上网设备普及率不断提高

互联网迅速而广泛地渗透到家庭之中。亚洲用户倾向于运用智能手机、平板电脑等便携式设备而不是电脑上网。十年间我国手机拥有率增长 581%。2009 年，手机首次超越电脑成为上网的第一选择。2016 年，美国科技媒体 Mashable 调研发现，我国智能手机普及率为 58%，韩国为 88%，美国为 72%。孩子拥有自己的手机及利用手机访问互联网的比例提高，表明父母对孩子接入移动互联网的支持度提高（见图 4）。

6. 未成年人在家上网比例不断提升

家庭逐渐成为上网的第一场所，这一方面缘于上网接入设备的日益普及，另一方面源于父母对未成年人上网支持度的提升。从数据来看，经过近十年的发展，该比例从 2/3 上升到了 90% 以上（见图 5）。

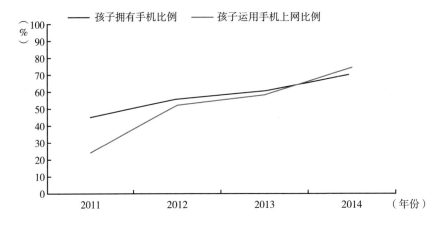

图4 孩子自有手机率及利用手机上网比例趋势

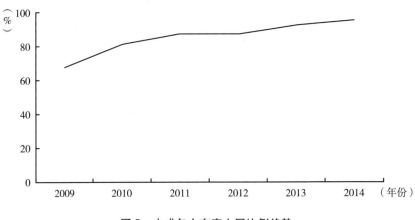

图5 未成年人在家上网比例趋势

事实上，父母上网经验日益丰富提升了其对孩子上网的支持度。美国心理学者法齐奥（Fazio）提出，与经验相关的记忆形成的态度容易提取，引发相应的行为反应时间间隔要短。所以可提取性强的态度是行为的影响因素。① 父母上网经验的多寡与其对孩子上网的支持度成正比。社交媒体的普

① 教育部：《关于印发教育部副部长杜占元在2017年全国教育信息化工作会议上讲话的通知》，www. moe. gov. cn/s78/A16/s8213/A16_ sjhj/201709/t20170911_ 314154. html，2017年5月5日。

遍应用在父母中也如此。因此，随着年龄在 30～50 岁的人士步入中年，成为中小学生的父母，他们具有的上网经验就会激发他们对下一代的互联网运用的支持行为。父亲、年轻父母、和孩子一起上网的父母及有低龄孩子的父母对孩子的上网监管比例较高。第八次未成年人互联网运用调查显示，父母的上网经历在三年以上的比例已经达到 66.7%。

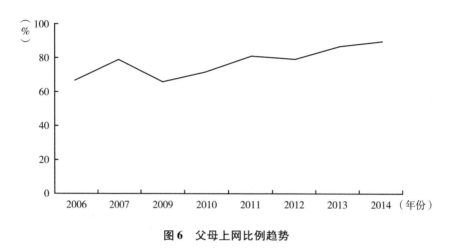

图6　父母上网比例趋势

（二）父母对不同网络运用的态度趋于理性分化

态度包括认知、情感与行为。父母的认知、情感、行为在孩子上网方面是相互矛盾的。随着对互联网认知度的提高，其情感接受度并未相应提高，其行为也较为矛盾。父母既想让孩子在互联网时代取得先机，善于使用互联网这种新的信息传递、知识获取的工具，也想保护孩子免于危险内容的接触和危险行为的实施。随着社交媒体的发展和移动互联网的普及，网络使用成为父母和孩子无法避免的行为。

网络使用可以分为知识型使用、娱乐型使用和社交型使用，父母对于孩子上网的态度也可分类。孩子有跟学习相关的需求，如上网寻找学习资源、做作业等。孩子年龄越大，对孩子上网监管的难度就越大。

互联网使用环境的成熟也为父母支持孩子上网提供了可能。从国家层面

看，在网络化、信息化浪潮下，为在新一轮技术革命竞争中立于不败之地，我国已经制定的大数据战略和互联网＋计划，成为经济和社会发展的新的驱动器。从学校层面看，全国中小学互联网接入率从25%上升到2017年的90%，多媒体教室比例从不到40%增加到83%。尽管学校应用多媒体的比例仍有待提高，但日益应用的在线教育手段也为父母支持孩子上网提供了理由。在线完成作业、在线课堂等都已走入日常生活中，成为父母不得不面对的新课题。

互联网在学校教育中应用比例越来越高，且适度的互联网技能有助于孩子的学业表现，家庭网络对于孩子的数学和阅读也有帮助，对于孩子在互联网上的知识型使用，父母的接纳程度不断提升；对于其娱乐型使用，趋于中立态度，考虑更多的是控制时长还是游戏种类；至于社交型应用，则是父母最为担心最为焦虑的使用类型。

对于不同类型的网络使用，父母趋于分化的态度显示了资深网络用户的理智和成熟。针对不同类型的使用，父母也采用了不同的监控措施。

（三）父母采用"监管＋指导"的积极干预方式的比例提高

在互联网进入家庭的初期，父母对互联网从对立到警惕，并将互联网监控列为父母的职责之一。但形成鲜明对照的是，尽管父母基本上都认同上网监控是必需的，但他们将这种责任更多地寄希望于外部因素，如上网环境的优化、上网过滤软件的完善及学校对孩子的教育等。尽管2009年认为对于孩子上网应该"给予必要指导"的比例高达83.3%，但"经常"和"总是"和孩子谈论上网情况的只占到14.1%。在实际调查中也发现，有监督无指导、有时长规定却无内容规定的"影子监督"是这一时期基本的监督特点。

在第二阶段，父母开始上网监督与上网指导并重的二元模式。但受制于个人有限的上网经验与互联网知识，对于指导对象的网络资源、网络使用方式及网络使用后果都存在心有余而力不足的状况。2013年，父母和孩子谈论上网情况的比例首次超过了50%。2015年调查表明，3~5岁的孩子中，38％的父母认为应该陪同指导。98％的父母会通过管理上网设备来限制孩子上网时长及监控内容。因此，消极干预仍然是这一阶段的主要特征。同时，还存在高估监督效果的乐观主义，实际上却可能由于时间有限或知识不足，导致实际监督失效。父母也逐渐意识到对孩子的监管不如积极干预。

在第三阶段，父母的积极干预模式开始逐渐成熟。积极干预是指了解孩子的上网资源、陪伴孩子上网、讨论上网内容、调整上网行为等。在此过程中，父母近距离观察孩子的上网行为，主要特征为：熟悉指导对象的网络资源；参与到儿童的上网行为中；能够科学讨论儿童的上网经验并提供帮助。2016 年《中国青少年上网行为调查》显示，教导并培养孩子正确的上网习惯的父母占比为 69.9％。限制孩子上网时长者占64％。当然，父母积极干预的模式在城乡之间、不同媒介素养的父母之间存在差异。

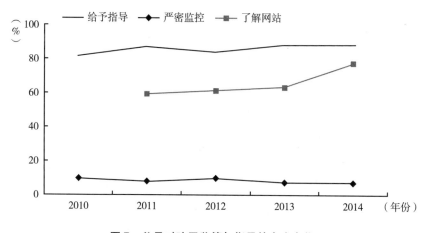

图 7　父母对孩子监管与指导的态度变化

（四）父母对孩子向自己传授互联网知识与技能的接受度提高

反向社会化是指社会化过程中传统的教育者与被教育者之间角色的反转。即父母对孩子进行早期社会化过程中的技能赋予、规范形成及价值观培

养等转变为孩子在网络使用方面担当父母的老师，向父母传授关于网络的知识、上网技能等。

互联网对父母监管孩子上网的能力提出了挑战。孩子比父母掌握的互联网信息多的比例逐渐增加（见图8），2013年占比44%，2014年该比例为57.2%，超过了被调查人数的一半。研究发现，多数父母存在向子女表达想要学习使用互联网的意愿，或是在使用互联网过程中遇到问题时，会主动向子女请教，如果子代给予积极的回应，反向社会化就会发生。[①] 有研究者发现，父母对反向代际学习表示出了更多的现实取向（强调收获、互利等），而子女更多是心理层面的主观体验与收获（心理的满足感）；父母的心理由抗拒走向融合。[②]

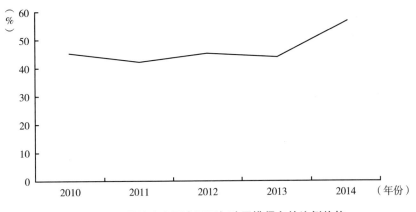

图8　父母承认在上网方面不如孩子懂得多的比例趋势

代际数字鸿沟是反向社会化发生的重要前提。由于移动互联网及社交媒体的不断普及和更新，孩子超强的学习能力和适应新事物的能力令父母望尘莫及，孩子在互联网使用领域的社会化速度、程度相较于父母都有过之而无不及。因此，孩子们对网络的天然兴趣和对新事物的吸收能力为反向社会化

---

① 刘颖敏、王芳：《90后子代与亲代间的反向社会化研究：以互联网的运用为例》，《青少年研究与实践》2014年第1期。
② 康顺利：《90后子女对父母反向社会化的影响研究》，中国青年政治学院硕士学位论文，2016。

奠定了基础。另外，从实际数据来看，孩子可以脱离父母认为的监管或父母的监管并未能奏效。这从另一个角度说明孩子对父母反向社会化的必要性和可能性。

青少年亚文化的兴起是反向社会化的必要条件。以二次元文化为主的青少年网络亚文化的兴起对反向社会化具有推动作用。青少年是亚文化的主体。他们对网络语言的纯熟运用、网络事件的推动及网络问政的积极参与，都有助于他们成为亚文化的主角。随着网络亚文化的兴起，父母为了破解他们交往的密码、了解孩子的世界，就需要深入亚文化的内部，学习新的亚文化形式，并运用亚文化符号和他们进行沟通。这些现象既为互联网使用的反向社会化提供了条件，也推动了互联网使用的反向社会化的兴起。

父母对互联网态度的转变是反向社会化的影响因素之一。网络使用的普及，尤其是社交媒体的普遍应用，为父母使用互联网打开了一扇窗户。在此过程中，他们意识到了孩子使用网络的必然性和重要性，同时也意识到了在互联网使用的创新扩散中家庭内部产生了新知识鸿沟。于是，反向社会化在家庭中被接受程度也逐渐提高。

三 父母管理孩子上网中存在的问题

历经十余年的发展，父母已经凭借自身的上网经验及习得的监管、指导措施，逐渐克服了对孩子的"上网焦虑"，而向有效监管过渡。同时，值得注意的是，在父母对孩子上网监管与指导方面，还存在几个问题，即"管理上网意愿与能力不平衡"、"上网管理中父母角色失调"、"城乡之间父母对孩子上网管理的水平失衡"、"反向社会化与传统管理方式比例失衡"及"父母对孩子社交媒体使用的管理与指导不足"。

（一）父母对孩子上网管理的意愿与能力不匹配

尽管越来越多的父母开始重视孩子的上网问题，并将其作为家庭教育的重要部分，家庭上网管理已经普遍，但父母在这方面仍存在意愿强于能力的

问题。

表现之一便是重监管而轻指导。由于对网络环境的不乐观及对孩子网络社交、网络娱乐的不赞成，被调查父母认为对孩子上网实施监管非常必要。控制上网时长、监测上网内容是常见的两种方式。但控制上网时长常由于孩子年龄的增长而放松要求，也因为父母无法长时间陪伴左右而使该种监测落空。父母和孩子对于监测上网的响应比例之间的落差就证明了这点。

表现之二是长于监管而拙于指导。相比较而言，父母利用软件监测上网时长更易操作，而对上网实施指导，则需要付出更多的时间和精力。更重要的是，需要对未成年人专属上网资源更加熟悉，也需要掌握更多的青少年亚文化。这就对父母的媒介素养提出了更高的要求。

父母管理孩子上网的意愿与能力失衡会导致监管失效，同时也损害了父母在家庭中的权威地位。用监管代替指导，会使孩子上网权利受到侵犯。如何实现父母管理孩子上网的能力与意愿的平衡，实现监管与指导之间的平衡，是父母需要面对的问题。

（二）在孩子上网监管与指导上存在父母亲间的角色失调

父母对孩子上网的管理是家庭教育的一部分。父母在其中应该扮演不同的角色。"严父慈母"和"慈父严母"的红白脸配合有利于父母在家庭教育中能够做到情理兼顾。同时，父亲作为男性和母亲作为女性在网络认知、网络使用等方面也存在较大的性别差异。如男性在互联网上更多了解时事、关心时政，并在网络社区交往中扮演更积极的角色。而女性更多的是浏览生活知识、购物、娱乐等网络使用行为。在指导孩子上网方面，需要父母的配合和男性、女性网络使用特质的角色兼容。

但在我国的孩子网络管理中，与其他家庭教育一样，父亲缺位现象仍然比较严重。母亲在孩子上网监测和指导方面扮演了更加重要的角色。这就容易导致在孩子上网管理方面的家庭角色混乱。

所谓角色混乱特别是父亲角色弱化或缺位、母亲角色过强或母亲一手包办，母亲会在孩子上网管理方面把对父亲的不满和家庭的缺憾传导给孩子，对之采取更为严格的监管措施，从而防止自己在孩子管理方面受到缺位配偶的埋怨。这种角色混乱也会使孩子在网络认知和使用方面更多受到母亲而非父亲的影响，从而使孩子在网络使用上更多接受母亲的影响。

（三）在孩子上网监管和指导问题上仍存在城乡失衡

农村父母和城市父母自身的网络使用具有差异性。因此，这也对孩子的上网行为具有传导性。教育程度较高的父母对孩子实施网络管理的科学化、专业化水平更高。他们更倾向于将网络当作"学习和交往的工具"。调查表明，父母受教育程度较高的孩子上网时间更短，父母的上网管理更加严格。而父母受教育程度较低的孩子则存在上网时间更长而监管更宽松的现象。城市的父母由于自身使用网络的普遍性，自身的网络素养提高较快，有利于上网经验的共享和"代际传承"，也有利于在网络监管和指导中利用信息优势，对孩子进行更为高效的上网管理。

此外，积极干预需要孩子父母的亲身陪伴。农村父母中流动人口较多，其与孩子之间的物理距离也阻碍了这种积极干预的可能。因此，父母与孩子之间身居两地也减少了父母对孩子上网的监管与指导。从这方面讲，城乡二元差别在父母监管和指导孩子上网方面仍然存在。同时，农村中电脑的家庭普及率不如城市的家庭高。孩子在网吧上网的比例仍然较高，这也成为父母监管孩子上网的不利因素。

（四）孩子向父母传授互联网知识与技能的程度不够

在网络技术一日千里的今天，孩子对父母反向社会化成为越来越普遍、也越来越合理的社会现象。但父母受限于传统的观念，仍难于接受孩子在网络使用方面的更权威的地位。因此，父母更多地把自己定位为监管人，但并未清醒认识到自身网络知识的有限性和监管方式是否科学。因此，父母监管的痕迹更重，而孩子反向社会化的程度仍有待提高。同时，未成年人对父母的反向社会化仍旧停留在较浅的知识交流、信息交换的层次，还未上升到将互联网思维反哺给父辈的较高的层次。

（五）父母对孩子社交媒体运用的管理与指导不足

以往父母主要关注孩子沉迷于网络游戏、上网时间过长从而影响学习和生活。在此领域这十年的数据基本保持稳定。2018 年，德国有约 10 万青少年使用社交媒体成瘾。绝大多数青少年（85%）每天使用社交媒体的时间达到近 3 小时。与西方儿童父母不同的是，对于社交媒体，中国父母保持了开放和乐观的态度。对于隐私保护，中国父母的意识有所欠缺。事实上，社交媒体沉迷已经成为青少年网瘾的一种新形式。它包括青少年主要从社交媒体而非实体社会中获得社交满足、信息满足及娱乐满足。青少年通常在社交媒体上使用自我宣传、迎合、操控和伤害控制这四种印象管理策略。① 青少年社交媒体沉迷的四个主要表征包括：缺乏自我控制、引起负面影响、发泄负面情绪及失去日常活动兴趣。社交媒体沉迷会降低儿童的幸福感，对青少年的学业成绩和社会资本均有显著的负面影响。同时，也会引发青少年对自身外形、对朋友与家人的不满。② 未成年人由于使用社交媒体时不注重隐私保护而遭受不法侵害的事件也时有发生，其抑郁症发作的比例也更高。女童更易受到社交媒体沉迷的危害。与美国青少年相比，中国青少年上网年龄更早，上网时间更长，更多使用视频分享网站，使用到的社交媒体工具更多，平均每周在线时间为 5 小时左右。③ 而未成年人互联网使用的调查表明，对于社交网站使用，父母同样持有中立态度，并无特别强烈的反对或更多的担心，关注重点依然停留在网瘾、网络色情等传统领域。这表明父母监管未成年人上网存在媒体失衡现象，对于未成年人上网的潜在新风险缺乏足够的敏感和完备的安全防范措施。

---

① 黄含韵：《中国青少年社交媒体使用与沉迷现状：亲和动机、印象管理与社会资本》，《新闻与传播研究》2015 年第 10 期。
② 黄含韵：《社交媒体年龄层用户差异显著》，《中国社会科学报》2017 年 6 月 27 日。
③ 李伟、徐玲玲：《中美青少年社交媒体应用比较》，《人民论坛》2015 年第 A12 期。

四 改善父母对未成年人上网管理的政策建议

未成年人是互联网世界的重要组成部分，依法享有获取网络资源的权利。未成年人已经成为互联网的生力军。同时，他们对于网络风险的识别能力和自我保护能力还未健全，因此也是互联网世界的弱势群体。保护未成年人上网的权利，引导他们安全上网是全社会共同的期望。这就需要在政府、社会的支持下，营造文明上网的社会氛围，提升家长科学监管和指导孩子上网的水平，同时最根本的是，激发未成年人合理上网的主观能动性，建立参与式上网的新模式。

（一）提升父母对孩子上网行为的认知水平，建立管理权威

现阶段，我国父母对孩子上网行为的管理更多地出于父母的责任意识与权威地位，而非对网络的认知与使用的专家身份。父母应主动加强学习，提升对孩子网络使用的认知水平，做到在了解基础上的监管和指导，更有说服力与权威性。首先，父母应提升对孩子上网价值的认知度与认同度。身处网络化、数字化世界，生存网络化、网络化生存已经成为数字原住民的日常生活模式。网络不仅是他们完成学业、接触信息的来源和渠道，更是社会化的新途径。因此，父母所普遍持有的"工具理性"应向"价值理性"转变。不仅意识到上网对于学业的帮助，更要适应智能化、数字化时代的新的生存手段。同时，互联网的共享、开放等特性也需要父母更深入地去认识与接受。其次，父母应不断更新网络知识，避免监管错位。未成年人上网的行为日益多元化。随着社交媒体等媒体应用的日益复杂化，孩子面对的网络环境与潜在风险也不断升级。互联网一日千里的技术也要求家长能够了解新技术、学习新知识，从而对孩子的上网困境进行有针对性的指导。父母对网络知识的汲取如果止步不前，就难以对孩子上网的行为进行有效的监管，形成"监管错位"。此外，父母应积极挖掘未成年人专属资源，指导孩子广泛利用之。如儿童搜索过滤器，儿童版本的百度百科、维基百科等。

（二）汲取技术红利，提高父母技术监管水平

互联网企业已经在儿童上网监管领域投注了研发力量，家长监控软件日益成熟。如远程控制孩子上网时间、上网内容等的软件、App，保护孩子远离色情等危险信息的过滤软件等。此外，还有需要监护人同意才能应用的儿童网上隐私保护软件等。技术手段的不断完善为父母有效监管孩子上网提供了可能，也为父母掌握更高水平的监管技术提出了要求。但现阶段的家长监控软件更多地保护了家长的监控权，而较少考虑儿童的私人空间要求，因此，常常引发孩子的逆反从而使监管失效。如何在技术监管与儿童权益保护之间实现平衡也是一个难题。推出既能保障儿童上网权利，又能帮助父母有效监控子女的安全软件成为关键。

（三）建立参与基础上的家庭网络监管模式，设置事前－事中－事后的全链条监管体系

提高父母媒介素养，防止网络隔离和网络放任两种极端的态度。加强预警机制，建立事前、事中和事后的全链条监管体系。在家庭网络监管中，父母的网络知识往往滞后于未成年人，导致网络安全教育内容的滞后性。这就需要父母有意识地提前了解各种潜在的网络风险，如暴力、凌辱、虐待、色情和欺骗等，学习相关防范知识，避免在网络侵害发生后才采取措施。同时，教育儿童学会求助，保证他们在受到网络侵害时，可以及时地向可信赖的成年人寻求帮助。同时，也要建立事后防范制度的补偿机制，系统解决可能遭遇的网络侵害问题。目前我国父母在实施孩子上网监管时，更多停留在传统网站监管及手机游戏监管方面，对社交媒体等新型网络使用方式的监管没有给予足够重视。同时，对于邮箱、手机、社交媒体的"一条龙"监管也没有全面重视。要教授孩子如何在网络上进行"自我介绍"、如何有限公开个人信息。

（四）整合社会资源，实现家校、家社监管联盟

联合学校资源，成立家校联合会。家庭和学校是孩子活动的重要场所。

父母教育和学校教育有效结合，可以提升对孩子上网监管的效率。通过组织父母网络安全知识讲座、网络指导员培训等，加强网络使用安全保障。针对孩子对与陌生网友见面、泄露个人信息等问题，在学校和社会中分别对孩子和父母提供网络安全指导，要求只有在父母的陪同下才能会见网友；如果陷入网络欺凌，积极向父母求助，并通过热线电话等为父母和孩子提供 24 小时的专业帮助；发生网上消费时，必须知会父母并征得父母许可。利用媒体资源，整合专业力量宣传和推广家庭监管行为。聘请专业协会、专家等详细讲解网络有害信息的防范，帮助父母树立家庭监管的意识，提升家庭监管知识和能力，使得家庭监管成为法治的有效补充。发挥社会志愿力量，培训网络指导员。由网络指导员指导缺乏网络安全知识的父母，增强父母保护未成年人安全上网的意识和能力。在学校之外，使父母和普通市民负起相关监管责任。

（五）赋权儿童，鼓励家长从保护向培养孩子媒介素养转变

最后也是最重要的，全社会都应该保障儿童的媒介使用权，从以保护主义为中心向以媒介素养为中心转变。当代未成年人是"数码原生代"群体，对互联网使用的认知度较高，但这并不意味着可以忽略媒介素养教育。对于未成年人上网，需要从保护主义向媒介素养教育转变。研究表明，网络素养的提升在通过线上进行的同时，间接承担了限制网络风险因素的任务。网络素养需要主动接受教育才能得到提升。网络素养对于个人成长和民众参与都很关键。[1] 保护主义重点强调网络上瘾、网络暴力、网络伦理等负面效应，缺乏防范负面效应、正向利用社交媒体等具体措施。而媒介素养教育重点放在培养网络使用基本技能、对网络信息的批判性思维及通过互联网民主参与现实世界的改造等方面。在以社交媒体为中心的新型媒介环境中，以教育代替监管，才是事半功倍的解决之道。

---

① Eun-Mee Kim、朴之贤等：《社交媒体与青少年：从政策与制度到媒介素养》，《全球传媒学刊》2017 年第 4 期。

参考文献

万新娜：《"保护"到"超越保护"：媒介技术与儿童发展研究脉络梳理》，《新闻与传播研究》2017 年第 11 期。

龚界文、胡静：《"反向社会化"与"文化反哺"现象研究述要》，《青年探索》2004 年第 5 期。

王平：《国外未成年人互联网安全利用研究：进展与启示》，《情报资料工作》2018 年第 1 期。

吴娜：《儿童互联网使用与学业成绩的关系：父母监控的作用》，华中师范大学硕士论文，2016。

夏琼、余榕：《媒介环境学视域下触屏媒体对幼童积极影响探析》，《当代电视》2018 年第 2 期。

刘婧： 《美国儿童网络阅读资源建设的启示——以"美国互联网公共图书馆 (IPL2)"为例》，《现代情报》2014 年 8 月。

Albert Kienfie Liau & Angeline Khoo & Peng Hwa Ang. Parental Awareness and Monitoring of Adolescent Internet Use, Curr Psychol（2008）27：217 – 233.

Gustavo S. Mesch, Social Relationships and Internet Use among Adolescents in Israel, *Social Science Quarterly*, Vol. 82, No. 2（June 2001）, pp. 329 – 339.

Wong Su Luan, Ng Siew Fung, Mokhtar Nawawi and Tang Sai Hong, "Experienced and Inexperienced Internet Users among Pre-Service Teachers：Their Use and Attitudes toward the Internet", *Journal of Educational Technology & Society*, Vol. 8, No. 1（January 2005）, pp. 90 – 103.

前沿热点篇
Frontier Hot Topics

B.16
中外未成年人互联网运用的
保护性法律法规

王　颖*

摘　要：　随着互联网的迅猛发展，未成年人使用网络过程中出现种种
　　　　问题。一些未成年人甚至因受网络不良信息的影响而实施犯
　　　　罪行为。而我国目前尚无专门的未成年人网络保护法，现有
　　　　的法律规制体系亟待完善。而未成年人互联网运用问题是各
　　　　国均面临的难题，其他国家的法律法规及管理理念亦可为我
　　　　国借鉴，从而博采众家之长，完善本国规制。

关键词：　网络治理　法律法规　未成年人

＊　王颖，中国社会科学院新闻与传播研究所助理研究员。

一 前言

未成年人社会经验不足、是非判断能力不清晰、网络风险抵御能力欠缺等特点使其易受到网络不良信息的影响，上网时自我保护能力有限。数量庞大的未成年人的上网安全是我们应当关注的问题。自 1994 年国务院制定《计算机信息系统安全保护条例》至今，与未成年人网络保护有关的全国性法律、法规、部门规章与司法解释已达到 53 部之多，但目前尚无专门保护未成年人上网权益的法律。我国对未成年人上网安全的法律规定主要分散在各个部门法中，相关法律法规欠缺系统性和完整性，在网络空间内容建设、未成年人网络权益保障等问题着墨不多。

二 我国未成年人互联网运用的法律法规现状

目前，我国尚未制定专门的法律保护未成年人的互联网运用，涉及未成年人网络保护的条款散见《宪法》、《刑法》、《民法》和《未成年人保护法》等各类法律法规之中，且法律效力层级不一。2016 年 9 月，国家互联网信息办公室推出了《未成年人网络保护条例（草案征求意见稿）》，其中涉及网络信息内容建设、未成年人网络权益保障等内容的具体规定，这是我国对未成年人保护的立法新举。总之，目前我国未成年人网络运用存在以下几方面特征。

（一）法律内涵比较笼统，针对性不强

有关未成年人隐私权保护和个人信息保护的相关条款，主要依据《民法通则》和《侵权责任法》。《宪法》第 38 条对人格尊严不得随意侵犯的总纲性规定是保护全体公民的，包括未成年人。2017 年 10 月 1 日实施的最新的《民法通则》在第 111 条规定个人信息权不得被侵犯，也是覆盖全体公民，包括未成年人。《侵权责任法》的第 36 条规定："网络用户、网络服务

提供者利用网络侵害他人民事权益的，应当承担侵权责任。"上述宪法、法律中的条款不是唯一指定对未成年人保护，普适于全体公民。它们是未成年人的人格尊严不受网络侵害的基本法律保护。

2016 年颁布的《中华人民共和国网络安全法》是我国第一部关于网络空间的综合性法律，是我国网络立法中里程碑之一。该法在"网络信息安全"一章对个人信息保护、不良信息治理等相关内容和法律责任划分规定细致。其中的第 40 条至第 50 条比较细致的规定了在个人信息保护方面网络运营者的责任义务、公民对个人信息的删除、更正权等。该法中仅第 13 条为未成年人所定，即"国家支持研究开发有利于未成年人健康成长的网络产品和服务，依法惩治利用网络从事危害未成年人身心健康的活动，为未成年人提供安全、健康的网络环境。"

《中华人民共和国未成年人保护法》是专门针对我国未成年人权益保护所制定的重要法律。该法对家庭保护、学校保护、社会保护、司法保护、法律责任各个领域做出全方位规定。其中，规定涉及未成年人网络运用的法规条款，整理列表如下。

表 1　关于未成年人互联网运用的法律条款

条款	规定内容
第 33 条	国家采取措施预防未成年网络成瘾的规定
第 34 条	禁止不良信息向未成年人传播的规定
第 39 条	保护未成年人隐私的规定
第 58 条	新闻单位对未成年人犯罪案件报道的规定

这几部位阶较高的法律体现了我国立法机构对未成年人保护的意向。但是上述法律不是专门的未成年人网络运用方面的法律，均未反应网络独有的特性，在实际解决青少年网络运用方面存在规定不细化，执行难到位的问题。

（二）各类法律法规数量繁多，法律位阶不一，管理分散

有关于未成年人网络运用保护的法律规制还散见在各类法律条款和规范性法律文件中。整理列表如下：

表2　关于未成年人互联网运用的规范性法律文件

规范性法律文件名称	发布机构	发布时间
《关于办理利用互联网、移动通讯终端、声讯台制作、复制、出版、贩卖、传播淫秽电子信息刑事案件具体应用法律若干问题的解释》	最高人民法院、最高人民检察院	2004 年
《关于进一步加强对网上未成年人犯罪和欺凌事件报道管理的通知》	国家互联网信息办公室	2015 年
《最高人民法院关于人民法院在互联网公布裁判文书的规定》	最高人民法院	2016 年
《互联网视听节目服务管理规定》	国家广播电影电视总局中华人民共和国信息产业部	2007 年
《网络出版服务管理规定》	国家新闻出版广电总局	2016 年
《网络游戏管理暂行办法》	文化部	2010 年
《互联网上网服务营业场所管理条例》	国务院	2002 年

资料来源：根据公开资料整理。

对网络淫秽色情信息的管理，我国目前主要依据的是《刑法》以及2004年最高人民法院和最高人民检察院发布的《关于办理利用互联网、移动通讯终端、声讯台制作、复制、出版、贩卖、传播淫秽电子信息刑事案件具体应用法律若干问题的解释》。《刑法》规定了传播淫秽物品罪，其中，强调向不满十八周岁的未成年人传播淫秽物品要从重处罚。两高的司法解释进一步细化了"淫秽物品"的定义，包括了互联网、移动电子终端信息和声讯台语音信息。

近年来，未成年人犯罪和霸凌事件经网络传播发酵，影响恶劣。2015年，国家互联网信息办公室出台了《关于进一步加强对网上未成年人犯罪和欺凌事件报道管理的通知》。该通知是《中华人民共和国未成年人保护法》、《互联网新闻信息服务管理规定》等法律法规的细化，其性质属于规范性法律文件。该通知针对网站新闻报道内容涉及未成年人制定规则，要求网络媒体保护未成年人权益、尊重未成年人人格尊严，保护未成年人利益。并规定约谈、警告、罚款、取消网站新闻信息服务资质等处罚措施。

而《预防未成年人犯罪法》和《互联网上网服务营业场所管理办法》均对营业者和网络服务经营者做出关于营业场所位置选择和禁止未成年人进入营业场所的规定。

三　其他国家对未成年人互联网运用的相关法律机制

（一）美国的未成年人法律保护规定详细

美国政府通过一系列法律来规范未成年人的网络运用①。然而，这些法律面临着如何保持保护成年人言论自由与保护青少年身心健康的平衡。

1996 年 2 月 1 日，美国国会通过《通信内容端正法》。对通信内容做出具体规定，要求不得在未成年人接触的网络服务和设备上制作、传播各类猥亵、低俗的内容，以犯罪论处。

1998 年 10 月，美国国会通过《儿童在线保护法》，通过信用卡支付或账号密码对未成年人登录商业性成人网站做出限制。对于政府的法律，美国联邦最高法院不完全支持，认为此法涉及限制成年人的言论和阅读自由。2004 年，最高法院通过案例暂缓执行该法。

1998 年，美国国会通过《儿童网络隐私保护法》，是第一部关于儿童网络隐私保护的法律。该法规定了网络运营商在处理 13 岁以下儿童个人信息时的具体义务，例如明确隐私政策，明确信息收集行为，说明信息收集用处；父母在儿童信息收集中起决定作用；网络运营商需保证收集到的信息的安全。

2000 年，美国国会通过的《儿童互联网保护法》要求全国的公共图书馆为联网的计算机安装色情过滤系统以保障青少年远离色情内容，未安装的图书馆无法获得政府提供的资助资金。此法案被不同意见者认为有违美国言论自由的传统，经过 2003 年针对该法案的违宪案的审理，美国联邦最高法

---

① 黄晓林、李妍：《美国儿童网络隐私保护实践及对我国启示》，《信息安全与通信保密》2017 年第 4 期。

院最终裁定该法案不违宪。美国所有的学校和公共图书馆的电脑都安装了色情过滤软件。

（二）英国的政府、行业、民众相结合的管理模式

与美国的管理理念相比，整个欧盟在个人信息保护领域的法律规制更为严格。其中，英国采取了政府、行业、国家安全部门与民众相结合的共同管理模式。

英国政府成立专门机构负责未成年人网络运用。其中，通信办公室（OFCOM）负责广播以及通信的监管和网络信息内容标准的维护，管制违法内容，建立分级和过滤系统。OFCOM完全独立于政府之外，独立负责内容标准的制定和实施，并为标准如何适用于不同媒体、不同内容提供指导[①]。

而英国互联网自律协会（IWF，又称互联网观察基金会、网络观察基金会、互联网观察协会、互联网监督基金会）。该协会负责受理各地举报的在互联网上发现的儿童虐待图片、色情犯罪、种族歧视等内容。

2001年，英国内政部成立了儿童网络保护特别工作组，专门负责网络上的儿童安全。向家长宣传网络功能、潜在危险和可能对青少年造成的伤害，介绍屏蔽危险信息和网站的途径。2006年，英国政府设立了"儿童开发与在线保护中心"，该中心旨在建立起公众、执法机构和网络运营商之间的联系，跟踪并检举嫌疑人，防止犯罪分子以儿童为目标进行网络犯罪。[②]

2000年12月，IWF确立了网络内容的分类标准，分类指标为：裸露、性、辱骂性语言、暴力、个人隐私、网络诈骗、种族主义言论、潜在有害言论或行为以及成人主题。IWF根据此标准将网络内容进行分类，并将电子标签植入网页之中进行标记，当用户浏览这些网页时，植入的标记就会显示出来，并采用询问的方式，以提醒网民这些网页具有不合适的内容。[③] IWF制

---

① 严健：《英国高度重视网络信息监管问题》，《人民日报》2012年4月24日第4版。

② 葛秋芳：《英国网络管理重在保护青少年》，新华网，2006年5月21日。http://news.xinhuanet.com/newscenter/2006 - 05/21/content_ 458339. htm.

③ 张小罗：《论网络媒体之政府管制》，知识产权出版社，2009。

定黑名单，将非法网站拉入黑名单，以提醒使用者。

英国开发了一款"网络聊天暗语词典"。词典专门解释网络聊天时的专用词语，以及缩略语和密语，以使家长和青少年在遇到诸如此类的语言时避开陷阱。软件开发商针对青少年聊天的特征，研发相应软件。这些安装在青少年的电脑上的软件可以在遇到"危险"语言时，自动关闭电脑或者向家长发送邮件通知，以及定位青少年聊天对象的地址。

为提高未成年人媒介使用素养，英国政府要求其必修网络安全的课程。规定每一个 5 岁以上的孩子都应当学习打包、压缩、标记等确保网络安全的技术，不在网络上轻易泄露自己的个人信息，不在网络购物时泄露行踪等。

（三）韩国全面立法管理未成年人互联网运用

韩国对青少年网络运用采取全面立法的管理模式。涉及青少年网络保护的法规性文件比较全面，涵盖了防治有害信息流通、有害媒体物审议、内容分级制度、青少年深夜禁止网游等方面。韩国有防止流通网络暴力等危害青少年的违法信息的相关法律，在《信息化促进法》、《电信事业法》、《促进利用信息通信网及个人信息保护有关法律》和《青少年保护法》的规定中，明确表示限制给青少年提供网络暴力信息，从而确立了健全的信息秩序[1]。

网络内容分级是韩国限制未成年人接触有害媒体的制度保证。韩国的《青少年保护法》有很多值得借鉴的规定。例如，在内容审议方面，法律列举具体的禁止内容来保障有害网络内容远离青少年。各家媒体设立机构进行审议，而青少年保护委员会有权监督管理各家媒体的审议制度。因此，韩国的内容审议制度是在媒介自律基础上的国家政府规制。

针对网络游戏成瘾，韩国出台一系列法律法规限制网游，其中一些具体措施值得借鉴。《青少年保护法修正案》是针对网络暴力游戏的法律。2010

---

① 陈昌凤：《网络治理与未成年人保护——以日韩青少年往来保护规制为例》，《新闻与写作》2015 年第 11 期。

年，韩国文化体育观光部发布的《预防及消除游戏成瘾对策》旨在限制青少年深夜游戏登录时间。强制相关企业实施"疲劳度系统"，即当玩游戏时间达到一定程度，游戏的速度自动变慢。韩国主要在线游戏都安装了此系统。2011年，韩国国会通过的《青少年保护法修正案》主要是针对"青少年深夜时间禁止玩游戏"。该修正案严格规定深夜12点之后未成年人不得上网，网络游戏公司不得在深夜12点至凌晨6点之间提供网络游戏，违反者将被判处两年以下有期徒刑或1000万韩元的罚款[①]。这些管制不仅针对未成年人，也针对网络游戏企业[②]。这些法律规定明确具体，法律法规的可操作性和执行性较强。

（四）日本的内容分级、过滤制度

日本在控制淫秽色情内容传播方面制定了系统的法律法规：包括《淫秽物陈列罪》，各都道府县制定的《青少年保护育成条例》《儿童色情保护法》《关于公开特定电讯通信服务提供者的损害赔偿责任的限制以及发送者信息的规制法律》及《青少年网络规制法》。

为保护青少年远离有害内容，日本的分级、过滤制度从广播电视到电影书籍全覆盖。根据《网络服务商责任限制法》和《青少年网络规制法》等法律，各大网络服务提供商必须实施过滤制度。手机专用网站也进行过滤措施，并提供未满18岁的孩子可以安全使用的手机专用网站。从设备终端对有害内容进行隔离。

四　完善我国未成年人互联网运用保护的管理规制的建议

总体来看，欧美国家对未成年人网络运用管理的共同点在以下几个方面。

---

① 陈昌凤：《网络治理与未成年人保护——以日韩青少年往来保护规制为例》，《新闻与写作》2015年第11期。

② 张若琳：《未成年人网络保护制度建设域外经验及借鉴》，《信息安全研究》2017年第12期。

第一，政府管理力度不同，但都在加大。一些国家存在对政府管理的顾虑，但实际操作中，政府不论是立法还是设立专门机构都在强化中。

第二，对内容分级、过滤是对网络内容管理的有效方式。

第三，对青少年网络运用的保护，各类网络服务提供商应负起社会责任。

各国经验可供我国借鉴参考，结合我国社会、文化、经济的特点，发展出因地适宜的理念和管理模式。

（一）推进立法的体系化和法律规定操作性的增强

借鉴上述域外国家的法律法规，可以发现它们的法律规制具体、细致、可执行性强，处罚明确。而我国，整体法律法规缺乏体系化，相关规定大多零散在效力不一的各类法律性文件中。针对未成年人的网络管理规定以宏观性政策居多，可操作性、执行度较低。

法律执行层面，影响我国未成年人网络保护相关规定落实的主要障碍之一就是执法部门权责不明。这是管理体系不科学、各种规章制度较多所致。目前，我国对于未成年人上网活动的保护的主要依据不只是法律法规，更多的具体措施来源于规章制度、法律性文件。规章制度的制定者为各管理部门，包括文化部、教育部、工信部、网信办、公安系统等各个相关机构。执法部门各管一段、多头执行，其管理覆盖或是重叠或是缺位，造成执法浪费，或者法律漏洞。实践中，往往造成怠于行使执法权或者争抢执法管理权。建议在今后的立法中，首先要明确各监管部门的权责范围；其次，针对网络运用特点，设立专门机构，对网络应急事件处理、网络不良内容分级过滤、未成年人网络权益保护等问题专门管理。合理协调政府管制力量，资源配置合理化。

（二）加强行业自律，形成政府、行业共同管理机制

我国《网络安全法》为网络运营者设置了关于个人信息和安全保障的责任，《未成年人网络保护条例》（草案征求意见稿）进一步细化了这些义

务主体，分为网络信息服务提供者和网络游戏服务提供者，并根据其服务性质类型规定了更为具体的义务。《未成年人网络保护条例》（草案征求意见稿）规定，网络运营者和网络服务提供者在面对未成年用户群体时必须预先安装上网保护软件。借鉴前述的日韩经验，对网络企业的强制性规定有助于从内容源头切断不良内容接触未成年人。

另外，政府在管制的同时，应当提倡行业自律制度的构建。互联网技术更新周期短，内容治理违法成本低、执法成本高，法律法规的救济手段往往滞后。因此，设立行业行为规范标准，推动行业自律是成效更显著的方式。要推动行业自律就必须加强行业协会的建设，掌握行业标准执行情况并及时通报、处理不符合行业标准的违规行为。以行业自律的力量来确立网络企业的行为边界。

（三）净化未成年人生活、学习场所的上网环境

保护未成年人网络运用需要社会各层面的配合。未成年人多为在校生，学校教育是实现青少年网络运用保护的落地环节。《未成年人保护法》规定学校有对学生进行各种有益身心的辅导教育的义务，包括网络安全知识的介绍，相关法律法规的普及，以及对网络暴力、谣言等信息在青少年群体中造成不良影响的预警和监控。

家庭教育是对未成年人影响最深的环节。家长对未成年人的教育和监督并不只是家庭伦理要求，也是法律义务。《未成年人保护法》第 11 条规定："父母或者其他监护人应当关注未成年人的生理、心理状况和行为习惯……预防和制止未成年人吸烟、酗酒、流浪、沉迷网络以及赌博、吸毒、卖淫等行为。"家长对青少年负有网络安全教育的家庭责任。从宏观层面的国家立法，到中观层面的行业自律、学校教育，最后落实在每个具体的家长身上。家长应对未成年子女上网情况进行监督和指导，向未成年子女传输正确的人生观、世界观、价值观，培养其远离网络不良信息、保护个人信息的能力。具体而言，家长要为未成年人选择适合的上网设备或移动终端，经常使用的计算机应安装儿童使用模式，为成年人使用的电子设备或移动支付方式设置

儿童安全锁或密码，保障未成年人家庭用网安全、健康。

青少年网络安全教育需加强，包括网络安全基础技能、网络应用安全知识等。有专家认为，网络素养是适应网络时代的基本能力，2010 年全国"两会"上，有政协委员建议把网络素养纳入义务教育课。

参考文献

黄晓林、李妍：《美国儿童网络隐私保护实践及对我国启示》，《信息安全与通信保密》2017 年第 4 期。

张若琳：《未成年人网络保护制度建设域外经验及借鉴》，《信息安全研究》2017 年第 12 期。

卢家银：《未成年人网络立法保护的国际视野与中国经验》，《教育传媒研究》2016 年第 4 期。

张小罗：《论网络媒体之政府管制》，知识产权出版社，2009。

姜闽虹：《英国的互联网管理及其对未成年人的保护》，《新闻与写作》2013 年第 7 期。

陈昌凤：《网络治理与未成年人保护——以日韩青少年往来保护规制为例》，《新闻与写作》2015 年第 11 期。

严健：《英国高度重视网络信息监管问题》，《人民日报》2012 年 4 月 24 日第 4 版。

白净、赵莲：《中美儿童网络隐私保护研究》，《新闻界》2014 年第 4 期。

蒋玲、潘云涛：《我国儿童网络隐私权的保护研究》，《图书馆学研究》2012 年第 17 期。

葛秋芳：《英国网络管理重在保护青少年》，新华网，2006 年 5 月 21 日，http://news. xinhuanet. com/newscenter/200605/21/content_ 458339. htm。

B.17
中外未成年人互联网运用
素质培养工作比较

曾 昕*

摘　要：　未成年人面对的互联网运用素质包括三类：首先是技术使用
　　　　方面，其次涉及内容使用，此外还包含信息安全和隐私问
　　　　题。① 诚然，由于社会文化、制度等差异，加之不同地域未成
　　　　年人网络运用状况与能力参差不齐，针对未成年人进行的网络
　　　　素养教育也有异有同。本文从网络素养的侧重点、主要组织机
　　　　构、实践方式三个方面梳理比较西方主要国家的网络素养教
　　　　育，认为：未成年人的网络素养涉及社会、文化等诸多方面，
　　　　应结合不同学科融合性考量，课程需要有效分类、共同递进；
　　　　我国在网络素养的理念还需要进一步推广的同时，需要实践模
　　　　块上的具体落实方法；并且不能仅仅依靠课堂教育，还需要政
　　　　府、媒体平台、社团组织、家庭等多方力量的支持和联动。

关键词：　网络素养　媒介素养　未成年人　中外比较

一　国外未成年人互联网运用素质培养工作的发展历程

1. 未成年人互联网运用能力的培养主体

未成年人是与成年人相对的概念，一般指十八岁以下人群，需要给予特

---

* 曾昕，中国社会科学院新闻与传播研究所助理研究员。

① The production of children online: risks faced by children online and policies to protect them, http://dx.doi.org.

别的关注,而成年人已经具备独立行为和责任能力。目前的未成年人特别是城市未成年人都属于"网生代"(digital narratives)。网络在未成年人生活中愈发普及,从电脑互联网到手机等移动网络终端,未成年人对网络的使用也日臻熟练。与此同时,未成年人也面临着诸多已出现或潜伏的互联网危机。根据我国第一份未成年人上网安全报告《2016 互联网不良信息对未成年人的危害分析白皮书》的数据,约有八成未成年人在网络中曾遭遇消费诈骗、色情和暴力等负面信息。①

西方未成年人的网络运用素质,通常被纳入媒介素养教育中网络素养部分。由于未成年人大多属于中小学在校生,网络素养教育被认为是规避网络危害信息和防治网瘾的直接途径,因此许多国家将其纳入了课程体系。

此类网络运用素质培养教育一般分为两类,一类是以在校生为教育对象的网络素养教育,一般是由政府、教育机构组织和实施;另一类是把未成年人作为社会公众,将未成年人和家长作为教育对象实施的网络运用素质培养,通常由政府、媒体或社团等机构发起和组织实践。

2. 未成年人互联网运用能力培养工作的发展脉络

未成年人网络运用素质属于媒介素养进入新媒体时代后产生的重要分支。西方早期媒介素养皆针对传统媒体的负面影响,比如媒体中的暴力,并在早期已经被纳入学校教育的课程体系。网络运用能力是网络素养中至关重要的组成部分;"网络素养"是媒介素养的子概念之一,主要指代有关提升网络用户网络使用能力的教育。媒介素养教育起步较晚的发达国家(比如新西兰、新加坡等),由于起步阶段新媒体已经成为未成年人日常应用的主要媒体,其课程更偏向于网络运用素质的培养。

网络素养教育基于媒介素养教育的发展,在新媒体时代主要表现为对传统媒介理念的反思、超越,以及对个人与媒体、社会、文化之间关系的重新审视。在传统媒体时代,未成年人的媒介使用依靠保护、甄别、批判等模式,而传统媒介监管主要依靠审查、屏蔽、过滤等净化网络的强制性措施,

---

① www. xinhuanet. com/tech/2016 - 05/31/c_ 129030000. htm.

以保护未成年人避免接受网络不良信息。①

但是，伴随新媒体传播技术手段的更新，一味采取保护措施已经不能满足未成年人网络使用在信息安全方面的诉求。因此，未成年人网络素养开始突破传统的监管、过滤、屏蔽等强制性方式，而转向培养未成年人提高网络使用素养。除了对互联网内容发布者的规制之外，把着力点转向了未成年网络消费者（consumer）；这不仅是更为适应趋势、更为有效的措施，也是对未成年人进行保护和培养的长久之计。

3. 未成年人互联网运用能力的相关理论

目前，英文文献中，涉及网络运用素质（网络素养）的主要词汇包括在线素养（online literacy）、赛博空间素养（cyber literacy）、互联网素养（internet literacy）、网络素养（network literacy）等。

帮助公民拥有民主社会所需的自表达能力和质疑能力，是大众传播时代受众对于信息的反应机制。② Leary 指出，在网络媒体环境下，媒介素养需要与社交媒体相结合，考察其对未成年人文化的影响；Jenkins 认为，网络媒体需要注重培养用户的新媒体交往能力，及协同创新、多点认知、多元价值的能力。③ 针对未成年人网络保护方面，网络素质培养主要内容包括以下几方面：互联网上的信息分辨、信息使用者的自我控制和自我保护、恰当合理发布信息的媒介道德与社会责任感等。

美国学者 Howard Rheingold 以"Net Smart"一词定义网络素养，并在《网络素养——数字公民、集体智慧和互联网的力量》一书中较为系统地阐述了网络素养的概念，他认为，在社交媒体时代，网络应用能力和素质与社交能力不可分割，不仅涉及负面信息的识别，还包括写作和参与，上述素养的协同能力给用户的思维和社会关系带来巨大影响，甚至具有改变世界的能量。这

---

① The advisory council on the impact of new media on society AIMS, Engaging in new media challenging old assumptions, http: //App. mica. gov. sg/default. aspx.

② 周典芳、陈国明：《媒介素养概论》，台北：吴南图书出版公司，2005，第213页。

③ http: //www. medialit. org/reading – room/voices – media – literacy – interview – renee – cherow – coleary.

一概念从网民参与的角度，较为完整地表述了个体通过网络进行资源配置和协同合作的过程，被众多研究者沿用，成为至今较为通用的网络素养定义。①

宏观层面，网络素养还包括更广泛的内容。联合国教科文组织提炼"媒介信息素养"（media and information literacy，简称 MIL）的要点：媒介内容方面，不仅包括了传统媒介素养的内容获取、评估理解和新媒体素养的信息共享与创造能力，还涉及有效的终生学习、社会行动能力。

联合国教科文组织的《媒介信息素养课程方案》把信息的自由使用和表达、对新闻信息的理解、对广告的理性认知、对网络的正确认知等议题归为 MIL 的核心模块，而将全球化等归于非核心的模块。这一整合性概念超越了单一的内涵，在评估未成年人网络认知和应用能力的过程中，融合了人文性和社会性内容，视角相对宏观，且和未成年人的日常生活、社会生活相联系，兼顾了网络素养理论和实践双方的路径。

二 西方主要国家未成年人互联网运用素质的培养

1. 北美未成年人互联网运用素质的培养方式

北美早期媒介素养教育主要缘于两个方面：首先是视觉媒介的迅速发展，加之 20 世纪 60 年代美国对于北美电影市场的强大冲击对本国意识形态产生的影响。因此，其媒介素养教育基于地缘政治、媒介和文化变迁的力量总和。

美国中小学学生的网络素养课程起步较早，当下注重结合传统的媒介素养教育和新媒体特点，根据年龄等差异为未成年人设计区别化教育。比如，高年级学生的网络素养教育注重学习在线访问学习材料，以及 WiKi 和 Blog 中的学习资源利用。

组织机构方面，媒介和信息素养中心（CMIL：The Center for Media and Information Literacy）是发展未成年人网络素养的重要的组织和实践机构。

---

① 喻国明、赵睿：《网络素养：概念演进、基本内涵及养成的操作性逻辑——试论习总书记关于"培育中国好网民"的理论基础》，《新闻战线》2017 年第 3 期。

此组织提供三部分服务：一是对针对儿童媒体、网络素养的研究提供奖学金，二是鼓励媒体就未成年受众进行网络素养政策的整合，三是面向学校的需求，给未成年人提供社区服务。

实践层面，CMIL涉及媒介与信息素养宣传、教育和专业发展。机构聘用了一些国际媒介教育学者为客座研究员，每周和授课教师进行交流。中心举办的活动较有创新性，与媒介发展和市场紧密结合，如注重对于游戏的开发和UGC（用户生成内容）的应用，结合了未成年人媒介使用特点和爱好倾向，通过在线互动游戏网站等提高未成年人的网络应用能力。

北美网络素养教育实践另一个较有代表性的国家是加拿大。理论方面，多伦多大学的媒介环境学派，特别是麦克卢汉，对于网络素养的发展提供了重要支撑，偏重媒介研究与文化研究的结合。

加拿大不同地区的媒介素养教育有一定差异性，但都得到了教育部门的大力支持。魁北克媒介教育协会（the Association for Media Education in Quebec，简称AMEQ）的原始目标包括提供有关媒介素养方面的信息、普及专业知识、发展课程计划等。在其理念中，媒介素养教育应该从学龄前开始，并贯穿初中（到11年级），且包括教师培训。

除了课程之外，培养教育还包括附属内容，比如相关论坛，家长及教师的讲习、报告会和"媒介日"活动等等。其中，安大略省不仅把网络素养加入了英文的常规教程，而且由政府层面指定媒介素养成为课程中的组成部分。中学生有1/3的英文课程内容与媒介素养相关。①

伴随网络的迅速发展和网络中负面信息（如色情）的增多，教育部门决定通过一些建设性的方法加强未成年人网络应用素质的培养。除安插已有的媒介素养课程之外，网络素质的主要教育阵地是网络平台自身。

加拿大政府认为，在培养未成年人的网络应用能力方面不仅需要针对未成年人的教育，也要注重社会对未成年人的正确认知。媒介认知网的新服务

---

① 王丽雅：《基于网络的大学英语教学模式中的媒体素养教育》，2010年亚太青年通信与技术学术会议。

机构激发公众去认识媒介在未成年人的生活中的功能和角色。加拿大设有名为赛博聪（cyberwise）的在线平台，提供与网络教育相关的在线资源，促进网络素养教育的推广。此外，加拿大注重未成年人、老师、传播企业之间的有效交流，并聘请媒介教育家参与网络内容领域的设计。

北美网络素养理念在实施层面非常具体，且很好地结合了未成年人的日常学习生活。根据国际计算机与信息研究（International Computer and Literacy Study）2016 年的报告，美国将对未成年人的网络素养的四点要求（传递信息、创造信息、分享信息、安全使用信息）在实践学习和评估中分解为四个具体模块：第一是课后模块（After School Exercise），学生设置一个在线的网络，用以和同学分享信息；第二是价值竞争力（Band Competition），学生通过编辑网站和图片来宣传一项活动，比如学校乐队；第三是利用软件和网络上搜寻的信息来解释一个科学过程给 8 ~ 9 岁的孩子，比如解释呼吸是怎样完成的；第四是具体活动的宣传组织，如学生通过网络信息，来为学校一项春游活动寻找地图、策划线路。① 以此，网络素养概念以具体的方式和未成年人生活学习的视角得到实践。

2. 英国未成年人互联网运用素质的培养方式

英国媒介素养教育的成功与民间机构有着密切的关系。比如，电影协会等民间机构提供的公共服务中设有专门针对学生的多元电影课程，英语与媒体中心提供了线上图书馆和教师专供教学资源；对于教学策略、课程设置和教材的编写，政府与民间机构都是合作完成的。

在组织机构方面，除了应用欧盟委员会所创立的网络素养（internet literacy）网络平台之外，在英国，未成年人的网络素养教育，是政府、媒体的监管机构的日常职责。通信管理局（ofcom）把媒介素养教育作为其新职责，英国也成为世界上首个立法要求媒体监管机构履行媒介素养教育责任的国家，通信管理局（Ofcom）在线设有媒介素养栏目。②

① http：//unesdoc. unesco. org/images/0024/002455/245577e. pdf.
② 张艳秋：《融合文化下媒介监管的新转向：促进媒介素养》，《国际新闻界》2010 年第12 期。

在侧重点方面，英国未成年人的网络素养教育注重日常生活中的网络使用，手机使用、网络游戏、社交媒体和在线各类社团或俱乐部的使用，都是考察重点。自2016年开始，英国开始注重网络素养提升对于未成年人日常生活和学习的负面影响研究，诸如活动量的减少（physical inactivity）、亲社会性的疏离（anti-society）、网络对于日常学习的不当介入以及父母教育的无效化等问题。①

在实践层面，英国网络教育的主要特点是科学、规范、实效。课程设置体系比较科学且与实践联系紧密。改变了介绍性的授课方式，而采用个案分析、文本生产创作、模拟等诸多方法充分调动和回应未成年人的学习兴趣点。同时，英国针对未成年人的网络素养培养特别注重本土特色，在培养网络素养的过程中，潜移默化地植入本土文化。如网络素养课程的案例当中，经常以与莎士比亚有关的新媒体作品或网络案例作为分析对象。②

2017年英国的报告 *The Online and Offline Digital Literacy Practice of Young children* 中，对不同年龄的未成年人根据他们的网络消费习惯做出严格区分，比如对低龄组0~8岁，着重于网络的接近性，对于Youtube和网络游戏、相关上网工具（主要是手机和iPad）的应用，以及对于线上线下区分的调查。③

除了学校教育之外，英国非常重视家庭对于未成年人网络素养的培养工作。媒介素养专家利文斯通2017年的调查指出，英国父母往往过于高估孩子的网络应用能力，低估风险，以网络和手机避免孩子影响自己的工作。④英国开设有在线亲子网络课程，比如指导低龄儿童的父母如何引导孩子规避

---

① http：//www. eli - net. eu/fileadmin/ELINET/Redaktion/user_ upload/Digital_ Literacy_ - _ Beyond_ Digital_ Competence1. pdf.

② 张毅、张志安：《美国媒介素养教育的特色与经验》，《新闻记者》2007年第10期。

③ http：//digilitey. eu/wp - content/uploads/2017/01/WG4 - LR - jan - 2017. pdf.

④ Livingstone, S., Ólafsson, K., Helsper, E. J., Lupiáñez-Villanueva, F., Veltri, G. A., & Folkvord, F. (2017). Maximizing Opportunities and Minimizing Risks for Children Online：The Role of Digital Skills in Emerging Strategies of Parental Mediation. Journal of Communication. Doi：10. 1111/jcom. 12277.

网络风险，以及年龄稍大的未成年人父母如何与孩子一起学习更加复杂的网络使用技能，如编程。①

3. 澳大利亚未成年人互联网运用素质的培养

澳大利亚未成年人网络素养教育的主要特点之一是国家的大力投入。尽管相比其他国家，澳大利亚对于未成年人网络运用素质培养的起始时间并不早，但政府作为网络素养的主要负责机构，实施的力度较大，接近 1.26 亿澳币。2008 年，在政府作用下，提升网络运用素养的综合项目全面启动。②

在教育平台方面，澳大利亚传媒局（Australian Communications and media authority）设置了在线网络素养教育平台，命名为赛博聪（cyber smart），提供热线服务，针对网瘾问题给予免费帮助和线上服务，以及提供与网络使用相关的调查报告、供网络教育相关教师参考的教案、亲子网络素养教育的学习手册，提供相关网络素养项目的实施方案，并且提供不良信息举报途径。

澳大利亚网络素养教育的重点在于综合性和人文特征。昆士兰科技大学设置的网络素养课程内容较为丰富，涉及商业广告、性别的媒介形象、新闻自由、广告和公民等议题，体现了社会性和人文性。学校提供在线学习系统，采用多媒体方式线上同步开展教学；其 Moodle 自学系统，参与者可全程与老师互动交流，培养未成年人有效地利用虚拟空间的媒介和信息能力。

在实践方面，比起技术层面，澳大利亚比较重视网络信息的基础使用状况，但同时强调网络素养的"未来观"：即网络知识和技能与信息发展的跟进性及学校课程根据 ICT 发展状况的不断更新。澳大利亚的 NAP 评估系统始于 2005 年，取样于 6 年级和 10 年级两个阶段的未成年人，主要关注他们使用网络中的接入性、管理能力、整合评估以及对新技术的理解与交往能力。最近的一次测评在 2017 年 10 月，澳大利亚启动第五轮 ICT 网络素养评价项目，有不同区域的公立和私立学校，共 11000 名 6 年级和 10 年级学生

---

① http://www.fundamentallychildren.com/tablet - tips - esafety/what - is - digital - literacy/.

② 王国珍：《网络素养教育视角下的未成年人网瘾机制研究》，《新闻与传播研究》2013 年第 9 期。

参与在线测评，测评结果对不同地域、不同语言背景的学生的计算机熟悉程度、对网络的兴趣、应用能力等方面做出评估。[①]

总之，由于国情有差别，各个国家对于网络危害的认知和对未成年人网络运用素质的培养重点也有所差别。除上述国家外，其他根据本国未成年人网络使用状况引导未成年人提升网络使用素养较有特点的案例还有：日本对于网络上劝导自杀类内容、在线约会交友内容的重视和引导，芬兰对网上营销和法规制约的关注，以及澳大利亚对于网络欺凌（cyberbullying）的关注。

西方有些国家将媒介素养纳入了已有的课程（比如语言教学的融入性课程），这种情况在早期的媒介素养教育中比较常见。今年，则更多地作为独立的课程存在。

新加坡未成年人网络使用素养属于学校课程体系中的独立课程。教育部决定，专门开设网络素养教育（cyber wellness education）；由于公立学校缺乏相关师资，教育部在私立机构认证了讲解员，公立学校可以通过聘用讲解员的方式，为学生开设网络素养的相关课程。

三　中国未成年人互联网运用素质培养工作发展概况

20世纪90年代后期，我国媒介素养才得到学者关注。伴随新千年网络的逐渐普及、全球化冲击，以及中国申请加入WTO的经济背景，有学者指出，网络知识的普及是提高未成年人网络素质的必备条件；新媒体环境下，要提高我国公民网络素质，需要从各类师范院校普及网络素养开始。此后，相关研究随即展开，针对各类人群，特别是青年学生的网络使用危机及网络素养的问题逐渐热化。

随着相关研究的深入和社会化媒体的进一步发展普及，未成年人网络应用素养研究开始从技术问题和安全问题转向网络使用多个层面的主体建构，

---

① www. nap. edu. au/nap – sample – assessments/ict – literacy.

以及相应的权利保障。其中比较显著的方面包括网络思想教育、网络心理研究、网络文化、网络安全意识和主体性等等。①

理论层面，纵观我国近年来针对网络素养的研究，网络现象和网络事件往往成为话题和学术议题的引爆点，从最初的未成年人网瘾，到网络恶搞、网络水军、网红打赏，到未成年人对网络的正确认知和理性应用、网民网络使用素养的提升途径，伴随着新媒体发展的不同阶段和层出不穷的网络现象，始终是国家政府和教育界关注的焦点。而网络参政议政、网络反腐等议题的出现，也使得未成年人的网络使用能力和素养与更宏观的社会议题相连，对于构建积极的线上空间的重要意义开始显现。②

我国《2017青少年网络素养调查报告》中，未成年人的网络素养主要包括以下维度："注意力管理"、"信息搜索利用"、"分析评价"、"网络印象管理"、"自我信息控制"，在62个操作化定义的测量中，未成年人网络素养平均得分为3.55分（满分5分），总体得分不高。未成年人对网络印象的得分仅有3.31，而自我控制部分评分3.64，是各维度中得分最高的一项③。

在2017年的首都网络素养座谈会上，我国发布了网络素养标准评价体系，包括网络基本知识能力、网络理解、网络安全意识、信息评价能力等标准和法规。④

尽管课程尚未普及，但北京市互联网信息办公室、首都互联网协会等协同千龙网实施了"网络素养教育七进工程"，作为网络素养标准评价体系实践化的重要途径，将结合各区现有教育资源，通过专家宣讲、互动交流的形式开展，有相关商业网站和媒体共同参加。网络素养教育将以北京十八中学等为起点，未来将在中小学展开。⑤

---

① 耿益群、阮艳：《我国网络素养研究现状及其特点分析》，《现代传播》2013年第1期。
② 耿益群、阮艳：《我国网络素养研究现状及其特点分析》，《现代传播》2013年第1期。
③ http://news.163.com/17/0628/09/C00QND7700018AOQ.html.
④ http://city.zgswcn.com/chengshixinwen/6180.html.
⑤ http://news.sina.com.cn/gov/2018-06-06/doc-ihcqccip4518600.shtml.

四 西方未成年人互联网运用素质培养工作的启示

总体上看，欧美国家对于未成年人网络运用素质教育的主要相同点如下。

第一，学校依然是培养未成年人网络运用素质的主要场所，另外还有不同的网络平台，课后以及线下的交流同样受到重视。

第二，未成年人面对的各种网络信息风险不仅得到国家和教育部门的重视，也得到社会各方如媒体、监管机构、公益组织、社团等的重视。

第三，主体分类和实施分类都比较明确，譬如以学生为主体和教育对象推行的网络素养、以媒体和政府机构为载体推行的网络素养等。

联合国教科文组织2016年报告指出，理想条件下，未成年人网络应用素质的培育应该不仅包括ICT从简单到复杂的各种技能和理念，并且针对发达国家、发展中国家、高收入和低收入群体做出细化区分，并且根据人口数量培育针对边缘和小众群体的网络素养——然而，这些正是网络素养全球普及的难点所在。① 由于社会、文化，经济等诸多差异，我国未成年人的网络素养教育需要因地制宜地形成自己的理念和实践方法，西方的框架虽然相对成熟完善，只能参考借鉴。

1. 培养内容和实施方式的借鉴意义

我国媒介素养研究起步较晚，关注未成年人网络媒体素养的研究和实践仍存在一些问题。我国的媒介素养课程还没有普及，针对网络素养，目前仅在研究上与西方国家逐渐交流接轨，而在实践层面还有较大差距；因此，在全球化背景下，先行国家的网络素养教育理念与其在校和在线的前期经验对我国规划和发展未成年人网络素养教育具有一定的借鉴意义。

首先，网络素养并不仅涉及媒介应用，更涉及社会、文化等诸多方面，应结合不同学科考量。比如，北美对未成年人网络素养的培养不是单向的，

---

① http://unesdoc. unesco. org/images/0024/002455/245577e. pdf.

而是结合不同学科、不同课程教学立体化实施。媒介素养资料指南（The Media Literacy Resource Guide）指出，媒体暗含着社会和政治意义。媒体与世界的政治和社会变化紧密相连。网络素养不应局限在网络使用本身，更应涉及更加广泛的内容。加拿大诺瓦司考提亚教育文化部（the Nova Scotia Department of Education and Culture）在课程中加入了媒介和人类文化的教学内容。对网络素养的兴趣集中到为媒介素养交叉学科的发展提供机会。我国的网络素养内容还比较单一，尚没有到达学科交叉的立体化发展阶段。

具体到课程设置方面，西方的媒介课程的分类和递进性于我国也有所启发。如加拿大 AML 的培训分为三个阶段。第一阶段介绍有关媒体的重要概念：帮助了解媒介是如何通过媒介符号、文化实践、媒介产业和受众的相互作用来建构现实的。同时介绍了批判性教育和课堂组织模式，学生们以团队形式开展工作，他们用便携式摄像机及其相关的编辑设备分析各种媒介，以现有资源进行练习，而且还构思设计实践的课程单元。第二阶段是对上一个环节的有效补充，主要针对学生个体对课程设计的理解，及学生成员相互之间的议题讨论。第三个阶段属于创造性发展，参与者根据参与的课程进行反馈，提出改进措施。①

在提高未成年人的网络运用素质的实施层面，政府支持是一个重要因素。在西方一些国家，未成年人网络信息运用素养教育不仅被纳入了中小学的义务教育，而且也被归为了媒体、社会公益项目、政府相关部门的职责。

政府是影响教育普及的重要因素，特别是在大力推广未成年人网络素质培养教育这样大规模的教育项目中，我国政府对于未成年人网络素质的关注和政策支持仍有待加强。从师资角度看，如果政策上没有给予充足的资金支持和持续保障，老师们只能疲于奔命，没有不断发展、完善课程体系的机会；而在学生层面上，只有政府加大投入和政策支持力度，才能保证教育的普及性和公平性。

---

① 秦学智：《媒介素养教育：中国教育发展的新动向》，《华北水利水电学院学报》（社科版）2005 年第 4 期。

政府可以促进不同机构的合作,共同推进未成年人网络素养教育。要培养未成年人的网络素养,不能局限在教育部门,主体还应该包括媒体、图书馆、信息技术企业、博物馆以及相关研究机构和高校。而目前国内信息素养培养界还没有加入国际信息素养推广活动中,需要跨地区跨领域的组织机构牵头推广,确立国家层面的网络素养教育法规和政策,出台专业化的评价体系,不仅针对未成年人,还要提高全社会对于该理念的认同度。

2. 教育理论的借鉴意义

在我国,未成年人的网络素养培养泛化现象严重,表现在概念泛化、对象泛化、内容泛化和功能泛化等多方面。要推进未成年人的网络教育,需要概念的普及化和实践的落地化。

首先,理念层面,未成年人网络素质培养的理念在我国需要进一步推广。在普及性层面,我们和欧美发达国家还有巨大差距。无论是民间发展还是国家政府或者公益组织的支持,我们都尚有欠缺。1999 年,美国已经有 48 个州的中小学课程包含媒介素养的教育内容[①]。我国媒介素养虽然已经被纳入中小学课程,然仍然处在边缘位置,很多人对此领域依然陌生。网络素质,乃至媒介素养本身,依然往往被理解为对简单技术的掌握,而不是网络传播能力及创造信息、评价信息的能力,该概念被过分简单化。

其次,网络素养教育不是单纯的概念,需要落实到具体的实施方案和评估模块中。仅就"识读能力"、"批判性"等概念展开,与未成年人的日常媒介应用有较大距离。此处,北美的落实和评估模块为我们提供了一个较好的参考。

此外,网络素养教育与其他领域的相关性被淡化了。在媒介素养研究中,专家指出,对未成年人媒介素养的成功培养起决定性作用的因素包括基层运作、资料供给、学校和教育部门支持等。拓展到网络运用能力培养上,主要可以延展为以下几点。

---

① 陈国明:《美国媒介素养教育》,《中国传媒报告》2008 年第 9 期。

第一，教育部和政府相关部门应提出更强有力的支持，以及更加精准的计划。比如建立资源数据库应包括什么样的内容，师资的指导和分配，以及如何确保课程设计兼顾本土文化且与国际接轨。

第二，网络素养教育不仅要依靠学校资源，还需要其他方面专家的持续调研和专业顾问支持，才能取得长期效果并且兼顾与其他相关内容的融合发展。

第三，网络素养教育应当因地制宜地发展，与当地的社会文化及未成年人特点、媒介使用习惯、课程需要相结合。

第四，网络素养的发展是多方合力的结果。网络素养包括多样的技能和专门知识，所以在老师、学生、研究者和家庭之间必须有合作关系，同时需要政府在制度、经济、政策方面强有力的支持。

西方现代对于未成年人网络素养的理解更强调价值性和社会性，例如批判性思考、创新精神、语言表达能力以及合作能力等素质。而国内教育的核心更偏重对信息安全有效的获取、评价和使用等，对于评估、传播、创造信息等方面的关注度尚不足。未成年人更多时候被视为网络信息的使用个体，没有被从一种社会化的、参与性和传播性的社会视角来看待。而社会和集体协作的社会层面分析的视角是在新的社会化媒体环境中审视网络素养所不可缺少的。

综上，在信息网络环境下，要更好地提升未成年人的自身素质和能力，实现"赋权"＋"赋能"的有机结合，需构建未成年人网络素养教育的良好生态系统。提升未成年人的网络素养任重道远，需要媒体、社会、政府、学校、家庭和个体多个主体共同联动。

建议进一步提升学生的网络素养水平，现有的媒介素养课程中，应当增加网络素养模块，并针对各类网络现象对未成年人进行针对性指导。教育相关部门要研发教师网络素养指导手册和促成政策支持。此外，应当充分发挥社会、社团的作用，积极引入社会、媒体、企业、公益组织等第三方力量，开展媒体进校园、进课堂、进社团等系列活动；促进未成年学子开展参与式、交流式、拓展式的媒介体验和社会实践活动。

参考文献

Wilfred W. F. Lau, Allan H. K. Yuen. The Relative Importance of Paternal and Maternal Parenting as Predictors of Adolescents' Home Internet Use and Usage [J]. *Computers & Education*, 2016, 102.

Mark Wilson, Kathleen Scalise, Perman Gochyyev. Rethinking ICT Literacy: From Computer Skills to Social Network Settings [J]. *Thinking Skills and Creativity*, 2015, 18.

Yan Ru Guo, Dion Hoe-Lian Goh, Brendan Luyt, Sei-Ching Joanna Sin, Rebecca P. Ang. The Effectiveness and Acceptance of an Affective Information Literacy Tutorial [J]. *Computers & Education*, 2015, 87.

张帆、程旺:《国内网络素养领域的研究现状——基于 CNKI 数据库的文献计量分析》,《上海理工大学学报》(社会科学版) 2017 年第 4 期。

牛凯、张洁、韩鹏:《论我国未成年人网络保护的加强与改进》,《青少年犯罪问题》2016 年第 2 期。

陈晨:《亲子关系对青少年网络素养的影响》,《当代青年研究》2017 年第 3 期。

B.18

网络阅读成为未成年人
课外阅读的新动向

——未成年人课外阅读/网络阅读的基本状况

季 琳 陆 风*

摘 要： 阅读是未成年人成长中的重要活动，而作为互联网时代的小小原住民，未成年人的阅读习惯也深受互联网，特别是移动互联网的影响。本文基于 10 省份 90 所学校 7000 多名学生的问卷调查结果，重点关注未成年人阅读实践，特别是网络阅读实践的动向。调查显示，课外书阅读是未成年人重要的课外活动，而使用手机、电脑等电子设备进行网络阅读逐渐为未成年人所接受。未成年人阅读呈现阅读量大、阅读工具多元、喜好图书类型广泛等特点。此外，配置完善、条件优越的图书馆、书店、读书社团等阅读设施的普及为未成年人阅读带来了更多便利性，但课业压力大、部分地区阅读设施不完善等因素阻碍了部分未成年人的阅读。针对调查中发现的问题，结合儿童阅读推广活动，本文提出了合理化建议。

关键词： 未成年人 课外阅读 网络阅读

---

* 季琳，中国少年儿童发展服务中心、"红领巾阅读推广计划"组委会办公室；陆风，中国社会科学院大学新闻系硕士。

一　前言

　　未成年人在成长过程中，除了接受来自课堂、家庭和社会的教育外，课外阅读也扮演着重要的角色。近年来社会各界对未成年人阅读重要性的认识不断提高，一系列儿童阅读推广活动在全国各地广泛开展，比如，图书资源、阅读环境等方面具有优势的公共图书馆对外开放，保证未成年人所接触的图书能够适合其年龄段身心特点的分级阅读机制的建立，等等。

　　2012年，中国少先队发展服务中心（现中国少年儿童发展服务中心）、中国青少年宫协会联合青岛出版集团、中国邮政集团等单位发起实施的"红领巾阅读推广计划"就是在这一背景下实施的。六年来，先后在山西、河南、广东等23个省份近60个地市启动这一计划，完成50000余个中队图书角的捐赠、安装和60万册配套书刊的配送、配发，价值千万元；近百个地区的团教组织，2500余所学校，上万名共青团和少先队组织、教育系统工作人员与各界人士参与到活动中来，直接惠及少年儿童逾450万人。"红领巾阅读推广计划"通过捐赠一批红领巾中队图书角、推荐一批优秀少儿书刊、创建一批"红领巾阅读推广示范学校"、举办校园阅读和推广公益培训、开展系列阅读风采展示活动等立体化的阅读实践，让少年儿童的阅读更加深入基层、深入学校、深入孩子，营造"爱读书、读好书、善读书"的阅读氛围。

　　未成年人阅读推广和实践活动尽管拥有来自文化、技术、经济等方面的助力，但也因未成年人所处的时代特点而面临一些新问题。互联网对未成年人阅读的拓展和改变，既让人们看到了解决一些未成年人阅读老问题的可能性，也让人们深切地为网络阅读带来的新问题感到焦虑。

　　互联网和移动终端的发展，使得网络阅读成为常态，在未成年人中也颇为流行。一种对网络阅读的定义是：网络阅读专指一种在网络文化语境中的阅读活动，它是借助计算机、网络技术来获取包括文本在内的多媒体合成信息和知识，完成意义建构的超文本阅读行为①。具体来看，网络阅读区别于传统阅读的地方在于：阅读载体和阅读内容不同。区别于纸质图书，电子设备成为网络阅读的主要载体，读者可以在这些设备上轻松获取各种文本信息；区别于传统阅读内容，以网络文学为代表，出现了很多新的文学形式和写作方法，比如：玄幻修仙小说、耽美小说、穿越小说，以及描写职场、官场等题材的作品等。

网络阅读虽然具有环保、方便、内容丰富等优点，但是给未成年人造成的负面影响也很突出，它不仅改变了人的阅读习惯和阅读模式，也改变人的阅读偏好：电子设备可搭载的娱乐内容类型多样，未成年人的注意力和兴趣很容易被视频、游戏所吸引；网络媒介对于文本呈现方式的改造，倾向于图像式、多媒体的呈现方式，可能会影响未成年人的观察力、思维方式等；网络文学作品内容质量参差不齐，有很多不适合未成年人，不正确的价值观、低俗庸俗、软色情等，不利于未成年人成长。

因此，对未成年人网络阅读基本状况、校内外阅读实践状况进行调查与分析，不仅有助于了解未成年人阅读时遇到的困惑和难题、寻根溯源、推动完善，也能够有利于更好地开展儿童阅读推广活动，让健康阅读、品质阅读陪伴孩子成长。

二 未成年人阅读的基本状况与主要特征

（一）课外活动：看课外书是未成年人课外的主要活动之一

调查显示，在看课外书、看电视、上网、体育运动等十多项活动中，喜欢看课外书的学生最多，占比达 33.2%；喜欢上网、体育运动的人分别占16.5%、9.6%，占比排在第二和第三。随着学生年级的增长，喜欢看课外书的人数比例逐渐下降，小学生、初中生、高中生分别为 44.1%、27.1%、

---

① 刘元荣：《2000~2010 年网络阅读研究述评》，《图书馆学研究》2011 年第 3 期。

24.6%。城乡学生喜欢看课外书的比例没有太大差别，分别为 33.7% 和 32.0%。

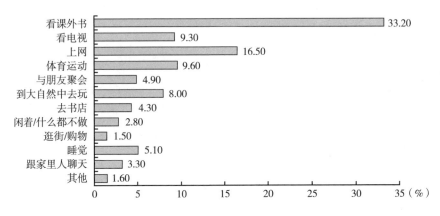

图 1　未成年学生课外时间最喜欢的活动（2017）

（二）图书阅读量：未成年学生课外阅读数量可观，网络阅读者占七成

调查显示，仅有 1.9% 的被调查学生在 2017 年没有读过任何一本课外书（不包括网络阅读），而阅读 10 本以上课外书的学生达到 43.8%。而没有阅读过网络图书的学生有 29.4%，其中网络图书阅读数量集中在 1~10 本，51.7% 的学生处于这一网络阅读数量区间，阅读过大量网络图书（20 本以上）的比例很低。

相比低年级学生，阅读大量①课外书的高年级学生比例要低，但是阅读大量网络图书的高年级学生比例要高一些。城市学生阅读课外书数量要比农村地区学生多，这体现在城市阅读 10 本以上课外书的学生比例要比农村地区学生多出很多。而网络图书阅读量城市和农村地区的学生差距不大。

_____

①　指阅读图书数量在 20 本以上。

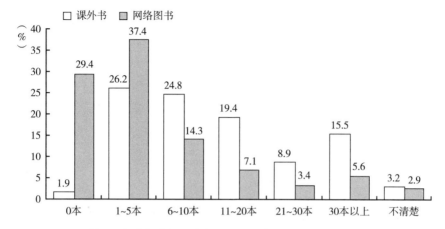

图 2　未成年学生课外书和网络图书阅读数量（2017）

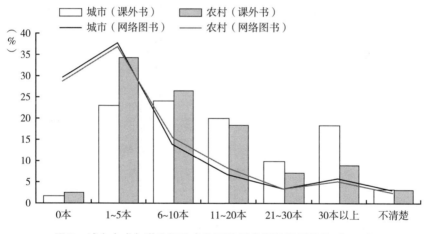

图 3　城乡未成年学生课外书和网络图书阅读数量比较（2017）

（三）阅读载体：阅读工具多元，除纸质书外各种载体使用率不高

可供学生阅读的载体有很多，除了传统的纸质图书之外，手机和电脑搭载的阅读和听书软件、电子阅读器和学习机等也能够满足学生多样化的阅读需求。调查显示，纸质图书仍然是学生最主要的阅读载体，经常进行纸质书阅读的学生占总体的62.4%。电子阅读逐渐兴起，但电子听书和电子阅读器/学习机，则有将近一半的学生没有体验或者使用过。

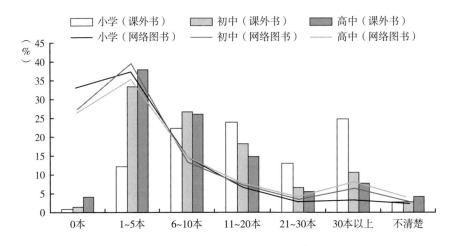

图4　不同年级未成年学生阅读课外书和网络图书数量比较（2017）

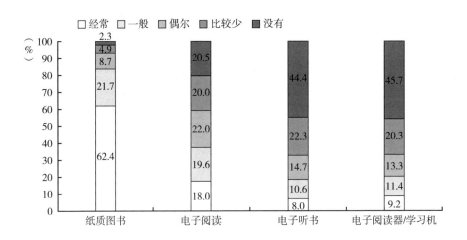

图5　未成年人学生各种阅读载体使用频率（2017）

　　调查显示，被调查城乡学生在各种阅读载体的使用频率上呈现极高的一致性，只是在电子听书这一项上农村地区学生的使用频率要高一些。小学生阅读纸质书的频率要高于高年级学生，而高中生使用电子设备听书的频率要高于低年级学生。此外，不同年级学生使用电子设备（包括手机、电脑、学习机等）阅读的频率几乎相同。

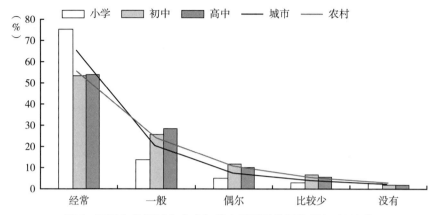

图 6 不同年级及城乡未成年学生纸质图书阅读频率（2017）

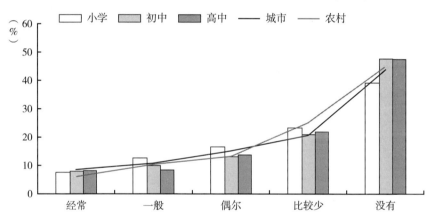

图 7 不同年级及城乡未成年学生电子阅读频率（2017）

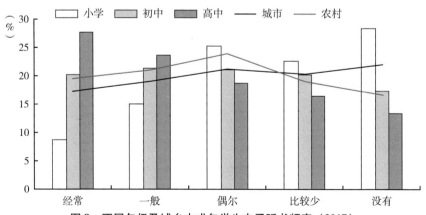

图 8 不同年级及城乡未成年学生电子听书频率（2017）

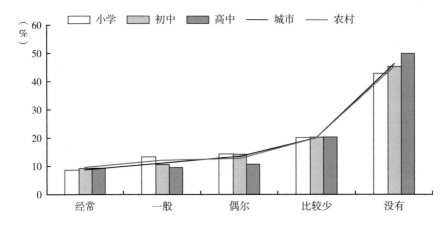

图9　不同年级及城乡未成年学生电子阅读器/学习机使用频率（2017）

（四）图书喜好：兴趣广泛，且随年龄发生变化

在兴趣学习类、历史知识/历史人物类、科普类、幽默笑话、卡通漫画等15个图书类型中，被调查学生排名前五的分别是：文学名著、历史知识/历史人物类、科普类、幽默笑话、卡通漫画，占比分别达到11.2%、10.7%、10.3%、8.9%、8.6%，其余的如兴趣学习类、心理/励志类等，也有一些人表示感兴趣。

不同学习阶段的未成年人对图书类型的偏好差别较大，高中生更加偏好心理/励志类、文学名著类的图书；小学生则对幽默笑话、历史知识/历史人物类更感兴趣；初中生正处于过渡阶段，对图书的偏好往往介于小学生和高中生之间。

（五）阅读设施：对硬件基本满意，对软件的满意度差异较大

调查显示，图书馆和书店的覆盖范围很大，88.8%的被调查学生表示周围有图书馆或书店，该比例在农村和城市地区分别为86.5%和89.8%。

随着年级的提高，学生对阅读设施的满意度在降低。相比初中生和高中生，更多比例的小学生在藏书量、整体环境等方面给出较高评价。对每一个阶段的学生来说，评价都较为正面，满意度较高，给出差评的人数比例较少。

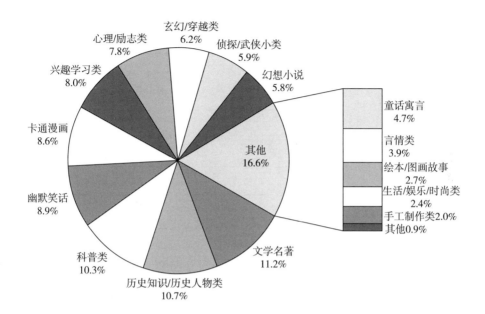

图10　未成年学生对图书类型的喜好农村（2017）

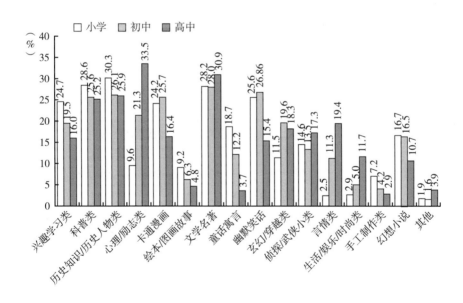

图11　不同年级未成年学生对图书种类的喜好情况农村（2017）

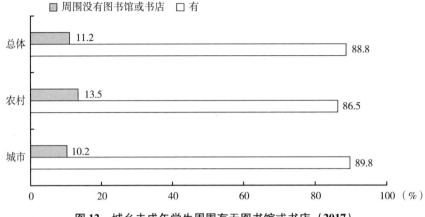

图 12　城乡未成年学生周围有无图书馆或书店（2017）

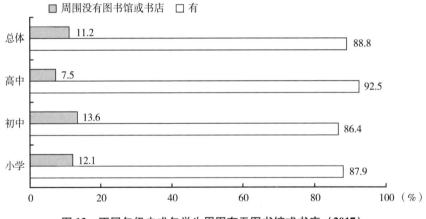

图 13　不同年级未成年学生周围有无图书馆或书店（2017）

　　总体而言，城市和农村地区的学生对当地阅读场所的评价很高，然而，相对于城市地区的学生，农村地区的学生对阅读场所的藏书量、图书更新速度、服务态度的评价都要低一些。

　　调查数据显示，一些读书社团也与学生发生联系，有23.1%的被调查学生经常参加读书社团活动，有40.9%的被调查学生表示虽然周围有读书社团但是很少举办活动，其他学生的学校中没有读书社团或者他们对此方面的情况不太清楚。

　　就读书社团活跃度来说，小学生活跃度更高，高中生参加读书社团活动

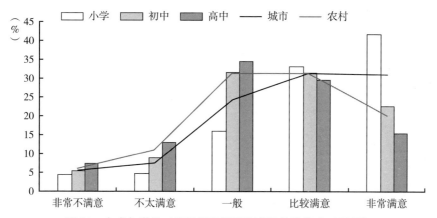

图 14 未成年学生对当地阅读场所藏书量的满意度（2017）

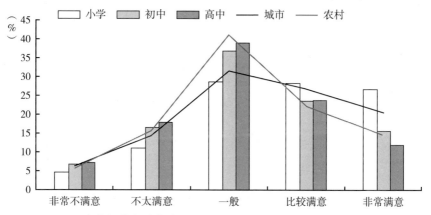

图 15 未成年学生对当地阅读场所图书更新速度的满意度（2017）

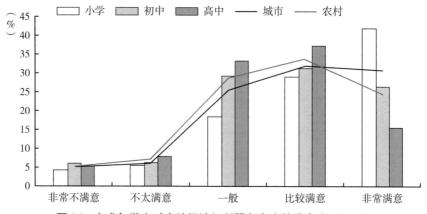

图 16 未成年学生对当地阅读场所服务态度的满意度（2017）

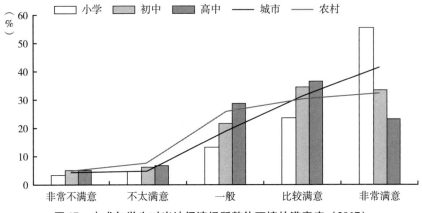

图17　未成年学生对当地阅读场所整体环境的满意度（2017）

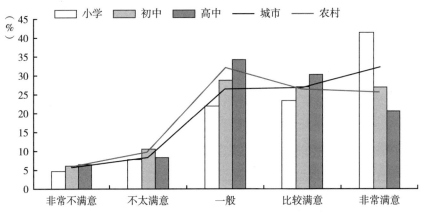

图18　未成年学生对当地阅读场所交通便利程度的满意度（2017）

的频率较低。乡村地区的读书社团和学生活跃度没有城市地区的高，而具体到某一类活动中，也呈现同样的规律。

（六）影响阅读的因素：未成年人普遍反映课业压力大

影响未成年人阅读的因素主要包含三个维度：自我因素、阅读条件、舆论氛围。具体而言，未成年人的课业压力、阅读习惯、阅读兴趣等都属于自我因素；阅读条件则是指图书馆、书店等阅读场所的软硬件情况，购买图书的能力等；而舆论氛围是指未成年人受到父母、同学意见的影响，或者受到广告信息、网络信息的影响等。调查显示，被调查学生较少阅读的主要原因

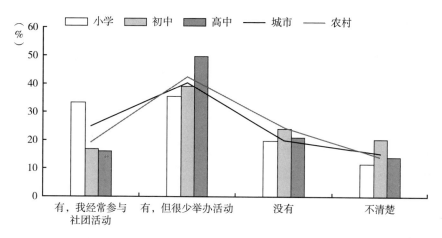

图19 不同年级及城乡未成年学生读书社团参与情况（2017）

来自自我："功课太多，没有时间"（29%）、"作业太多，课太多，没有时间读"（23%）、"不知道读什么书"（11%）、"没有阅读的习惯"（8%）等。因为缺少阅读条件而没有阅读的学生比例为21%，出于父母、周围的人的原因没有阅读的学生有4%。

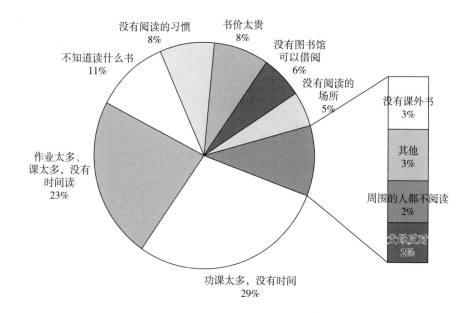

图20 影响未成年学生阅读的因素（2017）

因为功课、作业太多而没有时间阅读的学生比例不小，并且有着这种苦恼的学生比例随着年级的增长在增加，有38.7%的小学生反映了这一原因，而在高中生中这一比例则达到了69.1%。

在学生阅读条件这一维度，尽管反映缺少阅读条件的学生比例不大，但对此也应该加以重视。此外，尽管学生接触图书的机会越来越多，阅读场所也逐渐丰富，但仍有一些学生没有养成读书的习惯，不知道读什么书，甚至没有足够的时间和精力去阅读课外书。

而相对来说，很少有父母反对未成年人阅读课外书，在学业压力极大的高中，也只有4%的学生父母反对。此外，极少有学生反映"周围的人都不阅读"会影响自己阅读课外书。

相对于农村地区的未成年人来说，城市里的未成年人受到课业压力的影

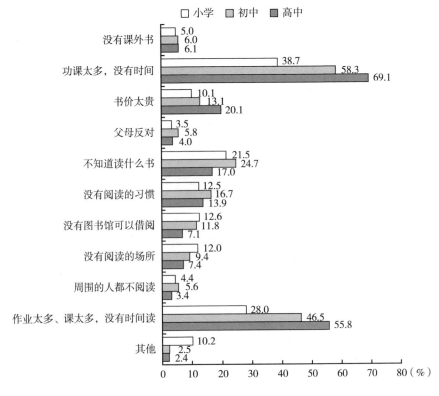

图21 影响不同年级未成年学生阅读的因素（2017）

响更大，他们需要面对更多的功课和作业，而农村地区的未成年人受到无论是阅读条件的影响还是周围人的影响都要大于城市的未成年人。

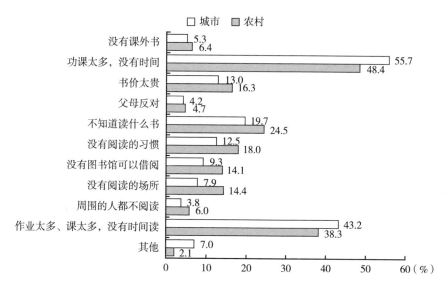

图22 影响城乡未成年学生阅读的因素（2017）

三 未成年人阅读存在的主要问题及其原因分析

（一）未成年人阅读的质与量都有待提高，城乡未成年人阅读不均衡

一是，阅读数量方面差距很大。中国人民大学中国调查与数据中心主持的中国综合社会调查（CGSS）2017年数据显示，被调查的00后人群中，有12.2%的人在2017年除了课本以外，无论是纸版书还是电子书一本也没读过；而全年读过1~5本书的占38.8%，6~10本的占21.5%，11~20本的占14.2%，读书超过20本的占13.4%；即年阅读量超过5本的不到50%；平均到每个未成年人，在2017年平均读了13本①，未成年人每人年

① 王卫东：《拿什么充实00后的阅读世界》，《光明日报》2018年6月30日6版。

均阅读数量是成年人的近三倍，但仍然远远低于欧美和日本等国家的阅读数量。

二是，在阅读的质量方面，存在庸俗、低质量等阅读问题。例如，成功学、鸡汤文，以及类似网络言情、穿越、玄幻修仙等小说在市面上广泛流行。在本次调查中，29.1%的未成年人最常使用的 App 是学习类的软件，18.1%的未成年人最常使用阅读类 App，说明基于手机、iPad 等移动终端的阅读和学习形式已经进入未成年人的学习和生活中。在这种环境下，手机 App 推送的信息对未成年人学习、生活起到了重要的引导和阅读"入口"的作用，但网络文学作者社会身份驳杂，准入门槛低，作者水平参差不齐，而且网络文学网站出于营利目的，为了迎合提高"点击率"的需要，大量存在渲染暴力情节、宣扬拜金主义和享乐主义价值观甚至色情低俗等偏离主流价值取向的内容，加上网络相关审读机制不完善，远远不像纸质图书作品审核一般严格，导致网络作品中涉及宗教、政治、敏感人物、色情、暴力一类的内容往往筛查不严，这些成为未成年人阅读的隐患。

三是，城乡未成年人阅读不平衡的状况仍然突出。近年来，随着政府加大对乡村阅读资源的投入，农村少年儿童缺少图书、阅读量偏低的状况正在发生改变。自2007年全面推开实施的"农家书屋"工程后，至2012年共建成农家书屋60.0449万家，覆盖了全国具有基本条件的行政村。全国共计配送图书9.4亿册、报刊5.4亿份、音像制品和电子出版物1.2亿张。农民人均图书拥有量达到1.13册。据报道，近年来各地农家书屋持续加大少儿类出版物的供给，少儿类图书已经占到农家书屋配书总量的38%，超越种植养殖类图书而成为第一大类。此外，共青团中央、国家新闻出版广电总局联合发文、共同主办，中国光华科技基金会和各出版发行单位承办了"光华公益书海工程"乡村阅读公益平台。截至2017年12月，书海工程已经向河北、河南、山东、云南等30余个省份的1400余个县区实施了图书捐赠，捐赠图书累计30亿码洋，品种50余万个，受助地区遍布全国31个省份4万多家单位，包括大中小学图书馆、乡镇图书馆、农家书屋、青年书屋、社区书屋、军队图书室等。

本次调查显示，城市和农村地区分别有 86.5% 和 89.8% 的被调查学生表示周围有图书馆或书店，但是相对于城市地区，农村学生对阅读场所的藏书量、图书更新速度、服务态度的评价，比城市学生的评价低 10 个百分点以上。城市阅读 10 本以上课外书的学生比例（48.1%）要比农村地区学生（30%）多。同时，据观察，在农村学校和社区的书屋，老旧版图书所占比例仍然比较大，绘本、彩印版图书数量仍不多，农村和城市学生阅读在数量、质量和阅读环境方面仍然存在较大差距。

据统计，我国现有农村留守儿童 5800 多万，约占农村儿童的 37%。在全民阅读广泛开展的今天，如何使农村孩子"一个不能少"，成为政府主管部门优先考虑的问题。

（二）未成年人阅读环境建设亟待加强，学校、家庭、社会要共同发力

阅读是社会发展最重要的基础之一，中小学阅读是全民阅读的"底子"，改善国民阅读状况，必须从孩子抓起。

此次调查显示，因为功课、作业太多而没有时间阅读的学生比例不小，而且随着学生年级的增长学业压力增加。被调查者中，有 38.7% 的小学生反映了这一现象，而高中生中反映这个问题的比例则达到了 69.1%。"功课太多，没有时间"、"书价太贵"、"不知道读什么书"是影响未成年人课外阅读的三大原因。

对于最喜欢的三位作家和三本图书的调查数据显示，鲁迅、老舍、冰心是孩子们最喜欢的前三位中国现代文学史上的著名作家，杨红樱、沈石溪、曹文轩是孩子们最喜欢的前三位当代作家，东野圭吾、海伦·凯勒、J. K. 罗琳是孩子们最喜欢的三位国外作家。四大名著在被调查学生最喜欢的图书排名中名列前茅，其中《西游记》居首位，《假如给我三天光明》、《钢铁是怎样炼成的》、《狼王梦》是除了四大名著以外最受喜爱的三本书。从这个名单可以看到，它们基本都是中小学语文课文的作家，或者教育部"新课标"推荐中小学必读书目中的图书和作者。学校在中小学生"读经典图书"

方面，起到的作用比较突出。但书单基本都是小说、故事类文学作品，科普、历史等作品基本没有。此外，学生对学校读书活动方面的满意度较低，调查显示，"从来没去过"和"很少去"学校阅读类小社团比如文学社、小记者团、诗社、诵读社团的占50%以上，八成被调查学生对参加过的阅读活动很不满意。从实地走访部分校园中也了解到，学校图书的配置均由上级主管部门安排，从存书总量来看，虽然很多能够达到人均20册的数量，但是这些书的可读性非常低，再加上学校严格的图书管理制度，自由自主阅读的时间也无法保障。这些都成为学生阅读的极大障碍。尽管学校图书室或图书馆正在建立，图书不断丰富，学生阅读数量也在上升，但中小学生的读书质量和阅读能力仍然没有显著提升。

家庭层面上，此次被调查的孩子反映，父母用手机、电脑、电子阅读器等看书或听书的比例达到60.4%，看纸质图书的只占20.2%。在获取推荐课外书信息的渠道上，占据前两位的分别是学校（39.4%）和同学朋友（32.9%），而从父母处获得推荐课外书信息的仅占2.4%。可见，在未成年人阅读习惯培养引导方面家庭的缺位。

另外，能够协助学生阅读的成人相当有限。一是自觉阅读的教师在整个教师队伍中比例不高，二是父母尤其是能够协助孩子阅读的农村父母更是凤毛麟角。无论是推荐适合学生的读物，还是重视和保障学生自主阅读的时间，以及有效协助学生阅读，这些方面的现状均不能满足学生的需要。

社会层面上，88.8%的被调查学生表示周围有图书馆或书店，城市和农村地区分别达到86.5%和89.8%，可见购书和阅读场所的覆盖率比较高。但是，学生对阅读设施的满意度不高。农村学生对阅读场所的藏书量、图书更新速度、服务态度等方面的评价要低于城市学生。

2006年由中央宣传部、中央文明办、新闻出版总署、共青团中央等多部委共同倡导发起"全民阅读"活动，至今经过十年，我国成年人人均年图书阅读量仅增长至4.76本（2017年国民阅读调查结果），而我们周边国家以及法国、以色列国民年阅读量的数据分别为：日本40本、韩国11本、法国20本、以色列60本。在学校教育中，为考而教的思想根深蒂固，目前还未能清晰地从育人的高度把握阅读的深刻意义，学生阅读很大程度上在学校教育教学中所占比例非常小，致使学生在身心成长的敏感期丧失了很多发展的可能，也一定程度上造成学生后期学习乏力和思想品德教育艰难。我国仍需要努力营造未成年人整体读书氛围。

（三）网络阅读快速普及，传统阅读的创新推广需要加强

如何选择高品质的阅读，如何减少浅显阅读、碎片式阅读，如何将未成年人从电视、游戏中吸引到阅读上，成为很棘手的难题。因此，利用各种新载体、新形式，切实加强阅读推广创新，让倡导读书变为主动读书，是当前切实需要思考的课题。

调查显示，随着年龄增加，学生网络阅读行为大幅增加。在被调查者认为互联网给未成年人提供的最重要的服务和功能中，"在线学习"（59.2%）居于首位，其次是"在线知识答疑/辅导"（38.7%），"网络阅读"（32.6%）排名第四。被调查者手机上最常使用的 App 是"学习类"的占29.1%，排名低于"QQ"、"音乐"、"微信"，位于第四位；而"阅读类"（18.1%）比游戏稍少而居第六位。在线学习和网络阅读已成为未成年人重要的信息获取和知识学习方式，对未成年人的阅读和学习带来了重要影响。在这种环境下需要警惕：①"浅阅读"替代深阅读，阅读碎片化、娱乐化趋势对未成年人的影响；②未成年人对手机的依赖，使得他们的阅读耐心减弱，阅读的专注力降低，对经典名著的阅读率下降；③"浅阅读"有可能弱化未成年人的阅读理解能力。与成年人不同，未成年人在阅读中获取的不仅仅是信息，还应该是系统化的知识，以及通过阅读对理解能力、思维能力的培养，阅读的过程本身就是未成年人身心成长的过程；④"浅阅读"还会使未成年人学习的目标性与针对性降低。未成年人在网络阅读的过程中，通常会选择感兴趣的、轻松的、能带来享受的内容来阅读，这些阅读对学习的帮助可能并不明显；⑤网络阅读对象不仅是文字，更多的是以图片、视频等富媒体形式呈现的。但视频与文字相比，尽管有极强的吸引力、趣味性和丰富的场景表现力，在某种程度上却限制了阅读者的空间想象力，不利于未

成年人的想象力、创造力的培养。无论是纸质阅读还是电子阅读，深度和品质才是最重要的，这方面的引导对于未成年人显得尤其迫切。

四　进一步改善未成年人阅读状况的对策建议

（一）提升阅读质量：政府、教育系统、媒体、社会组织等应向未成年人多推荐好书

在信息爆炸、图书出版量激增的时代，筛选好书显得极为重要。比如：一些因所谓明星写手和年轻新秀团队包装炒作突然走红的时尚类畅销图书，特别是网络文学作品，不仅文字质量差，而且往往价值观扭曲；一些成功励志类图书，鼓吹一夜成名、一夜暴富，描述各种投机取巧、快速发财、投机钻营的诀窍；一些明星艺人成长史、发家史和他们的所谓心灵寄语等书，在商业推广下打造所谓偶像和榜样；等等。这些书对未成年人成长都是有百害而无一益的。但是这些书往往还能进入一些图书榜单的热门推荐中。

高质量阅读决定人们有较高的精神生活层次。笼统地呼吁广泛阅读，是无法解决问题的，需要实实在在地从筛选优质书开始，指导未成年人读有益的书、有用的书，读真正的好书，这远比空谈读书意义要强得多。

目前影响力比较大的阅读书目参考指导，一是来自各大图书销售网站和机构的"榜单"和推荐；二是出版、教育等相关部门和社会发布的各种"榜单"和"书单"。我们认为，出版和教育部门发布的推荐书目，比图书销售榜单更为可靠、客观。目前较权威、影响力较大的书目一是新闻出版总署每年发布的"向青少年推荐百本优秀出版物"，二是教育部门发布的"新课标必读中小学课外书"。前者以原创版权、新书为主，但宣传力度不大，没有进行阅读分级，未能发挥真正的阅读指导功能。教育部门发布的"新课标"必读书目，以经典图书为主，包含原创和引进版权图书，并按年级进行了书目分类，在学校中得到较大强度的推动，但书目以童话、文学、小说为主，目的是提升语文写作能力，忽略了科普百科、传统文化、品格成长

以及我国历史人文发展，特别是核心价值观培养方面的阅读书目。

出版物是人类文明进步的阶梯，是文化成果记载、传播、积累、传承的重要载体，在国家和民族正处于历史新起点的时候，我们有必要依据"把握历史高度，深入文化层面，开阔宽广视野，弘扬人文精神"的思路，对优秀出版物宣传和阅读推广的功能和责任进行再认识。面向未成年人，根据他们的年龄特点、兴趣爱好和认知规律，推出有足够品位又有实际功效的精神食粮，需要政府部门、专业机构、教育部门和媒体方面付出更多努力。

（二）联合社会力量，消弭未成年人阅读的城乡鸿沟，把好书送到农村和西部等欠发达地区

民间阅读组织（或者叫社会阅读组织）往往在全民阅读中扮演着非常重要的甚至是非常核心的角色。我国自2006年开始开展全民阅读活动，除了政府主导外，社会参与则是这一活动的一个非常重要的力量。全民阅读促进条例征求意见稿中就明确提出，国家鼓励社会力量支持全民阅读促进工作，也正是社会力量的参与，极大地激发了阅读实践的活力。

全民阅读事业能得到社会力量的热情参与，首先是政府引导的成果，其次也是有其内在需求的。阅读是每个人的事情，不是别人的事情，人是社会化的动物，社会力量参与将"独读书"变为"众读书"，"众读"为阅读带来更多的快乐和收获，极大地增强了阅读的互动体验，也更好地把更多的知识、更多的众读理念传播出去，自然也会收获更多的阅读推广成果。

社会广泛参与的"众读"模式目前在全国多个城市如北京、深圳等，都取得了良好的效果，但在消弭城乡阅读鸿沟方面，尚有很大的努力空间。建议搭建社会广泛参与的开放性大平台，为消除城乡未成年人阅读鸿沟共同努力。进一步探索适合未成年人"众读"和"参与式阅读"的模式，并为农村及西部等欠发达地区提供更多的阅读指导，为他们送去好书、新书。

（三）走好最后一公里，努力消除未成年人阅读校内、校外、家庭的断点问题

"行百里者半九十"，道出"最后一公里"的艰难。未成年人阅读实践能否取得让孩子满意的实效，关键看能否解决服务他们的"最后一公里"问题。

最后一公里"远"在哪？"堵"在哪？"断"在哪？一是在于思想。父母、老师等首要教育者，对未成年人养成阅读习惯的认识仍然停留在提高成绩，而不是"育人"本质上，导致他们在阅读过程中走了样。二是在于做实。受到政府层面领导重视的方面，就做得多，不重视的方面就做得少；父母层面上，有利于提高成绩的事就做得多，而对于可能提升素养的事则做得少；企业方面，有利益、短期能见效的事情做得多，无利、长效的事则做得少，这一切便导致了整体上提升内在动力活力的长期性、基础性工作做得不扎实甚至没人做。三是在于转变。在新媒体高度发达的新时代和社会中，书店是精神产品和服务的供应者，其对"精神满足感"的营造是至关重要的。

一是认识要实。要将读书学习提升到国家战略高度，着力落实习近平总书记"把读书学习作为一种生活方式"的要求。

二是措施要实。推动少年儿童校内、校外活动场所阅读设施标准化配置。"红领巾阅读推广计划"实施六年，在几个方面进行了尝试：第一，将捐赠图书角直接安装到"中队"，捐赠的书籍以儿童期刊为主并借助社会力量定期更新，一定程度上保证了有足够的适合学生阅读的读物和便捷的借阅方式。第二，整合少年儿童出版期刊社、中国邮政和社会机构，提升红领巾中队图书角的捐赠力度和书刊丰富度。第三，寻求专业机构合作，定期调研发布阅读指数和好书榜，为孩子们读书提供指导和帮助。第四，与学校共同探索举办鼓励学生阅读的活动，如"读书笔记"、"知识竞赛"、"读书征文"、"阅读主题才艺展示"等，让学校、孩子们进一步增强读书兴趣，利用更丰富的表现形式展现阅读之美。第五，持续培养"阅读推广人"，共同参与"红领巾阅读推广计划"项目，让更多的懂教育、懂阅读、懂儿童、懂父母的个人和机构参与，形成长期可持续的发展模式。建议在中小学设立阅读课，以教授阅读方法为主，同时带领学生进行阅读实践，指导中小学生阅读这一年龄段应该读的书。同时，告诉未成年人"为什么阅读"、"阅读意味着什么"，帮助少年儿童在 15 岁前形成阅读能力，但绝不能将这变成一门应试教育，努力让我们的国民阅读状况得到根本性改变。

三是评价要实。推动少年儿童阅读环境体系的评价激励机制的建立和完善。定期开展少年儿童全国性阅读调查，建设少年儿童阅读监测体系，监测少年儿童阅读保障和发展水平、阅读服务公众满意度、阅读服务标准实现程度等，对阅读环境营造进行科学评估并制定激励机制。

参考文献

1. 史竞男：《我国阅读指数首次发布，去年人均阅读纸书 4.66 本》，http：//203.192.15.131/content/20180419/Articel02008BB.htm，2018 年 4 月 19 日。
2. 中国人民大学中国调查与数据中心主持的中国综合社会调查（CGSS）2017 年调查数据。
3. 农家书屋简介，http：//www.zgnjsw.gov.cn/booksnetworks/contents/403/250517.html。
4. "光华公益书海工程"乡村阅读公益平台，http：//shgc.ghstf.org/html/2016 - 06/zy - 14.htm。
5. 刘忆斯：《中国："垃圾书"出版大国?》，http：//book.sina.com.cn/news/c/2015 - 04 - 22/0918736980.shtml。
6. 郝天韵：《阅读力，让中国更有力量》，http：//www.chinaxwcb.com/2017 - 06/09/content_356711.htm。

B.19
未成年人数字化成长
及网络素养状况

张海波[*]

摘　要： 中国青少年宫协会儿童媒介素养教育研究中心调研组基于符合中国本土儿童网络使用习惯和成长规律的网络素养框架，对全国儿童及家长进行了大范围调查，自 2016 年 9 月至 2017 年 12 月，超过 11 万个家庭接受了问卷调查和访谈。本文是基于本次调研数据分析得出的部分研究成果，通过对我国 3~14 岁未成年人的数字化成长历程的研究，梳理了未成年人数字化成长的主要特点，概述了我国儿童网络素养状况，分析了目前未成年人遇到的主要网络安全问题，以及家庭网络素养教育中遇到的主要问题。建议：父母应该及时了解孩子的上网情况，尽早培养孩子好的上网习惯，并用自己的行动给孩子做上网好榜样。

关键词： 网络素养　数字化成长　数字代沟　未成年人

前　言

"00 后"（2000 后出生的千禧一代）未成年人是移动互联网的"原住

---

* 张海波，广东省广州市少年宫、广州市少先队总辅导员，中国青少年宫协会儿童媒介素养教育研究中心主任。

民"，他们的成长深受数字化媒介的影响，受到了国际学者及各国政府的关注。美国联邦教育部提出的"21 世纪技能"，将网络素养列为美国学生 21 世纪必备的三大技能之一。欧盟将数字素养纳入 21 世纪欧盟公民必需的 8 项核心能力。我国台湾、新加坡等也围绕着网络素养教育制定了相关政策。在我国，也有部分地区和部门开展了网络素养调研和教育工作。

2014～2015 年，中国青少年宫协会儿童媒介素养教育研究中心开展了一次覆盖 18 个主要城市的大规模实证研究。基于数据，研究中心首次提出了符合中国本土的媒介使用习惯和成长规律的网络素养框架。为了对此框架进行验证，进一步了解 00 后未成年人的数字化生存和网络素养状况，并深入探讨社会文化背景和家庭环境对未成年人网络素养的影响，媒介素养教育研究中心在 2016～2017 年间启动了新一轮调查。

自 2016 年 9 月至 2017 年 10 月，共回收有效亲子问卷 113934 份，是目前为止中国地区同类研究中样本量最大的一次调查。问卷主要包括四部分内容：儿童网络素养水平的测量、家长网络素养水平的测量、家庭环境的测量、人口学测量。网络素养水平的测量以自我发展能力和抗风险能力为主体，分别包括娱乐、交往、学习、表达、安全、健康、文明、法治八大维度。家庭环境的测量包括家庭教养方式、家庭社会经济地位（家庭收入、父母学历、父母职业）。该问卷在广州市内进行试测，确定正式问卷后进行全国范围的发放。

调查于 2016 年 9 月至 2017 年 10 月执行，为了保证取样的广泛性，本次调查覆盖全国 34 个省区市，由市县级少年宫或学校负责组织具体调查。调查收回调查问卷 120942 份，完整问卷 118100 份，根据测谎题结果进行筛选，最终得到 113934 份实际有效问卷。统计有效问卷后发现，各年龄层次的样本量差距很大，为了了解全国儿童的整体网络素养情况，避免取样造成的偏差，故按不同年龄层对实际有效问卷进行分层随机抽样，通过计算，7～11 岁每层随机抽取 11005 个样本，其他年龄层按原样本 100% 抽取。这种抽样方法，能够在尽可能保留较大样本量的同时，缩小各个年龄段的样本量差距。最后，获得样本量为 93180 份。

一 数字化成长历程及网络素养基本状况

（一）触网低龄化趋势明显，数字化成长迅速

通过数据分析发现，随着年龄的增长，我国儿童的网络使用深度和广度都有着跨越式增长，呈现数字化成长的趋势。

在网络接触上，网络接触呈明显低龄化趋势，平均有超过28.3%的学龄前儿童（3~6岁）每天使用网络的时间在30分钟以上，5岁时网络使用时间超过30分钟的儿童已占31.6%。此后，随着年龄的增长，网络使用时间逐渐增加，到了14岁，已有60.8%的儿童网络使用时间超过30分钟。

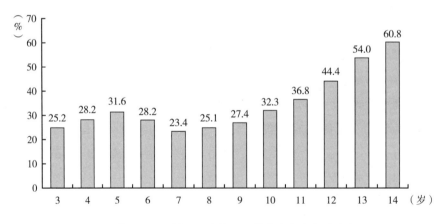

图1　每天上网时长30分钟以上的未成年人年龄分布

从数据上看，在线娱乐的各项行为随着年龄的增长呈直线上升的趋势。低年龄段周末使用电脑、手机、平板电脑等娱乐（玩游戏、看视频、听音乐、看漫画等）超过30分钟的占48.5%，高年龄段则已占57.1%。随着年龄的增长，儿童研究网络游戏攻略的频率有显著提高，12岁以后，已有接近半数（48.5%）的儿童研究过游戏攻略。网络购物行为也是随着年龄的增长而不断增长的，在12岁后增幅较大，14岁使用过网络支付的已超过半

数（57.5%）。儿童自主安装网络应用的比例较高，在 6 岁时就已有 53.9% 的儿童自主安装网络应用。

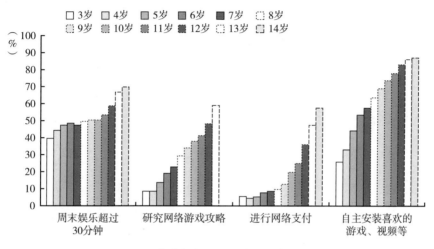

图 2　未成年人网上娱乐行为的趋势

交往行为随着年龄增大而增加，儿童线上交往逐渐日常化。从 8 岁开始，已经有 11.3% 以上的孩子曾经主动加过网友、QQ 群等，到了 12 岁，这一比例已超过半数（51.1%）。有 26.0% 的 14 岁儿童会在网络和社交媒体上主动同偶像或明星交流。

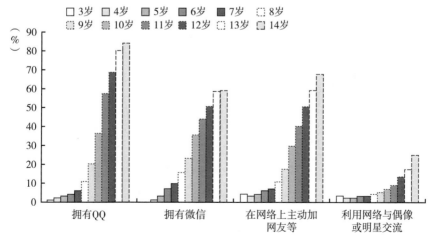

图 3　未成年人网上交往行为的趋势

学习行为呈现相同的趋势。在儿童遇到问题时，低年龄段儿童和高年龄段儿童呈现不同的倾向。9岁以下，儿童解决疑惑的主要渠道是家长，这一比例均超过85%。但10岁以后，询问老师、朋友以及上网查找的比例逐渐升高，到14岁时，询问朋友和上网找的比例已超过家人，分别达到27.0%和19.4%。

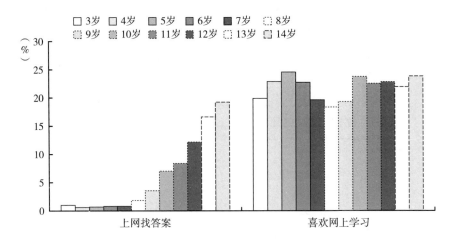

图4　未成年人网上学习行为的趋势

儿童的网上表达行为随着年龄的增长而不断增长。12岁后曾有表达行为的儿童已超过半数，到了14岁已达69.7%。儿童也可以创建自媒体，并拥有自己的粉丝。在低年龄段，有6.3%的儿童拥有自己的粉丝；到了高年龄段，已经有21.6%的儿童拥有自己的粉丝了。

（二）自主性、交往性、娱乐性、展示性中儿童数字化行为的主要特征

数据显示，出生于21世纪初的00后、10后，真正是这个数字时代的原住民，他们的数字化行为呈现类型特征，具体表现为：滑一代、游一代、微一代、秀一代。

自主性：滑一代。3岁时，已有25.2%的儿童每天使用网络的时间超过

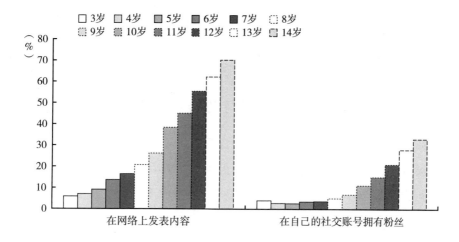

图5 未成年人网上表达行为的趋势

30 分钟，随着年龄的增长，14 岁时已有 60.8% 的儿童使用网络在 30 分钟以上。不仅如此，他们还会自己下载安装喜欢的游戏、视频、音乐（63.3%），这一比例在 6 岁时已超过 53.9%，在 14 岁时更高达 87%。

娱乐性：游一代。娱乐是儿童使用网络的主要目的，3~9 岁儿童周末使用电脑、手机、平板电脑等进行娱乐（玩游戏、看视频、听音乐、看漫画等）超过 30 分钟的占 48.5%，10~14 岁则已达 57.1%。3~14 岁儿童中平均有 33.3% 的儿童还会自主研究网络游戏攻略，在 13 岁已超过半数，占 51.3%。

交往性：微一代。00 后儿童从小就开始使用 QQ 和微信这些社交媒体（QQ 账号拥有率达 31.8%，微信账号拥有率达 26.2%）。其中 QQ 深受 10~14 岁儿童的喜爱（拥有率 59.1%）。数据显示，到了 11 岁，超过半数（57.9%）的孩子已经有了自己的 QQ 号，到了 14 岁时该数据高达 84.7%。他们积极加入各种 QQ 群、微信群，结交网友（25.6%），从 8 岁开始，已经有 10% 以上的孩子曾经主动加过网友、QQ 群等，到 12 岁，这一比例已超过半数（51.1%）。还有 8.5% 的儿童会利用社交媒体和自己的偶像和明星交流，这一比率在 14 岁时达到了 26.0%。

展示性：秀一代。00 后一代从小就会在网络上发声，他们中平均有

31.0%的会在网络上发表内容（如文字、图片视频等），14岁时更是增长到69.7%。不仅如此，他们还创建了自媒体，并拥有了自己的粉丝，在3～9岁已占6.3%，到了10～14岁则占21.6%。

（三）5岁、10岁和14岁为数字化成长的显著关键期

研究发现，00后一代的成长已经深深打上了数字媒介的烙印。在不同的年龄阶段，00后一代显示出了不同的网络接触和使用行为。经过各年龄段关键指标对比分析，可以发现在所划分的五个年龄段里，从关键指标的变化差异显著性分析来看，5岁、10岁和14岁成为数字化成长最显著的"关键期"。

1. 5岁：自主小玩家

5岁的孩子是生活在网络时代的原住民，智能手机和网络从小就陪伴着他们成长。数据显示，儿童网民触网的年龄越来越小，而且这些小网民还是非常活跃的网上小玩家。他们看视频、玩游戏的时长和深度，令人吃惊。

从调查结果可知，平均有超过28.3%的学龄前儿童（3～6岁）每天使用网络的时间在30分钟以上，5岁时网络使用时间超过30分钟的儿童已达到31.6%。相比3～4岁，5岁的媒介使用有了突飞猛进的发展，尤其是在使用网络的时间、娱乐的深度和广度上，都有较大的提升。其中，已有45.1%的儿童会自主安装喜欢的游戏、视频、音乐，周末进行娱乐的时间超过30分钟的比例达到了48.0%。除此之外，还有14.0%会自己研究网络游戏攻略。

2. 10岁：活跃小用户

10岁是儿童成长的关键期。在网络世界中，10岁儿童也逐渐拥有了更多的自主权，网络素养水平的大部分关键指标超过30%。其中，拥有QQ的比例为37.4%，拥有微信的比率为36.0%，研究网络游戏攻略的比例也达到了38.7%。

此外，这一时期也是网络交友迅速扩展的年龄。在10岁，已有30.8%的儿童会在网络上主动加网友、QQ群或微信。利用网络与偶像交流的比例

也提高到 8.0% 。

3. 14岁：积极小创客

3 ~ 14 岁，儿童的网络化成长在不断加速，儿童在网上娱乐、社交、表达等方面的行为普及率，都在逐渐上升。

到 14 岁，媒介已是其娱乐、学习、交友的重要工具，他们对使用电脑查信息、用手机微信/QQ 等早已习以为常。儿童每天上网时间超过 30 分钟的达 60.8% ，研究网络游戏攻略的达 59.2% ，有网上支付行为的达 57.5% ；主动加网友的达 68.9% 。

相比小学阶段，14 岁的儿童有着强烈的表达愿望，在网上发布内容的达 69.7% 。社交媒体的使用率很高，有 QQ 的达 84.7% ，有微信的达 59.9% 。拥有粉丝的达 33.3% ，网上追星、和偶像明星网上交流的达 26.0% 。

表1　未成年人网络行为普及率

单位：%

年龄	拥有QQ	拥有微信	每天使用网络30分钟以上	周末娱乐超过30分钟	研究网络游戏攻略	进行网络支付	自主安装喜欢的游戏、视频、音乐	在网络上主动加网友、Q群或微信群	利用网络与偶像或明星交流	上网找答案	喜欢网上学习	在网络上发表内容	在自己的社交账号拥有粉丝
5 岁	3.3	3.8	31.6	48.0	14.0	6.1	45.1	4.3	2.8	0.8	24.7	9.6	2.9
10 岁	37.4	36.0	32.3	50.9	38.7	20.6	74.1	30.8	8.0	7.2	23.7	38.5	11.2
14 岁	84.7	59.9	60.8	69.8	59.2	57.5	87.0	68.9	26.0	19.4	24.0	69.7	33.3

（四）"数字代沟"显现，14岁为分水岭

00 后在出生时就被冠以"数字原住民"的称号，与作为"数字移民"的父母之间形成家庭内部的数字代沟。这一现象得到了学者们的广泛关注。本调查验证了这一事实，随着 00 后年龄的增长，两代人数字媒介使用技能的差距逐渐缩小，在 14 岁，儿童在媒介使用各种行为上的关键指标就已超越他们的父母。在数字世界的成长中，儿童走在了成年人的前面。同时，我们还调查了家长与儿童在网络知识上的自信程度。数据显示，随着年龄的增

长，儿童和父母都认为关于上网的知识孩子懂得比父母多。同时，相比儿童，父母持这种观点的人数要更多。

从表2中看到，14岁儿童的数字化技能超过了他们40岁左右的父母。

表2　未成年人的数字化技能超过了他们的父母

单位：%

类型	儿童	家长
研究过网络游戏攻略	59.2	26.4
在手机或平板电脑下载安装自己喜欢的游戏、视频和音乐	87.0	79.2
在网络上主动加过网友或QQ群、微信群或其他社群	68.9	64.6
在社交媒体上和您的偶像或明星交流过	26.0	16.7
在自己的社交媒体账号(朋友圈、微博、QQ空间)上发布分享个人的照片、视频或者观点	69.7	66.9
在自己的社交媒体账号(如微博、美拍等软件)上拥有粉丝	33.3	25.4
安装App的时候限制软件读取您的联络人与信息等权限	65.7	63.5
及时更新手机或电脑里的杀毒软件	82.7	82.5

不仅如此，当问及关于上网的知识，是儿童懂得多还是父母懂得多时，有43.6%的14岁儿童表示自己懂得多。而他们的父母更表示"自愧弗如"，63%的14岁儿童的爸妈说，孩子懂得多。

可以说，在今天的家庭中，在数字化技能方面孩子和父母之间形成了一道明显的"数字代沟"。孩子们在许多数字化技能的掌握和熟练程度上，都明显地超过了他们的父母。

（五）儿童网络安全问题突出，10～14岁为高发期

随着年龄的增长，儿童的在线活动逐渐深入，尤其是10岁以后，许多行为有了跨越性的增长。在儿童享有更多机遇和权利的同时，也意味着他们将遭遇更多的在线风险。以下部分将重点探讨10～14岁儿童在面对在线风险时的安全意识、健康意识、文明意识以及法治意识。通过数据，我们发现儿童面临的在线风险包括以下三个方面。

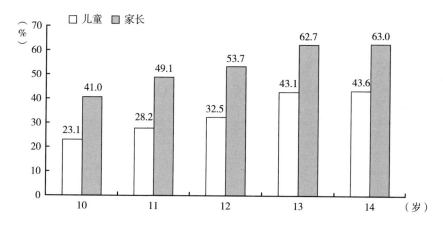

图6 未成年人对数字化技能的掌握和熟练程度超过了父母

1. 网络安全意识差

总体而言，儿童的安全意识较弱。然而，从数据中可以看出，儿童的信息安全意识随着年龄增长而增强。在10岁，有超过半数（59.7%）的儿童在安装App时没有限制软件读取联络人与信息的权限。而到了14岁已降低至34.3%。相似的，儿童及时更新手机杀毒软件的比率也随着年龄的增长而有较大幅度的增长。当高年龄段儿童在网上遭遇风险时，他们更倾向于与父母讨论这一问题，但随着年龄的增长，这一比例有了一定程度的下降。

2. 易于网络成瘾

有65.8%的10～14岁孩子承认自己上网会超过预定时间。随着年龄的增长，儿童上网的自控力急剧下降。在3岁时，只有36.1%的儿童上网曾超过预定时间；到了14岁，这一比例达到76.9%。在网络上遇到冲突时，选择骂回去的儿童也有所增加。

3. 网上文明守法意识弱

仅有6.8%的14岁儿童说非常了解网络相关法规，仅16.8%儿童比较了解网络相关法律。大部分儿童能够较为理智地面对网络攻击，但随着年龄的增长，同意"骂回去"的比率仍有一定程度的升高。大部分儿童对我国网络安全的法律法规了解较少，但这一比例随着年龄的增长有所提高，到了

14 岁，只有 23.6% 的儿童认为自己比较了解（或非常了解）这方面的法律法规。

表3　未成年人网上文明守法意识较弱

单位：%

类别	10 岁	11 岁	12 岁	13 岁	14 岁	高年龄段总计
安装 App 时限制软件读取联络人信息	40.3	45.8	54.5	60.6	65.7	49.8
及时更新杀毒软件	60.7	69.6	76.7	81.4	82.7	71.4
了解网络法规	52.6	61.7	69.6	78.6	81.4	64.8
上网超过预定时间	60.6	62.7	67.1	73.60	76.9	65.8
有人骂我会骂回去	15.0	15.1	16.3	16.7	18.5	15.9

二　家庭网络素养教育存在的主要问题

父母网络素养的不足，是导致儿童网络行为缺少必要的引导的最主要原因。

家庭是儿童上网的主要场所，但从调研和访谈来看，父母在家庭网络素养的教育和引导方面存在很大缺失，主要体现在以下五个方面。

第一，父母不了解孩子上网状况。只有 5.6% 的 14 岁儿童认为，父母很了解自己的上网状况。

第二，父母没有和孩子建立良好的亲子关系。大部分父母承认没有在社交媒体上成为孩子的"好友"。高年级学生（10~14 岁）认为父母经常在社交媒体平台中与自己互为好友并进行互动的比率为 3.7%。由于不是好友关系，父母便很难了解和监督孩子网络行为，帮助孩子预防网络风险。有 53.1% 的高年龄段儿童曾因为上网问题与父母争论过，这一比率到 14 岁时高达 65.0%。从 12 岁开始，"如果在网上被人威胁，或发布让我难受的图片、视频，非常愿意马上和父母讨论这个问题"的比例开始明显下降。到 14 岁降到 10 岁以来的最低点 16.9%。

第三，父母没有实施有效的教育引导措施。调查中发现，父母对于孩子的上网安全问题重视不够，56.9%的父母没有帮孩子筛选过 App。父母是孩子上网的"把关人"，如果没有尽到把关人的责任，孩子迷失在网络世界、受到伤害的可能性将会大大增加。

第四，父母在孩子面前的影响力正在减小。随着年龄的增长，00 后儿童在生活或学习上遇到问题的求助对象，选择爸爸、妈妈的比率不断在下降，其中，选择妈妈的由 10 岁的 55.6% 降至 14 岁的 24.5%；而选择同学、朋友以及在网上找答案的比率则越来越高，分别由 4.8% 和 7.2%，升至27.0% 和 19.4%。

第五，父母没有成为孩子数字媒介行为习惯的好榜样。数据显示，在孩子们的印象中，爸妈在家里最喜欢玩手机（72.9%），但不怎么看书（27.2%）。父母上网最喜欢的就是玩微信（53.6%）、网购（48.0%）。不仅如此，71.7% 的父母表示会超过自己预定时间，比孩子还厉害（57.2% 的孩子表示会超过）。父母是孩子的第一任老师，而孩子从小就会悄悄模仿大人的行为。但今天的父母在健康文明的媒介使用行为方面，并没有为孩子做出表率。

三 实施家庭儿童网络素养教育的建议

第一，及时了解孩子的网上生活。今天的孩子是网络时代的原住民，儿童从小就习惯于数字化生存，上网娱乐、学习、交往、表达，本身就是儿童日常生活的重要内容。因此，父母既不应该视网络为洪水猛兽，也不能放纵疏忽，让手机充当"电子保姆"。而应及时了解儿童的网上生活，掌握儿童网络成长轨迹，因势利导。

第二，建立良好的亲子关系。父母如果不能与时俱进，智能手机、社交网络造成了家庭中"数字代沟"，就会削弱家庭中父母的权威地位尤其是信息主导地位，加剧家庭中的亲子关系冲突，因此，父母更需要和孩子从小就建立起网络时代的新型亲子关系。

第三，及早培养孩子上网的好习惯。父母应该像注重孩子在现实生活中养成生活学习的好习惯那样，及早培养孩子上网的好习惯。从孩子接触电子产品和网络开始，及早通过约定的方式和孩子制订上网行为的规则，让孩子养成健康文明的上网行为习惯。

第四，主动引导教育，适时提升孩子的网络素养。根据孩子数字化成长的规律，在不同阶段，有针对性地增强孩子在网上娱乐、学习、交往和表达等各方面的能力，培养他们安全、健康、文明、守法的上网意识，全面提升儿童的网络素养。

第五，在电子屏幕前做孩子上网的好榜样。在科技日新月异、父母和孩子一起相互学习的"共喻时代"，父母要加紧加强自身的学习，跟上科技发展的脚步，及时了解信息潮流的动向，全面提升自身的网络素养，在电子屏幕前做孩子上网的好榜样。

参考文献

Livingstone S., Mascheroni G., Staksrud E., Developing a Framework for Researching Children's Online Risks and Opportunities in Europe［Z］. 2015.

利文斯通：《儿童与互联网：现实与期望的角力》，郭巧丽译，电子工业出版社，2013。

泰普斯科特：《数字化成长 3.0》，云帆译，中国人民大学出版社，2009。

张海波：《苹果世代："00 后"儿童的媒介化生存及其媒介素养教育研究》，南方日报出版社，2013。

《2017 年世界儿童状况：数字时代的儿童》，联合国儿童基金会，2017 年 12 月。

张海波：《互联网 + 时代儿童在线风险及对策》南方日报出版社，2016。

张海波：《家庭媒介素养教育》，南方日报出版社，2016。

附 录

Appendix

B.20

"第九次中国未成年人互联网运用状况调查"（2017）技术报告

本次调查于2017年10月至2018年2月实施。调查对象以全国10~17岁的全日制在校学生为主，涵盖小学生、初中生和高中生。调查的方法、抽样、执行以及被调查者的结构情况如下。

一 调查内容

本次调查对10~17岁在校学生上网的基本情况、网络使用行为和对网络的认知态度等，采用问卷调查的方式收集数据。问卷由课题组依据以往问卷的基本框架，即基本指标体系、热点应用情况和专题研究问题三大部分，结合本年度调查的多方面实际情况，进行适当的调整。

基本指标体系包括两个部分：一是未成年人上网行为层面；二是其关于互联网运用的态度、价值层面。

热点应用方面，结合年度网络应用热点和未成年人网络应用热点设置。本次调查以手机上网、网络社交、网上自我表达、微信等为主。

专题研究主要是针对未成年人近期热点应用和网络应用的重要方面进行深度调查。本次以未成年人阅读实践和网络阅读为主题，这也是首次进行未成年人数字化阅读相关调查。

二 调查对象

本次调查的对象主体为年龄在 10～17 岁的小学四年级至高中二年级在校学生（教育部全日制学校，不含技校、职高等）。

三 调查抽样

本次调查抽样框架的设定，以国家统计局《中国统计年鉴（2016）》中各经济水平"高""中""低"三个等级作为横向指标，以 2017 年 1 月 CNNIC 发布的《中国互联网络发展状况统计报告》中显示的各省互联网发展状况"发达""中等发达""不发达"作为纵向指标，共形成 9 个维度。综合考虑地域分布、延续性等，从 9 个维度中选择抽样地区，依据等距原则，每个维度选一个地区。选取北京作为直辖市的代表，共 10 个地区（说明：实际执行时，出于各种原因对抽样省份进行了微调，画线地区为实际调查地区）。

表1 各省份经济和互联网发达程度分布情况（下画线省份为最终确定抽样省份）

经济 ＼ 互联网	高	中	低
发达	<u>广东</u>、浙江、<u>江苏</u>、福建	<u>北京</u>、上海、天津、辽宁	<u>山西</u>、新疆
中等发达	<u>湖北</u>、山东	<u>陕西</u>、内蒙古、重庆	<u>青海</u>、海南
不发达	四川、<u>河南</u>、湖南	<u>安徽</u>、广西、江西、宁夏	贵州、<u>云南</u>、甘肃、西藏

每个省份按省会城市、普通地市、乡镇三级进行抽样，每个级别再各抽1 所小学、1 所初中、1 所高中，10 个省市共 90 所学校，每所学校 80 个样本，共发放 7200 份问卷。

表 2　　以广东省各级地区抽样情况为例

省份	城市级别	学校类型	年级	数量
广东	广州市区	示范性小学 1 所	4～6 年级	80
		示范性初中 1 所	1～2 年级	80
		示范性高中 1 所	1～2 年级	80
	海珠区（县区级）	普通小学 1 所	4～6 年级	80
		普通初中 1 所	1～2 年级	80
		普通高中 1 所	1～2 年级	80
	中山东升镇（乡镇）	乡镇小学 1 所	4～6 年级	80
		乡镇初中 1 所	1～2 年级	80
		乡镇高中 1 所	1～2 年级	80
合计				720

四　问卷回收情况

此次调查共向 90 所学校发放学生问卷 7200 份，其中有效问卷 6156 份，有效回收率为 85.5%。北京市、江苏省、山西省、陕西省全部按照要求完成所辖地区学校的抽样，云南省、河南省、安徽省基本按照要求完成所辖地区学校的抽样。青海省、广东省、湖北省完成度一般。

五　被调查未成年人的样本结构

本次调查有效样本的学生整体的基本概况如下：

性别：男性占 45.4%，女性占 54.6%。

年龄：7～9 岁占 3.6%，10～12 岁占 41.2%，13～15 岁占 30.2%，

16～18 岁占 25.0%。

家庭所在地：66.8%的人来自城市（包括县城），14.6%的人来自乡镇，18.6%的人来自农村。

家庭构成：独生子女占总人数的 41.2%，非独生子女占总人数的 58.8%。

年级构成：小学生占 41.1%，初中生占 29.1%，高中生占 29.8%。

六 调查实施过程

2017 年 10～11 月开始确定调查主题和调查方法。中国社会科学院新闻与传播研究所邀请中国少年儿童发展服务中心、中国社会科学大学等单位多名社会学、传播学、心理学等相关方面的专家学者成立课题组，确定工作任务和分工。

2017 年 11～12 月，课题调查组确定调查目标和抽样方案，按调查要求，邀请相关专家学者，组建课题团队。经过多次讨论调查问卷设计和抽样框架设计，征求各方意见并进行问卷试调查，之后根据试调查情况对问卷和调查方案进行修改和调整。

2017 年 12 月，最终确定协调联系全国 10 省市抽样地区共 90 所中小学校进行调查，同时对参与实施的人员进行培训并发放问卷。

2017 年 12 月下旬，按照调查抽样方案，在北京市、广东省、江苏省、山西省、湖北省、陕西省、青海省、河南省、安徽省、云南省组织学生填答问卷。

2018 年 1 月，进行 90 所中小学校的问卷调查工作督办、问卷回收工作，对回收的问卷逐一进行编号、筛选。并统计回收率、有效率，之后进行数据录入。

2018 年 1～2 月，对录入数据进行清洗、统计和分析等。

2018 年 3～4 月，对数据做深入分析以及进行报告的写作。

Abstract

Minors today were all born in the 21st century, they are called the post-millennial generation (*ling ling hou*). They grew up in a time when the internet developed relentlessly in China. They are the indigenous people of cyberspace. They grew up with the internet, so the latter is highly embedded in their learning and their life.

To create a better environment for minors to use the internet is not only a duty of the society, but also a national strategy that contributes to making China a strong internet power and the development of minors. This book is the latest result of the Internet Use by Minors in China Project, which is a part of the China WM360 Project. This survey was started in 2006 along with the WM360 Project, and has finished nine national surveys by the end of 2017. The survey workgroup invited many experts from all over the country to conduct a deep study into the state of internet use by minors based on survey data. Since the first Blue Book in the series came out in 2010, three blue books have been published, all of which were very well received. This is the fourth installment of the series, based mainly on data from the 2017 national survey, which offers an in-depth analysis on the state of internet use by minors in China.

This survey conducted a special survey on minors' reading practice, for the first time reporting the latest state of their reading. Reading, as an important learning activity, has been deeply integrated with the internet by the use of multimedia reading and digital reading.

This blue book focuses on the following topics in minors' internet use: online behavior, internet awareness, online socialization, self-expression in cyberspace, online learning, and popular online Apps. Changes and trends are compared based on data from the last ten years. Problems are identified and policy solutions are discussed.

Findings is included: Internet penetration among minors is growing steadily; urban-rural disparities are diminishing. Minors use the internet more frequently, with mobile being their most important terminal; more than a third of them use the internet daily. Minors use the internet mainly for entertainment and recreation, but online learning is catching up; intentional online and interactive learning are growing in importance. However, excessive time online and lack of self-disciplined learning are new problems that arise with the use of internet. Minors acquire news in entirely new ways; digital reading has become an important learning method, though it is hindered by fragmentation and entertainment. Minors are more exposed to the influence of online products, behaviors, languages, and cultures; network imitation has become an important form of self-expression. Minors are shopping more online, but face more risks.

This book offers the following policy advice:

There should be an institutional solution for protecting minors online that systematically deals with guidance, promotion, oversight, service, awards, and punishments. Responsibilities should be clearly defined and oversight platforms should be professional. The goal is to curb the production and communication of harmful contents with effective guidance and oversight.

There should be guidance led by the Youth League, children's organizations, schools, educational institutions, and online platforms that facilitates the cultivation of healthy values and online cultures among minors.

Educational, promotional, and research organizations should be coordinated to support the training and practice of internet literacy in the new era, further improving minors' internet literacy.

Keywords: Minors; Online Behavior; Online Awareness; Online Socialization; Online Learning; Reading Practice

Contents

I General Report

Abstract: The internet is more and more integrated into the modern people's life. The internet-indigenous generation have grown up and the new generation of young people (mostly minors), forming a large part of internet users, are getting more and more connected. This has brought new forms, new contents, new choices, new problems, new experiences, and new ideas to teenagers' education, growth, life, learning and socialization, thus generating multiple chain effects. This report, as the general report of this book, further develops the introduction of this book in an attempt to give a panoramic description of teenagers' life on the internet, analyzing the internet's merits and demerits dialectically. It argues that conclusions drawn from the adult's singular perspective must be analyzed objectively to reveal possible blind spots and biases. When it comes to minors' use of the internet, one must oppose a laisse faire approach while being careful not to intervene excessively. Minors should be guided to find their own correct

understanding on the multicultural and diverse internet, forming healthy habits and critical judgements. Meanwhile, under the guidance of party and governmental institutions, families, schools and internet organizations should cooperate to form a highly efficient and powerful system that provide instructions, and support to minors' use of the internet and their healthy reading habits.

Keywords: Minors; Internet Use; Reading Practice; 2017 Survey

II   Subreports

B. 2   The General State of Internet Use by Minors

Yang Binyan, Lü Jing / 030

Abstract: Based on an analysis of Chinese minors' (aged 8 − 10) internet usage, online behavior traits and problems, it is found that: The use of internet is ubiquitous among minors, including in rural areas. The mobile phone is the most important terminal and form of usage. There is a trend that first time internet use is becoming earlier. Internet as a teaching aid is being taken seriously and adopted enthusiastically. To facilitate better use of the internet, more targeted guidance should be offered to minors in order to help them utilize online tools for learning and living.

Keywords: Minors; Internet Use; Online Behavior

B. 3   Minors' Attitude and Cognition of the Internet

Niu Tian, Li Jizhao / 057

Abstract: Cognition and attitude are core concepts of sociology, they are the core perspective from which this reports examines minors' cognition and attitude towards the internet. This report holds that minors believe that the internet is a tool for learning and recreation, and it can be used with positive attitude, which is influenced by cyber culture. Based on data from the 9th Internet Use by Minors in China survey, combining data from the previous eight surveys, this report finds that minors primarily use popular websites or schools' websites. They use it primarily for recreation; passive reception of information is secondary. They have some ability to judge the quality of information. An internet mentality also changes their reasoning and behavior. Minors are open to online vocabularies, and interact with parents well. Analysis and discussion lead to several pieces advice that including parents' information literacy should be improved; stronger ties between internet thinking and reality should be built; school websites should improve their content quality and optimize for aiding learning; governmental bodies should improve regulation and introduce a rating system for online contents.

Keywords: Minors; Internet; Cognition; Attitude

B. 4 Mobile Internet and WeChat Use by Minors

Liu Yinghua / 071

Abstract: Our analysis on Chinese minors' use of mobile internet and WeChat has the following findings: More than 80 percent minors use WeChat; WeChat Public Channel consumption and WeChat payment usage are significantly higher among more senior school students. WeChat is mainly used among friends. Minors use mobile phones to access news far less that the average of other age groups. Senior high school students use WeChat primarily for payment. In order to protect minors so that they use phones securely and safely, there is a need for promoting security and safety awareness in payment and online activities. More protection for minors' privacy is also needed.

Keywords: WeChat Use; Mobile Internet; WeChat Payment; Privacy Protection

B. 5　Internet's Impact on Minors' Learning and Living

Du Zhitao / 086

Abstract: The internet is highly intertwined with the learning and daily life of minors, improving efficiency and efficacy, opening up their eyes and minds. How the internet functions in a minor's learning and living is associated with her family's cultural and emotional environment. The internet has different functions for different ages and different stages of life. In a minor's learning and living, the use of internet also leads to problems such as excessive consumption, shallow reading, additive gaming, lost in information, and lack of Appropriate internet literacy education. These problems affect a minor's depth of learning, health, and their worldview formation. This report proposes that family and school should work together to help minors learn actively and voluntarily. A healthy environment for minors' growth should be maintained through governmental regulation and legal protection. High-quality resources for learning should be developed through the combined efforts of industries, schools and research institutes.

Keywords: Internet; Minors; Learning; Living

B. 6　Minors' Socialization on the Internet

Wang Kaishan / 111

Abstract: Based on surveys of minors' online socialization in ten provinces, combined with detailed data, this article gives an overall picture of the state of Chinese minors' online socialization. The study finds that for Chinese minors, their online socialization is a continuation of their acquaintance society and they have relatively stable social spaces that they treat with clear-headed caution. The authors argue that online socialization for minors have two-sided effects, which should be handled carefully. Against risks of addiction and deep-immersion, precautions should be taken via legal, educational and other channels.

Keywords: Minors; Internet; Social Interactions; Attachment Study

B. 7　Minors' Self-expression and Social Attention in Social Media

Li Yongjian / 135

Abstract: Drawing on data from surveys of minors' online self-expression and social attention, this study analyzes the frequency, content, and channel of their self-expression. It finds that (1) Their attention to major social issues tend to be shallow participations; most of them are not willing to cooperate or participate neutral online actions, neither are they willing to take radical actions. (2) There are differences in their self-expression and social attention, influenced by their familial and social environment. (3) Their self-expression is extremely important in the formation and maintenance of social relations. The authors argue that in order to solve their problems, families and schools should build a friendly family-school conversation by utilizing social networks to facilitate minors' socialization.

Keywords: Self-expression; Social Attention; Minors

B. 8　Mutual Influence between Minors and Adults in Internet Use

Shen Jie / 151

Abstract: The internet is becoming a necessity in a minor's life and learning. Their use of the internet is also changing. They regard the internet as a tool for learning, both practice and attitude. Their self-discipline in using the internet is in general improving, which is partly due to a good interaction among them and their parents. What worries parents about using the internet is changing. Though mostly it's the parents who teach their children how to use the internet, in more and more cases it is the other way round. To facilitate mutual help in using the

internet, people need to update their ideas. They need to see generational learning as an important mechanism for social and cultural renewal.

Keywords: Minors; Adults; Use of Internet; Generational Learning

B. 9 A Comparative Study of Rural-urban Internet Use by Minors

Dong Yanchun / 164

Abstract: Citing data from the 9th Internet Use by Minors survey in China, this study analyzes and compares the overall condition and characteristics of minors' internet use in rural and urban China. Results show that compared to rural minors, those in cities are younger when they use the internet for the first time and they use it more frequently. Compared to their urban peers, rural minors rely more on phones and have longer sessions online. Differences are insignificant in terms of popular Applications and channels for accessing news. The report also analyzes problems that emerge in their internet use and their cause. It argues that to promote healthier internet usage, several Approaches should be prioritized, including governmental regulation, emphasis on parental responsibility in urban areas, and emphasis on multiple holders of responsibility in rural areas.

Keywords: Minors; Internet Use; Urban-rural Comparison

B. 10 A Comparative Study of Rural and Urban Minors'
Internet Cognition and Attitude

Ji Fangfang / 181

Abstract: The survey has several findings: Internet is an important tool for entertainment, online learning, and socializing in both rural and urban China. Learning is an important part in their life online. For both groups, most people experienced online events like negative information or account theft. Compared to their urban peers, rural minors are more exposed to account theft and negative comments by other users. Compared to rural schools, urban schools are more likely to offer education on internet literacy. Moreover, rural parents are more likely to ask their children for help when they use the internet. This report has several policy recommendations: Parents, schools and legislators should respect minors' active use of the internet and provide guidance. All parties should have a clear understanding of the impact of internet use on rural and urban minors and put education on new media literacy into school curriculum. Given the differences between rural and urban areas, all parties should prioritize internet literacy education in rural areas and utilize online courses and online community to satisfy rural China's need for cognition and help them prevent online risks.

Keywords: Rural and Urban Minors; Internet; Cognition; Attitude

Ⅲ   Trend Analysis

B. 11   Changes and Trends in Internet Use by Minors

in the Last Ten Years   *Yang Binyan* / 205

Abstract: By analyzing data from the previous nine Internet Use by Minors in China surveys between 2006 and 2017, this report examines major changes in minors' internet use in China. Findings are included: (1) Access to internet is easier, friendlier, and more widely available. First time internet use is earlier. (2) Mobile internet is the most popular form of access. (3) Online Applications are more diverse; they have become effective learning aids. (4) Minors are more capable of learning and acquiring internet skills; they are better communicators with parents. (5) They like new Applications, and are sensitive to popular cyber culture. (6) By placing the these changes in the context of the development of Chinese internet, the authors argue that public opinion on minors' use of the internet has seen significant changes in the last ten years. Under the national Internet Power Strategy, minors' use of the internet face new problems that can be solved by (1) ensuring minors have access to accurate and authoritative knowledge

about the internet; (2) an effective evaluation of the anti-addiction system; (3) precautions against security vulnerabilities in minors' online shopping and digital payment.

Keywords: Minors; Internet Use; Trends in Changes; 2006 −2017

B. 12   Minors' Cognition and Attitude of the Internet:

A Comparison of Changes and Trends in the Last Ten Years

Chen Jinghuan / 232

Abstract: Using data about internet use by Chinese minors in the past ten years, this report analyzes several issues, including their purpose of internet use, their trust on online information, the pros and cons of using online information, the need for building dedicated websites, their cognition of their parents' attitude, and guidance from parents. These analyses show the current state and the course of evolution of the minors' cognition of and attitude towards the internet. This report also attempts to identify problems in their cognition and attitude by looking at harmful contents, the cognition and imitation of harmful contents, the use of cyber cultural language, and parents' cognition of technology. Minors' cognitive problems occur because on the macro level they are led by the information society and consumerism, and on the micro level, it is due to harmful content's transformation and technical evasion. The author argues that there are a number of possible solutions: There should be more offline interactions, strengthening school and parents' leading role in socialization. Minors' need for reading must be satisfied, especially by paper books. Mainstream websites for minors should be made more enjoyable.

Keywords: Minors; Internet; Cognition; Attitude; Trend in Changes

B. 13   Changes and Trends in Minors' Use of Mobile Internet

and WeChat   *Liu Zhaoxia , Guo Sha /* 247

Abstract: Based on Internet Use by Minors in China surveys from 2006 to 2017, this study extracted data about minors' use of mobile internet and WeChat. The findings are included Mobile internet is already widely used among minors. In general the frequency of mobile internet usage is declining. Socialization and entertainment are the main functions of mobile internet. WeChat payment is quietly growing. Classmates are an important part of WeChat socializing. WeChat is deeply permeated into their lives. Mobile internet defined a new form of socialization. Harmful contents are also on the internet. Based on these analyses, the author has a number of recommendations: Key opinion leaders should play a bigger role in forming better values; Media literacy should be further promoted; Data and privacy protection, and network monitoring for minors should be strengthened.

Keywords: Minors; Mobile Internet; WeChat Usage

B. 14   Internet's Influence on Minors' Learning and Living:

Trends in Its Change   *Du Tao , Peng Nan /* 268

Abstract: This report analyzes the impact of internet on minors' learning and life during the period from 2006 to 2017. It looks at the way these impacts change and the trends they form. It has the following findings: Online learning and interactive learning is an important method for learning. Minors' understanding of the internet is becoming more rational, their need for internet-based learning aid is growing. Imitation for minors has become an important form of self-expression. Online socialization with acquaintances is an important way of socializing. Gaming, music, and video streaming are the main forms of entertainment.

Online shopping for minors are rising. Minors are in general less familiar with specialized websites. This report further analyzes these trends and argues that legislations and regulations should target more on minors on the internet; government, society, school, and family should improve monitoring to further guide minors' use of the internet; the quality of online content should be improved through more concerted planning.

Keywords: Internet Use; Minors; Learning and Living; Trends in Changes

B. 15　Changes and Trends in Parents' Attitude towards

　　　　Children's Internet Use　　　　　　　　*Dang Shengcui* / 287

Abstract: From a comparative perspective, this article analyzes trends in parents' attitude towards children's internet use. It finds that: parents are more tolerant of children using the internet; they are more rational about the diverse Applications of the internet; they are more actively intervening; reverse socialization is more accepted; familial structure and relations still have impact on the control of internet use. Though parents are more sensible and tolerant of the internet, their willingness to control is disproportionate to their ability to do so. This article also discusses how to improve parents' internet literacy, improve technical monitoring and involved management, as well as reducing phone usage and setting parental examples for children.

Keywords: Minors; Parents; Internet Use Management; Attitude; Comparison

IV　Frontier Hot Topics

B. 16　Protective Regulations and Legislations for Minors

　　　　in China and Foreign Countries　　　　　　*Wang Ying* / 305

Abstract: With the relentless growth of the internet, minors face more and more problems when they use it. Some are even committing crimes due to misuse. In China, there is no law that specifically protects minors' use of the internet. Our legal system is still to be improved. Nonetheless, since other countries face similar problems, their regulations and ideas can be borrowed and studied.

Keywords: Internet Governance; Regulations; Minors

B. 17 A Comparative Study on Minors' Internet Literacy in China and Foreign Countries *Zeng Xin* / 316

Abstract: There are three types of literacy for minors' internet use. The first is technical, the second concerns their use of content, and the third is for information security and privacy. While the internet facilitates globalization, it also brings global problems to minors when they use the internet. Due to social and institutional differences, combined with regional differences in internet literacy and fluency, literacy education for them also has similarities and differences. This report centers on internet literacy, its main institutional organizations, and relevant practices. It argues that internet literacy for minors involves social, cultural, and many other elements, which should be considered overall, interdisciplinary manner. Internet literacy education should have an effectively categorized curriculum with coordinated progression. In China, in addition to promoting the concept of internet literacy, concrete practical solutions are also needed, which requires not only classroom education, but also coordinated and combined efforts from the government, media, social organizations, and families.

Keywords: Internet Literacy; Media Literacy; Minors; China-foreign Comparison

青少年蓝皮书

B. 18　Online Reading: A New Development in Minors'

Ji Lin, *Lu Feng* / 331

Abstract: Reading is an important activity in a minor's growth. It expands their horizon and cultivates their spirit. As little cyber indigenous people, minors' reading habits are affected by mobile internet too. This study is based on questionnaire surveys 6000 students from 90 schools in ten provinces, focusing on the development of minors' reading practice. It finds that extracurricular reading is an important form of extracurricular activity for minors. Electronic devices such as phones and computers are gradually becoming more accepted as terminals for online reading. Minors read a lot, with a variety of devices, they read many types of books. Well-facilitated libraries, bookshops, and reading groups give children easier access. However, excessive schoolwork and a lack of reading facilities in some regions are hindering some minors' reading. This report also discusses possible solutions to the problems discovered in the study.

Keywords: Minors; Online Reading; Extracurricular Reading

B. 19　Growing up Digitally and Internet Literacy

Zhang Haibo / 354

Abstract: Using an internet literacy framework that suits Chinese children's internet use and growth, the Research Center for Children's Media Literacy Education, a subdivision of Chinese Association of Children's Palaces, conducted a wide survey on Chinese children and parents from September 2016 to December 2017. More than 110, 000 families are took part in interviews and questionnaires. This report is part of the results from the data collected in this survey. It describes how Chinese children aged three to fourteen grow up digitally and the main characteristics of their growth. It also reports the state of Chinese children's internet literacy, and looks at safety and security issues that minors face online, and problems that occur from internet literacy education in the family. The authors argue that parents should be aware of how their children are doing online, cultivate good internet habits as early as possible and set themselves as good examples for their children.

Keywords: Internet Literacy; Growing up Digitally; Digital Generation Gap; Minors

V　Appendix

❖ 皮书起源 ❖

"皮书"起源于十七、十八世纪的英国，主要指官方或社会组织正式发表的重要文件或报告，多以"白皮书"命名。在中国，"皮书"这一概念被社会广泛接受，并被成功运作、发展成为一种全新的出版形态，则源于中国社会科学院社会科学文献出版社。

❖ 皮书定义 ❖

皮书是对中国与世界发展状况和热点问题进行年度监测，以专业的角度、专家的视野和实证研究方法，针对某一领域或区域现状与发展态势展开分析和预测，具备原创性、实证性、专业性、连续性、前沿性、时效性等特点的公开出版物，由一系列权威研究报告组成。

❖ 皮书作者 ❖

皮书系列的作者以中国社会科学院、著名高校、地方社会科学院的研究人员为主，多为国内一流研究机构的权威专家学者，他们的看法和观点代表了学界对中国与世界的现实和未来最高水平的解读与分析。

❖ 皮书荣誉 ❖

皮书系列已成为社会科学文献出版社的著名图书品牌和中国社会科学院的知名学术品牌。2016年，皮书系列正式列入"十三五"国家重点出版规划项目；2013~2018年，重点皮书列入中国社会科学院承担的国家哲学社会科学创新工程项目；2018年，59种院外皮书使用"中国社会科学院创新工程学术出版项目"标识。

中国皮书网

（网址：www.pishu.cn）

发布皮书研创资讯，传播皮书精彩内容
引领皮书出版潮流，打造皮书服务平台

栏目设置

关于皮书：何谓皮书、皮书分类、皮书大事记、皮书荣誉、

皮书出版第一人、皮书编辑部

最新资讯：通知公告、新闻动态、媒体聚焦、网站专题、视频直播、下载专区

皮书研创：皮书规范、皮书选题、皮书出版、皮书研究、研创团队

皮书评奖评价：指标体系、皮书评价、皮书评奖

互动专区：皮书说、社科数托邦、皮书微博、留言板

所获荣誉

2008 年、2011 年，中国皮书网均在全国新闻出版业网站荣誉评选中获得"最具商业价值网站"称号；

2012 年,获得"出版业网站百强"称号。

网库合一

2014 年，中国皮书网与皮书数据库端口合一，实现资源共享。

权威报告·一手数据·特色资源

皮书数据库
ANNUAL REPORT(YEARBOOK)
DATABASE

当代中国经济与社会发展高端智库平台

所获荣誉

- 2016年，入选"'十三五'国家重点电子出版物出版规划骨干工程"
- 2015年，荣获"搜索中国正能量 点赞2015""创新中国科技创新奖"
- 2013年，荣获"中国出版政府奖·网络出版物奖"提名奖
- 连续多年荣获中国数字出版博览会"数字出版·优秀品牌"奖

成为会员

通过网址www.pishu.com.cn访问皮书数据库网站或下载皮书数据库APP，进行手机号码验证或邮箱验证即可成为皮书数据库会员。

会员福利

- 使用手机号码首次注册的会员，账号自动充值100元体验金，可直接购买和查看数据库内容（仅限PC端）。
- 已注册用户购书后可免费获赠100元皮书数据库充值卡。刮开充值卡涂层获取充值密码，登录并进入"会员中心"—"在线充值"—"充值卡充值"，充值成功后即可购买和查看数据库内容（仅限PC端）。
- 会员福利最终解释权归社会科学文献出版社所有。

社会科学文献出版社 皮书系列
SOCIAL SCIENCES ACADEMIC PRESS (CHINA)

卡号：329916456612
密码：

数据库服务热线：400-008-6695
数据库服务QQ：2475522410
数据库服务邮箱：database@ssap.cn
图书销售热线：010-59367070/7028
图书服务QQ：1265056568
图书服务邮箱：duzhe@ssap.cn

中国社会发展数据库（下设 12 个子库）

　　全面整合国内外中国社会发展研究成果，汇聚独家统计数据、深度分析报告，涉及社会、人口、政治、教育、法律等 12 个领域，为了解中国社会发展动态、跟踪社会核心热点、分析社会发展趋势提供一站式资源搜索和数据分析与挖掘服务。

中国经济发展数据库（下设 12 个子库）

　　基于"皮书系列"中涉及中国经济发展的研究资料构建，内容涵盖宏观经济、农业经济、工业经济、产业经济等 12 个重点经济领域，为实时掌控经济运行态势、把握经济发展规律、洞察经济形势、进行经济决策提供参考和依据。

中国行业发展数据库（下设 17 个子库）

　　以中国国民经济行业分类为依据，覆盖金融业、旅游、医疗卫生、交通运输、能源矿产等 100 多个行业，跟踪分析国民经济相关行业市场运行状况和政策导向，汇集行业发展前沿资讯，为投资、从业及各种经济决策提供理论基础和实践指导。

中国区域发展数据库（下设 6 个子库）

　　对中国特定区域内的经济、社会、文化等领域现状与发展情况进行深度分析和预测，研究层级至县及县以下行政区，涉及地区、区域经济体、城市、农村等不同维度。为地方经济社会宏观态势研究、发展经验研究、案例分析提供数据服务。

中国文化传媒数据库（下设 18 个子库）

　　汇聚文化传媒领域专家观点、热点资讯，梳理国内外中国文化发展相关学术研究成果、一手统计数据，涵盖文化产业、新闻传播、电影娱乐、文学艺术、群众文化等 18 个重点研究领域。为文化传媒研究提供相关数据、研究报告和综合分析服务。

世界经济与国际关系数据库（下设 6 个子库）

　　立足"皮书系列"世界经济、国际关系相关学术资源，整合世界经济、国际政治、世界文化与科技、全球性问题、国际组织与国际法、区域研究 6 大领域研究成果，为世界经济与国际关系研究提供全方位数据分析，为决策和形势研判提供参考。

法律声明

"皮书系列"（含蓝皮书、绿皮书、黄皮书）之品牌由社会科学文献出版社最早使用并持续至今，现已被中国图书市场所熟知。"皮书系列"的相关商标已在中华人民共和国国家工商行政管理总局商标局注册，如 LOGO（🖎）、皮书、Pishu、经济蓝皮书、社会蓝皮书等。"皮书系列"图书的注册商标专用权及封面设计、版式设计的著作权均为社会科学文献出版社所有。未经社会科学文献出版社书面授权许可，任何使用与"皮书系列"图书注册商标、封面设计、版式设计相同或者近似的文字、图形或其组合的行为均系侵权行为。

经作者授权，本书的专有出版权及信息网络传播权等为社会科学文献出版社享有。未经社会科学文献出版社书面授权许可，任何就本书内容的复制、发行或以数字形式进行网络传播的行为均系侵权行为。

社会科学文献出版社将通过法律途径追究上述侵权行为的法律责任，维护自身合法权益。

欢迎社会各界人士对侵犯社会科学文献出版社上述权利的侵权行为进行举报。电话：010-59367121，电子邮箱：fawubu@ssap.cn。

社会科学文献出版社